Wie aus Marburgern ‚Slowenen' und ‚Deutsche' wurden

Ein Beispiel zur beginnenden nationalen Differenzierung in Zentraleuropa zwischen 1848 und 1861

Wissenschaftliche Schriftenreihe des Pavelhauses, Band 16

GEFÖRDERT VON:
Republik Slowenien – Amt für Slowenen im Ausland

BM BF Bundesministerium für Bildung und Frauen

ISBN 978-3-900181-75-8
1. Auflage 2014

Wissenschaftliche Schriftenreihe des Pavelhauses, Band 16

Koordination und Durchführung: Elisabeth Arlt

Medieninhaber, Herausgeber, Verleger:
Artikel-VII-Kulturverein für Steiermark – Pavelhaus
Elisabethinergasse 34, 8020 Graz, Austria
Pavelhaus/Pavlova hiša, Laafeld/Potrna 30
8490 Bad Radkersburg, Austria
www.pavelhaus.at

Übersetzung: Petra Bratušek
Lektorat: Christine Wiesenhofer
Gestaltung, Satz & Layout: Roman Klug, 2.U.S.2, roman.klug@inode.at
Printed in Slovenia

Im Gedenken an Janez Cvirn
Janezu Cvirnu v spomin
(1960 – 2013)

Inhaltsverzeichnis

Vorwort

Das vorliegende Werk behandelt einen wesentlichen Aspekt der neueren Geschichte Zentraleuropas. Es geht um die nationalen Differenzierungsprozesse, die die politische Ereignisgeschichte dieser Region seit der Mitte des 19. Jahrhunderts geprägt haben. Im konkreten Fall handelt es sich um die Beschreibung des Beginns von Vorgängen, an deren Ende die heutige Identität der slowenischen Nation steht. Andererseits wird in dem Werk auch die frühe nationale Entwicklung der deutschsprachigen Steirerinnen und Steirer in der Untersteiermark geschildert, an deren Ausgang die mehrheitliche Annahme einer deutschnationalen Affiliation steht, die seit den 1930er-Jahren die Anbindung an die menschenverachtende Ideologie des NS-Regimes möglich machte. Somit spricht die Autorin dieses Buches wichtige Zusammenhänge des in historischer Hinsicht nicht immer ungetrübten Verhältnisses zwischen Österreich und Slowenien an.

Thematisch schließt die Arbeit nicht von ungefähr an die im Rahmen des Veranstaltungsprogramms „Maribor: Kulturhauptstadt Europas 2012“ gezeigte Ausstellung „Deutsche und Maribor: Ein Jahrhundert der Wenden 1846–1946“ an, obwohl sie dieser in chronologischer Hinsicht eigentlich „vorgelagert“ ist.[1] Karin Almasys Buch bildet auch Teil der Vorgeschichte der 1997 erschienenen Monographie „Trdnjavski trikotnik: politična orientacija Nemcev na Spodnjem Štajerskem (1861-1914)“ [dt. „Das Festungsdreieck: die politische Orientierung der Deutschen in der Untersteiermark (1861–1914)“] von Janez Cvirn; letztere Arbeit behandelt die politischen Positionskämpfe der deutschen Minderheit in der damaligen Untersteiermark, insbesondere im aus den untersteirischen Städten Marburg/Maribor, Pettau/Ptuj und Cilli/Celje gebildeten deutschen „Festungsdreieck“.[2] Schließlich ist das vorliegende Buch auch in den Zusammenhang der bahnbrechenden Arbeiten

1 FERLEŽ, Jerneja. (Hg.) *Deutsche und Maribor. Ein Jahrhundert der Wenden. 1846–1946.* Ausstellungskatalog. (Dt. Übersetzung von B. Zajšek) Maribor 2012.

2 CVIRN, Janez. *Trdnjavski trikotnik. Politična orientacija Nemcev na Spodnjem Štajerskem (1861–1914).* Maribor 1997. Vgl. auch ČUČEK, Filip. *Uspehi spodnještajerskih Slovencev v Taaffejevi dobi: gospodarske, socialne, kulturne in politične razmere v Spodnji Štajerski v času Taaffejeve vlade (1879–93).* Celje 2008.

von Joachim Hösler[3] und jüngst von Jernej Kosi[4] zur beginnenden slowenischen Nationsbildung zu stellen, wobei das vorliegende Werk diesen Prozess gleichsam mit der Lupe anhand einer Stadt untersucht.

Die erwähnte Monographie von Janez Cvirn setzt mit dem Jahr 1861 ein, als mit dem Februarpatent die verfassungsmäßige Grundlage für das legale Agieren verschiedenster politischer bzw. nationaler Faktoren gelegt worden ist. Der wichtige Zeitraum vom „Völkerfrühling" des Jahres 1848 bis zu diesem Jahr, mithin jene Zeit, die die ersten Schritte der von der vormärzlichen Zensur befreiten deutschen und slowenischen Nationalbewegungen bis hin zum über ein Jahrzehnt dauernden Hiatus des „Neoabsolutismus" umfasst, ist von der Forschung bislang jedoch eher stiefmütterlich behandelt worden. Gerade dieser Forschungslücke widmet sich nun die vorliegende Arbeit.

In formaler Hinsicht ist hervorzuheben, dass die Autorin des vorliegenden Buches eine ausgebildete Übersetzerin für die Sprachen Slowenisch und Italienisch ist und sich als solche bei der Übertragung literarischer und wissenschaftlicher slowenischer Texte ins Deutsche bereits mehrfach bewährt hat. Ohne diese Sprachkenntnisse wäre es kaum möglich gewesen, die diffizile Problematik der slowenisch-deutschen nationalen Differenzierung in der Untersteiermark ohne Schlagseite zu erforschen.

Das vorliegende Buch ist aus einer Masterarbeit aus dem Bereich Südosteuropäische Geschichte an der Karl-Franzens-Universität Graz hervorgegangen. Umso bemerkenswerter ist es, dass sich die Arbeit nicht auf die Auswertung veröffentlichter Quellen beschränkt, sondern die Bestände von vier Archiven berücksichtigt: des Steiermärkischen Landesarchivs, des slowenischen Staatsarchivs (Arhiv Slovenije), des Regionalarchivs von Maribor (Pokrajinski arhiv Maribor) sowie des Erzbischöflichen Archivs Maribor (Nadškofijski arhiv Maribor).

---

3 HÖSLER, Joachim. *Von Krain zu Slowenien. Die Anfänge der nationalen Differenzierungsprozesse in Krain und der Untersteiermark von der Aufklärung bis zur Revolution. 1768 bis 1848.* München 2006.

4 KOSI, Jernej, *Kako je nastal slovenski narod: začetki slovenskega nacionalnega gibanja v prvi polovici 19. stoletja*. Ljubljana 2013.

Es ist hervorzuheben, dass die Autorin mehrfach darauf aufmerksam macht, dass der Nationalismus für den von ihr behandelten Zeitraum vor allem eine männlich und patriarchalisch geprägte Angelegenheit gewesen ist, in der Frauen nur eine untergeordnete und oft nur symbolische Rolle eingenommen haben.

In ihrem Aufbau ist die Arbeit, neben Einleitung und dem Schlusskapitel, das sich der Frage widmet „Gab es 1848–1861 in Marburg bereits ‚Deutsche' und ‚Slowenen'?" in fünf Kapitel gegliedert:

In der Einleitung verortet die Autorin ihren Untersuchungsgegenstand in zeitlicher und geographischer Hinsicht, um danach auf methodische Fragen einzugehen. Nachvollziehbar sind ihre Überlegungen, wenn sie erklärt, dass sie im Fall der Stadt Maribor/Marburg von einer doppelten Ortsbezeichnung Abstand nimmt, da sich die slowenische Bezeichnung „Maribor" im zeitgenössischen Sprachgebrauch auch in den aus dieser Zeit stammenden slowenischen Quellen noch nicht durchgesetzt habe. Hinsichtlich der von ihr ausgewerteten Quellen geht Karin Almasy eingehend auf Erinnerungsliteratur zeitgenössischer slowenischer und deutscher Protagonisten ein sowie auf Reiseberichte, Stadtbeschreibungen und historiographische Literatur aus der damaligen Zeit.

Im ersten eigentlichen Buchkapitel werden in einer theoretischen Erörterung die Begriffe „Nation, nationale Differenzierung und Nationalismus" behandelt. Dieses Kapitel bietet einen guten Überblick über die miteinander durchaus nicht immer harmonisierenden gängigen Ablaufmodelle und Theorien zu Nationsbildungen und deren Akteuren, wie sie von Miroslav Hroch, Benedict Anderson, Ernest Gellner, Anthony Smith und Rogers Brubaker vorgestellt werden. Hilfreich ist auch der Hinweis auf die Arbeiten des deutschen Südosteuropahistorikers Holm Sundhaussen über die Nationsbildungen bei den Südslawen. Noch spezifischer sind die Anmerkungen der Autorin über die Rolle der Sprache im Nationalismus, zumal der wesentliche ethnische Marker, der Deutsche von SlowenInnen unterscheidet, die Sprache ist.

Daran schließt sich eine Erörterung über die jeweiligen „Meistererzählungen" des deutschen und slowenischen Nationalismus, indem auf deren wesentliche Elemente wie das slowenische Autostereotyp der „Knechtschaft" oder die deutschnationale Selbstdarstellung als „Kulturträger" eingegangen wird. Auch damals maßgebliche Strömungen wie der Illyrismus und der Austroslawismus werden angesprochen.

Bevor die Arbeit in ihren empirischen Teil übergeht, wird die Leserschaft in einem kurzen Kapitel noch mit den sich wandelnden sprachlich ethnischen Verhältnissen in Marburg von der frühen Neuzeit bis zur Zeit nach dem Zweiten Weltkrieg vertraut gemacht.

Das nächste Kapitel behandelt die Vorgänge in Marburg im Revolutionsjahr von 1848, sofern sie für den nationalen Differenzierungsprozess zwischen Deutschen und Slowenen relevant sind. Der Autorin gelingt es dabei überzeugend, zeitgenössische Zeitungberichte, Archivquellen und die bestehende historiographische Literatur zu den Vorgängen im Revolutionsjahr auf überzeugende Weise zu einem Ganzen zusammenzuführen. Hier zeigt sich, dass die Diskussion – soweit nationale Fragen überhaupt aufgegriffen werden – damals vor allem darum geführt worden ist, welche Flagge und welche nationalen Couleurs für die Marburger Nationalgarde infrage kommen. Es war eine Diskussion, die vor allem vom gebildeten Teil der Gesellschaft (Gymnasiasten und Studierenden) geführt wurde und die nur zum Teil in die breite Bevölkerung hineinreichte. So waren es vor allem auch slowenische Gymnasiasten, die die Petition für die Schaffung eines slowenischen Kronlandes („Zedinjena Slovenija") unterschrieben. Trotz vielfacher damaliger Beschwörung nationaler Einheit bleibt festzuhalten, dass – wie die Autorin darlegt – „auch in Marburg die Revolution deutsch gefärbt" war.

Breit auf Archivmaterialien gestützt ist auch das folgende Kapitel über die „nationale Frage im Neoabsolutismus (1851-1860)". Angesichts des Fehlens bzw. auch der Unterdrückung einer national geprägten Dynamik seitens der möglichen Träger von Nationalbewegungen ist es nicht verwunderlich, dass sich nationale Fragen im kirchlichen Bereich manifestiert haben, zum einen in der Frage, in welcher Sprache die Predigt in der Kirche zu halten sei, zum anderen in dem Bestreben, durch die Verlegung des Sitzes des Bistums Lavant nach Marburg und durch eine Neuregulierung seiner Grenze mit dem Bistum Graz-Seckau eine sprachlich einheitlichere Diözese zu schaffen, was Mitte der 1850er-Jahre unter Bischof Anton Martin Slomšek auch in die Tat umgesetzt worden ist.

Neben einigen Vignetten zur Behandlung der nationalen Frage in der Marburger Bürgerschaft bzw. in der nur teilweise vorhandenen bürgerlichen Öffentlichkeit ist der weitaus größere Teil des Kapitels der nationalen Frage in der Schule gewidmet. Hier untersucht die Autorin die Situation an allen damals üblichen Schultypen, von der Volksschule, über die Haupt- und Realschulen bis hin zum Gymnasium, wobei überall ein Primat der deutschen Unterrichtssprache festzustellen ist, wenngleich auch die „zweite Landessprache" im Unterricht zunehmend berücksichtigt wird. Anschließend lenkt die Autorin das Augenmerk noch einmal ganz konkret auf das Gymnasium, wo das Slowenische in diesen Jahren aufgrund eines geänderten Klimas und der Initiative einzelner (geistlicher) Lehrpersonen als Unterrichtsgegenstand Eingang gefunden und damit unter den zweisprachigen Schülern ein Interesse für diese Sprache und wohl auch für eine nationale slowenische Identität ausgelöst hat. In der Darstellung versucht die Autorin, Akten der Landesschulbehörde mit den späteren Erinnerungen damaliger Schüler zu vergleichen, um daraus ein abgerundetes Bild der vorherrschenden Situation nachzuzeichnen. Am Ende der neoabsolutistischen Periode gewannen die nationalen Unterschiede bereits langsam Konturen, und es kam unter den Lehrern vereinzelt auch schon zu national beeinflussten Auseinandersetzungen, ohne dass man schon von einer „nationalen Bewegung" sprechen könnte.

Konsequenterweise wird das Kapitel über die Verhältnisse im Neoabsolutismus von einem kurzen Abschnitt über die erste Phase der Verfassungszeit abgelöst, in der die nationale Differenzierung eine neue Dynamik gewinnt, wie die Gründung des slowenischen Lesevereins (Slovanska čitalnica) im Jahr 1861 belegt.

Abschließend bemüht sich die Autorin, eine Antwort auf die Frage zu geben, ob es in den Jahren 1848–1861 bereits „Deutsche" und „Slowenen" in Marburg gegeben habe. Einmal mehr verweist sie auf die mangelnde Verbreitung nationaler Kategorien unter der Bevölkerung und auf die damals weit verbreitete, jedoch in den Quellen schwerer fassbare national indifferente bzw. national „flexible" Haltung der Betroffenen, die damals noch eher lokale (als „Marburger"), regionale (als Steirer) oder dynastisch patriotische (im Hinblick auf das Herrscherhaus) Identitäten bevorzugten. Im Sinne des Phasenmodells, das Miroslav Hroch für Nationalbewegungen entwickelt hat, würde die Autorin für das slowenische Beispiel in Marburg daher allenfalls vom Beginn einer Nationalbewegung (d.h. Phase A) sprechen. Zugleich wird festgehalten, dass das Slowenische als Sprache und als Identität schon damals gegenüber dem Deutschen, das die Sprache der „Entscheidungsträger" war, benachteiligt gewesen ist. Umso mehr verdient der Umstand Beachtung, dass das hier vorliegende Buch den Nachweis erbringt, dass gerade in der Periode des Neoabsolutismus im Schulbereich entscheidende Weichenstellungen für die slowenische Nationsbildung erfolgt sind.

Christian Promitzer

Wir fühlten uns weder als Deutsche
noch als Slowenen, weil sich bis zum 1848er Jahr
überhaupt niemand um die Nationalität gekümmert hat
und Sprache war für uns nur ein Mittel,
um uns untereinander und mit anderen zu verständigen.[1]

1 VOŠNJAK, Josip. *Spomini*, Ljubljana 1905, 16.

1. Einleitung

Das 19. Jahrhundert ist das Zeitalter der Herausbildung neuer – nämlich nationaler – Identifikationskategorien und der beginnenden Aufteilung der Welt in Nationalstaaten. Dies ist ein allmählicher und zu Beginn erst langsam fortschreitender Prozess, denn die breite Bevölkerung blieb hartnäckig lange ‚flexibel' bzw. indifferent gegenüber nationalpolitischen Fragen. Dennoch wird oft so getan, als wären diese nationalen Identifikationskategorien, die bis heute unsere Welt einteilen und bestimmen, ‚natur- und gottgegebenen' und ‚schon immer', seit Jahrhunderten, wenn nicht gar Jahrtausenden da gewesen.

Nation und Nationalismus sind ein allgegenwärtiges Thema, da wir – heute noch immer – in einer Welt leben, in der jedes Individuum wie ein soziales Geschlecht auch eine Nationalität hat bzw. haben *muss*. Darin liegt die Aktualität der Frage, wie es im Laufe des 19. Jahrhunderts überhaupt zu diesem nationalen ‚Bekennungszwang' gekommen ist. Braucht ein Mensch wirklich „eine Nationalität so wie er eine Nase und zwei Ohren haben muss"?[2]

Gruppen werden anhand von ethnischen, kulturellen, sprachlichen, religiösen oder anderen Unterscheidungskriterien *national* voneinander abgegrenzt und diese Unterschiede schnell auch für die Durchsetzung, Rechtfertigung und Legitimierung eigener – machtpolitischer, wirtschaftlicher oder sonstiger – Interessen missbraucht. Ein sehr strapaziertes Schlagwort in diesem Zusammenhang ist der ‚Völkerkerker' Habsburgermonarchie, in dem die ‚Nationalitätenkonflikte' brodelten, sich die einzelnen Nationen ‚eingesperrt' sahen, sich nicht ‚national entfalten' konnten und sich mit ihren nationalen Forderungen immer mehr zu Zentrifugalkräften entwickelten, an denen die Monarchie letzten Endes auch zerbrechen sollte. Bestimmendes Thema, wenn man die Geschichte der letzten Jahrzehnte der Habsburgermonarchie erzählen will, sind demnach stets die erbitterten ‚Nationalitätenkämpfe'. Gegen Ende scheint die Vielvölkermonarchie für viele Nationalisten nicht mehr erträglich, und so fordern sie die Eigenstaatlichkeit für ihre jeweilige Nation. Ebenso bestimmt dieser Nationalismus der einzelnen Nationen, die

2 GELLNER, Ernest. *Nationalismus und Moderne.* (Dt. Übersetzung M. Büning) Berlin 1983/1991, 15.

durch den Zerfall der Monarchie nun auch ihre eigene Staatlichkeit erlangt haben, auch die Zeit nach 1918. Es wird auf dem jeweiligen Territorium nationalisiert – d. h. homogenisiert, sowohl in den Statistiken als auch in der Realität mit rigiden und gewaltsamen Mitteln. Durch die neuen Grenzziehungen und die gemischte Gemengelage befinden sich große Teile der ehemaligen Habsburgermonarchie im Status einer ethnischen Minderheit in einem neuen Staat. Die zur Wahl stehenden Optionen spitzen sich in vielen Fällen auf Wegzug oder Assimilation zu. Die jeweilige Diaspora wird zum Zankapfel, zur Grundlage weiterer territorialer Ansprüche, wird ‚beschützt' und nicht selten instrumentalisiert. Auf die Gräuel während und kurz nach dem Zweiten Weltkrieg muss an dieser Stelle nicht gesondert eingegangen werden, um zu verdeutlichen, wohin der weitere Weg des überheblichen und chauvinistischen Nationalismus geführt hat. Gerade die Geschichts*schreibung* war in diesen Prozessen stets ein beliebtes und effektives Werkzeug von Nationalisten aller Länder. Insofern gilt es, gerade als HistorikerIn zu jederlei Nationalismen oder nationalen Meistererzählungen kritische Distanz zu wahren, da „kein ernsthafter Historiker, der über Nationen und Nationalismus arbeitet, ein überzeugter politischer Nationalist sein kann, [...] wie Bibelgläubige [...] niemals ernstzunehmende Evolutionstheoretiker sein werden".[3]

Gerade bei einem solchen Thema wie ‚den Deutschen' in der Untersteiermark (oder anderen Gebieten Südosteuropas) gab es in der Vergangenheit vielerlei politische und ideologische Vereinnahmungs- und dem jeweiligen (nationalen) Standpunkt entsprechende Deutungsversuche. Ziel sollte es heute mittlerweile sein, eine gemeinsame Geschichte von Deutschen und Nichtdeutschen – zwar mit all ihren Konflikten und Bruchlinien, aber auch mit allen Arten der friedlichen und freundschaftlichen Kohabitation und Kooperation – zu erzählen und die komplexen Prozesse der beginnenden nationalen Differenzierung nachzuzeichnen.

---

3 HOBSBAWM, Erich John Ernest. *Nationen und Nationalismus. Mythos und Realität seit 1780.* (Übers. von Udo Rennert). Frankfurt 1991, 24.

Das ist in dem vorliegenden bescheidenen Rahmen das Ziel dieses Werkes. Geleitet von der Annahme, dass die nationale Differenzierung im Zeitraum von 1848 bis 1861 ihre ersten zarten Anfänge nahm, soll versucht werden, ein Bild der Lage anhand des lokalen Beispiels Marburg zu zeichnen und die Frage, „wie das alles begann", also wie aus Marburgern ‚Deutsche' und ‚Slowenen' wurden, zu beantworten.

Wann kommen diese nationalen Unterscheidungskategorien von ‚deutsch' und ‚slowenisch' überhaupt erst auf? War dies bereits im sogenannten Völkerfrühling, dem Revolutionsjahr 1848 der Fall? Haben sich die Menschen bereits damals entlang nationaler Trennungslinien definiert und wenn nicht, wie sonst? Wie und wann hat diese nationale Differenzierung, die in späterer Folge zur Formierung zweier Blöcke, zu einem nationalen Schwarz-oder-weiß-Schema führte, begonnen? Wer oder was förderte sie? Welche Rolle spielte der staatliche Rahmen der Habsburgermonarchie? Inwiefern hat der reaktionäre und restriktive Neoabsolutismus die Entwicklung, die bereits 1848 ihren Ausgang nahm, zeitlich verzögert? Begriffen sich zwischen 1848 und 1861 nur einige ‚Vorkämpfer' oder bereits breitere Schichten als ‚Slowenen' oder ‚Deutsche'? Wie kam es dazu, dass eine Bevölkerung, die wohl jahrhundertelang koexistiert und kooperiert hat, nun auf Konfrontationskurs zueinander ging? Gab es in diesen Umbruchjahren bereits ‚Slowenen' und ‚Deutsche' als nationale Kategorien mit politischer Losung, die zueinander in Opposition – gar in verfeindeten Lagern – standen? Kann man in diesen Jahren schon von einem ‚Nationalitätenkampf' – dem omnipräsenten Schlagwort der späten Jahrzehnte der Habsburgermonarchie – sprechen? Kann man sagen, dass die slowenische Nationalbewegung damals aufgrund eines Germanisierungsdruckes entstanden ist? Oder entwickelte sich umgekehrt der Deutschnationalismus aufgrund der Nationalbewegungen der nichtdeutschen Völker in Zisleithanien nach 1867? Welche Rolle spielte die Sprache dabei? Und wie äußern sich diese Phänomene in einer Provinzstadt auf der vielleicht manchmal banalen Ebene des Alltags? Auf welche Weise geschah dies im öffentlichen Leben, bei Feiern, in der Schule, in der Kirche?

* * *

Kommen wir nun zur konkreten Verortung in Raum und Zeit. Die Stadt Marburg wird in der Literatur häufig als „deutsche Sprachinsel“ in einer mehrheitlich slowenischen Umgebung – mit ihren Vororten und dem slowenisch-agrarischen Umfeld – bezeichnet und verspricht deshalb ein interessanter Untersuchungsgegenstand zu sein. Es soll in der vorliegenden Arbeit aber idealerweise eine Verknüpfung zwischen Mikro- und Makroebene gelingen, um nicht in der engen Lokalgeschichte stecken zu bleiben und um aufzuzeigen, wie sich die „große Welt“ der internationalen Politik und der gesamten Monarchie im Kleinen widerspiegelt. Ebenso sollen die Erkenntnisse und Feststellungen der Forschung zu nationalen Differenzierungsprozessen und Nationalismen in Zentraleuropa diskutiert und im kleinen lokalen Beispiel gespiegelt werden.

Nun zur zeitlichen Eingrenzung: Über die Zeit des beginnenden ersten Verfassungslebens ab 1861, den liberalen 1870er-Jahren, die Zeit der Regierung Taaffe, die nationale Mobilisierung der Volksmassen sowie über einzelne Akteure, Vereine, die nationale Politik, die Konflikte und den ‚Nationalitätenkampf‘ der Jahrhundertwende und des frühen 20. Jahrhunderts im ‚Völkerkerker‘ – sozusagen über das Wasser, das den Stein zum Bersten brachte – wurde bereits viel geschrieben.[4] Aus diesen Jahren stammt auch die lange gepflegte Vorstellung über das deutsch-slowenische Verhältnis, „nicht als eine stille Kohabitation und Nachbarschaft“, sondern als „ständigem Antagonismus“ oder Kampf.[5] Auch die üppigere Quellenlage – durch liberale Pressegesetze, eine gelockerte Zensur und dadurch eine vielfältige Presselandschaft – hat HistorikerInnen diese Zeit gut erschließen lassen.

4 An dieser Stelle sei vor allem Janez Cvirn hervorgehoben. und für eine ausführliche Literaturdiskussion sei auf Anhang und Literaturverzeichnis verwiesen.

5 ŠTIH, Peter. „Slovenske predstave o slovensko-nemških odnosih v srednjem veku“, in: *Časopis za humanistične in družboslovne študije.* Jg. 1, Nr. 2. Maribor 2001, 313–326, hier: 319 und außerdem: CVIRN, Janez. „Deutsche und Slowenen in der Untersteiermark: zwischen Kooperation und Konfrontation“, in: HEPPNER (Hg.), 11–125.

Für vorliegende Arbeit wurde daher bewusst ein früherer Zeitrahmen gewählt. Man kann Erich Zöllner nur zustimmen, wenn er schreibt, dass „[d]ie Jahre von 1848 bis 1867 [...] den Übergang von einem patriarchalischen zu einem konstitutionellen Staatssystem" markieren,[6] weil sich in dieser Zeit entscheidende Entwicklungen vollzogen: Außenpolitisch verlagert sich der Aktionsradius der Monarchie nach verlorenen Kriegen und Schlachten weg von Italien und Deutschland und hin zum Balkan, dem demokratischen Streben der Völker nach Mitbestimmung muss der Monarch auf kurz oder lang nachgeben, die alten Herrschaftsverhältnisse der Grundobrigkeit verschwinden, und die Nationalitätenfrage innerhalb der Monarchie entwickelt ihre Virulenz. Im Revolutionsjahr 1848 waren diese nationalen Fragen im Zusammenleben zwischen Deutschen und Nichtdeutschen erstmals zur Sprache gekommen; quantitativ und qualitativ kamen dabei nationale Forderungen aus den slowenischen Gebieten in einem viel bescheideneren Ausmaß zum Ausdruck als etwa aus Böhmen. Während das nationale Bewusstsein der Slowenen demnach 1848 erst ‚wachgeküsst' bzw. die slowenische Nation ‚erfunden' wurde, wurde dieses Thema in der Zeit des Neoabsolutismus wieder unterdrückt – es stellte scheinbar wieder kein Thema dar. Wie im Weiteren aber auch zu sehen sein wird, handelt es sich dennoch, gerade für die Entwicklung der slowenischen Schriftsprache und gleichzeitig eines größeren slowenischen Bewusstseins, um entscheidende erste Entwicklungsjahre.

Das Jahr 1861 markierte auf Makro- wie auf Mikroebene eine Zäsur: Der Kaiser ließ eine Verfassung ausarbeiten, damit bahnte sich der Konstitutionalismus langsam, aber hartnäckig seinen Weg, die Zensur wurde erstmals gelockert; es wurde einfacher, Vereine zu gründen, was in Marburg zur Gründung der *Slovanska čitalnica* führte. Damit gab es einen ersten, vielleicht nicht vordergründig, doch implizit stark politisch-nationalen Verein in Marburg. In den späten Jahrzehnten des 19. Jh. differenzierte sich die Stadtbevölkerung

6 ZÖLLNER, Erich. „Perioden der österreichischen Geschichte und Wandlungen des Österreich-Begriffes bis zum Ende der Habsburgermonarchie", in: WANDRUSZKA, Adam/URBANITSCH, Peter (Hg.). *Die Habsburgermonarchie 1848–1918. Die Völker des Reiches.* III/1. Wien 1980, 28.

zunehmend aus, Institutionen und Orte (*Casino*, Theater, *Narodni dom, Posojilnica, Schulverein, Südmark,* Gesangsvereine *etc.*) wurden ‚slowenisch' oder ‚deutsch' ‚eingefärbt' bzw. viele neu gegründet, was den Antagonismus zwischen slowenischen und deutschen Steirern forcierte. Auch auf administrativer Ebene kann der Beginn der 1860er als Endpunkt des Betrachtungszeitraumes durchaus gut argumentiert werden, weil 1859/60 die Kreisämter von den gemischten Bezirksverwaltungen abgelöst wurden. Besonders bedeutend erscheint zudem der Umstand, dass die erste Zeitung in Marburg erst 1862 entstand und Marburg mithin bis zur gesetzten Schnittstelle also über kein eigenes Pressemedium verfügte.

Zum methodischen Vorgehen kann gesagt werden, dass ich versucht habe, mit aussagekräftigen Einzelbeispielen ein kompaktes Bild über das erst erwachende nationale Thema in Marburg zu zeichnen. Dafür habe ich auf einen Quellenmix aus Archivmaterial, Zeitungsberichten, Erinnerungsschriften und Reiseberichten zu diesem Thema zurückgegriffen. Die Schwierigkeit bestand dabei darin, die Nicht-Existenz bzw. die erste zarte Anwesenheit eines Phänomens zu belegen. Die einschlägig an Quellenkritik interessierten LeserInnen seien an dieser Stelle auf den Anhang verwiesen.

Nun zu Aufbau und Gliederung: In Kapitel 2 wird der Blick zunächst noch einmal vom konkreten Beispiel Marburg weggelenkt und ein größerer, theoretischer Rahmen zu nationalen Entstehungsprozessen, Nationalismen in Europa und konkurrierenden nationalen Narrativen in der Habsburgermonarchie gegeben, um ein theoretisches Fundament zum Thema der nationalen Differenzierung zu legen. In Kapitel 3 wird ein kleiner Überblick über die Stadt Maribor/Marburg und ihr ethnisches Gefüge gegeben. Herzstück dieser Arbeit sind die Kapitel 4 und 5, in die auch die meisten Quellen eingeflossen sind: In Kapitel 4 geht es um die Entwicklungen des Revolutionsjahres 1848, seine Folgewirkungen und die Frage, ob und wie sich nationale Fragen damals überhaupt erstmals auf der lokalen Bühne Marburgs äußerten (Stichwort: ‚Farbenstreit'). In Kapitel 5 wird für die Zeit des Neoabsolutismus nach Spuren und Äußerungsformen von nationaler Indifferenz, etwaigen nationalen Spannungen in Kirche, Schule und öffentlichem Leben gesucht. Der Schwerpunkt liegt hierbei auf der Sprache und dem Schulwesen, weil ich mich von der Annahme leiten ließ, dass sich nationale Forderungen im Neoabsolutismus auf sprachpolitische Forderungen beschränkten. In Kapitel 6 wird ein kurzer Ausblick auf die Entwicklungen ab 1861 auf die folgenden dramatischen Umwälzungen bis 1945 gegeben, und in Kapitel 7 werden Schlüsse gezogen und die arbeitsleitenden Hypothesen und Annahmen noch einmal kritisch bewertet.

Der besseren Lesbarkeit wegen erlaube ich mir, nach der ersten Nennung von der doppelten Ortsbezeichnung Abstand zu nehmen und im Folgenden immer von Marburg zu sprechen, da im Untersuchungszeitraum 1848–1861 noch durchgehend der deutsche Ortsname in Gebrauch war und der slowenische Name *Maribor* erst ab Mitte des 19. Jahrhunderts allmählich aufkam und überhaupt erst 1910 amtlich wurde.[7] Für den Betrachtungszeitraum dieser Arbeit wäre es demnach fast anachronistisch, von *Maribor* zu sprechen, weil wir es wirklich noch mit einer ganz anderen Stadt als mit dem Maribor nach 1918 zu tun haben und *Marburg* schlicht und ergreifend der zeitgenössische Quellenbegriff ist. Andere Ortsnamen werde ich nach der doppelten Erstnennung in der heute üblichen Mehrheitssprache erwähnen: Also Graz statt Gradec, Klagenfurt statt Celovec, Celje statt Cilli und Ljubljana statt Laibach.

Nationalismus scheint überwiegend „Männersache" (gewesen) zu sein – Mobilisierungsverbände, wie Schützen-, Sänger-, Studenten- und Schulvereine u. ä. „mit ihren Uniformen und Fahnen, mit den Ritualen und nicht zuletzt ihrer Saufkultur"[8] waren stark männlich dominiert. Es war eine

7 Vgl. Čuček/Cvirn in der Einleitung zu FERLEŽ, Jerneja. (Hg.) *Deutsche und Maribor. Ein Jahrhundert der Wenden. 1846–1946.* Ausstellungskatalog. (Dt. Übersetzung von B. Zajšek) Maribor 2012. Mehr zum Stadtnamen in den Kapiteln 3 und 6.1. Im Gegensatz zu Marburg stand für die anderen beiden Städte des „deutschen Festungsdreiecks" Celje/Cilli und Ptuj/Pettau in slowenischen zeitgenössischen Texten deren slowenischer Name im Gebrauch.

8 HARNISCH/URBANITSCH, „Die Sehnsucht nach Gemeinschaft: Der Nationalismus", in: RUMPLER, Helmut/URBANITSCH, Peter (Hg.). *Die Habsburgermonarchie 1848–1918. Politische Öffentlichkeit und Zivilgesellschaft VIII/1.* Wien 2006, 97.

Unterfrage vorliegender Arbeit, inwieweit Frauen in den beginnenden Nationalisierungsprozessen in Marburg (überhaupt) eine aktive Rolle spielten. Wie im Folgenden sichtbar werden wird, sind *sämtliche* nationale Akteure, wie Journalisten, Nationalgardisten, Politiker, Reichstagsabgeordnete, Wirtschaftstreibende, Zeitungsredakteure, Lehrer, Schulräte und Verfasser von Erinnerungsschriften und Geschichtswerken, die namentlich in den folgenden Seiten vorkommen werden, Männer gewesen; ein Faktum, das auch eine durchgehende gendergerechte Sprache nicht ändern würde, weshalb ich mir erlaube, für diese Arbeit davon Abstand zu nehmen.

2. Nation, nationale Differenzierungsprozesse und Nationalismus

[E]ven if these communities are in a sense imagined, they are very real and very powerful [...].[9]

Viel wurde darüber publiziert, was denn Nationalismus und was eine Nation sei, immer wieder wurden zum Teil neue, originelle Definitionen hervorgebracht – kurz gesagt: Die Literatur zu diesem Thema ist unerschöpflich. Was nun ist eine Nation? Der älteren Literatur des 19. Jahrhunderts ist „die primordiale Auffassung der Nation" gemein, eine dem damaligen Zeitgeist entsprechende Lehrmeinung, dass „Nation eine Urkategorie war, deren objektive Existenz man beleben bzw. neu erwecken müsse". Versuchten viele Autoren noch zunächst, die Nation durch einen Katalog an „objektive[n], empirisch feststellbare[n] und überprüfbare[n] Merkmale[n]" – Sprache, Kultur, Religion, Bindung an ein Territorium, („rassische") Verwandtschaft u. ä. – festzulegen, kam bereits Anfang des 20. Jahrhunderts die zweite Strömung auf, die im Gegensatz zur ersten die Meinung vertrat, dass es einen solchen verbindlichen universellen Merkmalkatalog nicht gibt.[10] Stattdessen sei ein „ethnisches Gemeinschaftsgefühl", ein „Stammverwandtschaftsglaube", der „subjektive Glauben an eine Abstammungsgemeinsamkeit",[11] die Verbindung durch eine gemeinsame Geschichte (und das Bekenntnis zu einer Nation entscheidend („Das Dasein einer Nation ist – erlauben Sie mir dieses Bild – ein täglicher Plebiszit."[12]). Erst nach 1945 und den unheilvollen Erfahrungen, die der fanatische Nationalismus im Ersten und Zweiten Weltkrieg über die Welt gebracht hatte, distanzierte sich die Forschung mehrheitlich von der primor-

---

9 GEARY, Patrick. *The myth of nations. The medieval origins of Europe.* Princeton 2002, 17.

10 Einen guten synthetischen Überblick über den Forschungsstand liefert HROCH, Miroslav. *Das Europa der Nationen: die moderne Nationsbildung im Vergleich.* (= Synthesen. Probleme europäischer Geschichte. Hg. Von Ther, Philipp und Sundhaussen, Holm Bd. 2, aus dem Tschechischen übersetzt v. Elizka und Ralph Melville,) Göttingen 2005, 11–48.

11 WEBER, Max. „Entstehung ethnischen Gemeinsamkeitsglaubens. Sprach- und Kultgemeinschaft", in: *Wirtschaft und Gesellschaft.* 5. Auflage, Tübingen 1976, 235-240.

12 RENAN, Ernest. „Was ist eine Nation? Aus einem Vortrag des französischen Religionshistorikers Ernest Renan, gehalten in Paris am 11. 3. 1882. Abgedruckt in: ALTER, Peter (Hg.). *Nationalismus. Dokumente zur Geschichte und Gegenwart eines Phänomens.* München 1994, 45–46.

dialen Anschauung und den rassistischen Kategorien wie der Blutsgemeinschaft und stimmte zunehmend überein, dass das Bewusstsein einer Zusammengehörigkeit entscheidend ist, um eine Nation als eigenständige politische Gemeinschaft anzuerkennen.

Benedict Anderson hat in diesem Zusammenhang das Schlagwort der „Imagined Communities" geprägt. Was ist denn Anderson zufolge eine Nation? Er gibt vier Antworten: Eine Nation sei zunächst „imagined" – eine vorgestellte Gemeinschaft – und in weiterer Folge „imagined as *limited*, imagined as *soverein*, and imagined as a *community*". Imaginiert ist eine Nation, weil selbst in der kleinsten Nation man nicht alle Mitglieder persönlich kennt noch je kennen lernen wird und man sich dennoch als eine Gemeinschaft, derselben Gruppe zugehörig fühlt. („In fact, all communities larger than primordial villages of face-to-face contact [...] are imagined.") Als begrenzt wird die Nation deshalb aufgefasst, weil keine einen unlimitierten Bekehrungsanspruch und die Idee hat, endlos nach außen hin offen zu sein; die eigene Nation endet, wo eine andere beginnt: „The most messianic nationalists do not dream of a day when all the members of the human race will join their nation in the way that it was possible, in certain epochs, for, say, Christians to dream of a wholly Christian planet." Als souverän werden Nationen imaginiert, weil damit das eigene Freiheitsstreben bzw. die eigenen Hegemonieansprüche legitimiert werden. Als eine Gemeinschaft wird sie imaginiert, weil sie als eine große horizontale Kameradschaft dargestellt und als solche erlebt wird. Die Faszination und Macht des Nationalismus liegt laut Anderson genau hierin: „Ultimately it is this fraternity that makes it possible, over the past two centuries, for so many people, not so much to kill, as willingly to die for such limited imaginings."[13] Oder wenn man es auf den emotionalen Appell nationaler Agitation zuspitzt: „Die Idee *Nation* ist auf emotionale

13 Alle Zitate im Ansatz aus: ANDERSON, Benedict. *Imagined Communities: Reflections on the origin and spread of nationalism.* Revised edition. London 2006, 6–7.

Überwältigung angelegt."[14] Anders ausgedrückt: „In der Vieldeutigkeit des Wortes Nation ... liegt sein Zauber als Schlagwort."[15]

Einen Schritt weiter ging Ernest Gellner, als er meinte, die Nation sei bloße „Erfindung": „Nationalism is not the awakening of nations to self-consciousness: it invents nations where they do not exist."[16] Die gegenwärtige internationale Forschung tendiert mehrheitlich in diese Richtung: Nation als gesellschaftliche Konstruktion, als „Erfindung", Nation als kulturelles Konstrukt, das erst durch den Nationalismus geschaffen wurde. Man darf nun aber nicht der irrigen Lesart anheimfallen, alles sei nur kulturell konstruiert und es gebe keine konkreten (politischen, gesellschaftlichen, kulturellen, wirtschaftlichen, geografischen u. a.) Vorbedingungen oder Folgen. Das Entscheidende ist aber Folgendes: „Sinn wird erzeugt, indem man aus dem, was man als Vorhanden erkennt, auswählt. Deshalb meinen Nationalismus als *inventing traditions* (Hobsbawm/Ranger[17]) und Nation als *imagined communities* (Anderson) stets Auffinden im Reservoir des historisch Vorgegeben."[18] Um aber Missverständnisse zu vermeiden: Nur weil diese *Communities* als „imagined" klassifiziert werden, sollen sie damit aber nicht gleichzeitig als „unbedeutend" trivialisiert werden: [E]ven if these communities are in a sense imagined, they are very real and very powerful [...].[19]

Bis heute gibt es immer noch Stimmen in der Wissenschaft, die diesem konstruktivistischen Ansatz widersprechen und versuchen, ein verbindliches Bündel an Merkmalen zu definieren, die eine Nation ausmachen. Anthony Smith etwa beschrieb Nation als eine „Bevölkerungsgruppe, die ein histori-

---

14 LANGEWIESCHE, Dieter. „Nachwort", in: HOBSBAWM, *Nationen und Nationalismus.* 225–241, hier 225. [Hervorh. im Orig,]; siehe auch: „Die Rolle der Emotionen", in: HROCH, *Europa der Nationen,* 202–205.

15 Frederick HERTZ zit. n. FROMMELT, *Unterrichtswesen,* 50.

16 GELLNER, *Thought and Change,* London 1964, 169.

17 HOBSBAWM, Erich John Ernest/RANGER, Terence (Hg.). *The Invention of Tradition.* Cambridge 1995.

18 LANGEWIESCHE, „Nachwort", in HOBSBAWM, *Nationen und Nationalismus,* 235. [Hervorh. im Orig.].

19 GEARY, *Myth of Nations,* 16f..

sches Territorium, gemeinsame Mythen und historische Erinnerungen, eine Massenkultur, eine gemeinsame Ökonomie und gemeinsame, für alle seine Mitglieder verbindlich gesetzte Rechte und Pflichten teilt".[20] Er widerspricht der konstruktivistischen Sicht, wenn er meint, dass moderne Nationen nicht so ‚modern' seien, wie es uns die ModernistInnen gerne glauben lassen wollen, und dass es eine Kontinuität von einer vornationalen Ethnizität zur modernen Nation gibt: „Without *ethnie* and ethnicism, there could be neither nations nor nationalism."[21] Holm Sundhaussen präzisiert, dass „[z]wischen Ethnien und Nationen [...] ein qualitativer Sprung [existiert], und die zwischen ihnen liegende Kluft [...] durch den Prozeß der Nationsbildung überwunden [wird]".[22] Allerdings widerspricht auch Smith der modernen „Erfindung" der Nationen ja nicht völlig, wenn er einräumt: [...] nations require ethnic cores if they are to survive. If they lack one, they must ‚re-invent' one.[23] Eric Hobsbawm hingegen meint lediglich, dass Nation und Staatlichkeit zwar ethnisch bestimmt werden könne, es aber nicht zwangsläufig müsse – wie das Beispiel der Schweiz zeigt – und „sich nur sehr wenige moderne Nationalbewegungen wirklich auf ein starkes ethnisches Bewußtsein [stützen], obwohl sie häufig eines erfinden, wenn sie erst einmal in Gang gekommen sind, und zwar in Form eines Rassismus".[24]

Roger Brubaker bringt dabei seine Kritik am sogenannten *groupism* ins Spiel: (Ethnische, nationale oder sonst irgendwie) begrenzte Gruppen werden unhinterfragt als „fundamental units of analysis (and basic constituents of the social world)" [25] angenommen, d. h., ethnische Gruppen werden hartnäckig als homogene Einheiten und Akteure angesehen. Indem man sich auf solche Einheiten beruft und sie beschwört, ruft man sie gleichsam genau dadurch

---

20 Vgl. SMITH, Anthony. *National Identity.* Reno/Las Vegas/London 1991, 14.

21 SMITH, Anthony, *The Ethnic Origins of Nations.* Oxford 1993, 214. [Hervorh. Im Orig.].

22 SUNDHAUSSEN, Holm. „Nationsbildung und Nationalismus im Donau-Balkan-Raum", in: *Forschungen zur Osteuropäischen Geschichte,* Bd. 48. Berlin 1993, 233–257, hier: 238.

23 SMITH, *The Ethnic Origins of Nations,* 212.

24 Vgl. HOBSBAWM, *Nationen und Nationalismus,* 80.

25 Vgl. BRUBAKER, Rogers. *Ethnicity without groups.* Cambridge 2006, 2.

performativ ins Leben. Dabei sind die Protagonisten ethnischer Auseinandersetzungen nicht die ethnischen Gruppen selbst, sondern immer einzelne Organisationen – seien es bewaffnete Einheiten, politische oder kirchliche Organisationen, Medien etc. –, die als Repräsentanten einer ethnischen oder nationalen Gruppe aufgefasst werden, weil sie auch von sich selbst behaupten, im Namen dieser zu sprechen. Damit kommt es zu einer „Ethnisierung von Konflikten"; Interessen bestimmter Clans, Cliquen oder Klassen oder soziale oder wirtschaftliche Konflikte werden als „ethnischer" Konflikt bzw. als „nationaler Kampf" interpretiert.[26] Das 20. Jahrhundert gibt insofern Anthony Smith recht, wenn er Ethnizität als „a useful tool" bezeichnete, das von einzelnen Eliten instrumentalisiert wurde und wird, um die Massen zu mobilisieren und sich und ihre Partikularinteressen im Kampf um die Macht durchzusetzen. Anthony Smith schlägt zwei Kategorien für eine nützliche Unterscheidung im vornationalen Stadium vor, wenn er zwischen *ethnic category* und *ethnic community* unterscheidet. Handelt es sich nur um eine *ethnische Kategorie,* hebt sich eine gewisse Gruppe zwar durch objektive Verschiedenheit z. B. in der Sprache bzw. ihren Dialekten von den benachbarten Gruppen ab, es fehlt aber noch ein klares Bewusstsein der Zusammengehörigkeit ihrer Angehörigen untereinander. (Als solche *ethnische Kategorie* kann man vor dem 19. Jahrhundert noch die meisten der heutigen Nationen, auch die Slowenen, bezeichnen.) Im Gegensatz dazu hat eine *ethnische Kommunität* bereits einen gemeinsamen Namen, ein solidarisches Zusammengehörigkeitsgefühl, die Vorstellung bzw. das Bewusstsein einer gemeinsamen Abstammung und Geschichte, ein oder mehrere Elemente einer gemeinsamen Kultur und die „Assoziation eines spezifischen ‚Heimatlandes'".[27]

Ein Faktor, der eine „ethnische Kristallisierung von einer Kategorie in eine Gruppe beschleunigen bzw. bei der Konstruktion und dem Glauben an eine gemeinsame mythische Abstammung helfen kann, ist eine in ganz

26 Vgl. BRUBAKER, Roger. „Ethnicity without groups", in: *European Journal of Sociology,* Vol. 43, Nr. 2, Cambridge 2002, 163–189, hier: 166–173f..

27 Vgl. SMITH, *National Identity,* 20f.

bestimmten Strukturen und Hierarchien organisierte Religion, vor allem wenn sie sich von jener der Nachbarn unterscheidet. Vielfach sind die Helden einer ethnischen Kommunität gleichzeitig auch die Begründer bzw. Hüter der religiösen Tradition.[28] In unserem Untersuchungsfeld segregiert die Religion die Nationalitäten nicht voneinander, weil die Bevölkerung der Untersteiermark überwiegend katholisch war; die Religion kann aber in anderen Kontexten ein wichtiger Differenzierungsfaktor sein (z. B. in Irland und Polen, bei Kroaten und Serben um nur ein paar Beispiele zu nennen).[29]

Hroch bietet zwei weitere nützliche Operationskategorien an, indem er zwischen *Staatsnationen* und *Nationalbewegungen* unterscheidet. In einer *Staatsnation,* die sich schon im Mittelalter oder der frühen Neuzeit als staatliches Gebilde konstituiert hat, ist der moderne Nationalstaat durch innerstaatliche Revolutionen entstanden (oft zitiertes Beispiel für Staatsnationen wären Frankreich und England). Dem stehen *Nationalbewegungen* einer nicht herrschenden ethnischen Gruppe gegenüber, die keine eigene Staatlichkeit vorweisen, diese oft auch gar nicht anstreben oder erreichen müssen, doch aber in den letzten zwei Jahrhunderten in Europa mehrheitlich die Eigenstaatlichkeit erreicht haben (dazu kann man sicherlich Slowenien und andere Nachfolgestaaten der Habsburgermonarchie zählen). Charakteristisch für Nationalbewegungen ist, dass sie meist keine komplette Sozialstruktur („mit eigener Unternehmer- und Bildungselite, eine Nationalkultur in der Nationalsprache und politische Partizipation") aufweisen. Der deutsche (und auch der italienische) Weg zur Nation kann als Mischform bezeichnet werden, da zwar eigene Nationalkultur, -sprache und -elite und eine komplette Sozialstruktur vorhanden war, die Eigenstaatlichkeit aber fehlte. Der wesentliche Unterschied dieser beiden Wege zur Nationalisierung liegt darin, dass eine *Staatsnation* zur Durchsetzung ihrer Ziele auf einen kompletten Staatsappa-

---

28 Vgl. SMITH; *National Identity,* 27f und HOBSBAWM, *Nationen und Nationalismus,* 83–89.

29 Zwar ist auch für die Untersteiermark die Los-von-Rom-Bewegung von Relevanz, die das Deutschtum vom Katholizismus trennen wollte, weil sie diesem „Verrat am Deutschtum" vorwarf und die Konversion zum Protestantismus propagierte, allerdings kam diese erst knapp vor der Jahrhundertwende auf und ist somit für den vorliegenden Untersuchungszeitraum unerheblich.

rat zurückgreifen kann; sie mobilisiert demnach „von oben“, während eine *Nationalbewegung* auf die breite Unterstützung der Bevölkerung angewiesen ist, da diese Nationalisierung „von unten“ passierte. Im Falle einer erfolgreichen Agitation ließen sich die Massen aber dafür in den *Nationalbewegungen* auch wesentlich schneller mobilisieren.[30]

Anderson geht ähnlich vor und unterscheidet zwischen dem *offiziellen Nationalismus* des Gesamtstaates (also „von oben“) und dem *Volksnationalismus* (*popular nationalism,* „von unten“). Für den *offiziellen* Nationalismus gilt es festzuhalten, „that it developed *after* and *in reaction to* the popular national movements proliferating in Europe since the 1820s“ – sozusagen aus Angst der Führungsschicht dynastischer Systeme vor den weltweit aufkommenden Nationalbewegungen.[31] Für den Kontext der Habsburgermonarchie wie auch anderer Vielvölkerstaaten ist Andersons Unterscheidung durchaus interessant. Für die Habsburgermonarchie muss man sich allerdings fragen, worin ein solcher offizieller Nationalismus genau bestanden hat, wenn es ihn denn überhaupt gab (im „habsburgischen Mythos“, in der „synoptischen Tradition“, die die Einheit in Vielfalt propagierte?[32]). Allenfalls kann festgehalten werden, dass – geht man von diesem vertikalen Aspekt aus – die Konzepte von Hroch und Anderson (*Staatsnation/official nationalism* vs. *Nationalbewegung/popular nationalism*) und auch Hobsbawm, der in „Nationalismus von oben“ und „von unten“ unterscheidet,[33] einander nicht so unähnlich sind und für die vorliegende Arbeit nützliche operative Kategorien darstellen.

Miroslav Hroch teilt den Prozess der Nationsbildung und der nationalen Identifikation in seinem sehr nützlichen *Phasenmodell* in drei Phasen auf: In

30 Vgl. dazu ausführlich HROCH, Miroslav. *Die Vorkämpfer der nationalen Bewegung bei den kleinen Völkern Europas. Eine vergleichende Analyse zur gesellschaftlichen Schichtung der patriotischen Gruppen*. Prag 1968 und ders. *Europa der Nationen*, 42–44.

31 ANDERSON, *Imagined communities*, 86. [Herv. im Org.].

32 Siehe mehr dazu in Kapitel 3.2 und PROMITZER, Christian. „The South Slavs in the Austrian Imagination. Serbs and Slovenes in the Changing View from German Nationalism to National Socialism“, in: WINGFIELD, Nancy (Hg.). *Creating the Other. Ethnic Conflict and Nationalism in Habsburg Central Europe.* New York 2004, 183–215.

33 Vgl. HOBSBAWM, *Nationen und Nationalismus,* siehe Kapitel „Nationalismus von oben“, 97–120.

der von Gelehrten dominierten *Phase A* geschieht eine erste und grundlegende Auseinandersetzung mit dem eigenen „nationalen" Territorium, der eigenen Gruppe, den Sitten und Bräuchen, der Sprache u. ä. Hierbei handelt es sich um vereinzelte Individuen; diese ‚nationalen Vorkämpfer' sind bemüht, das nationale Bewusstsein zu verbreiten, und sie unterstützen mit ihrem eigenen Tun nationale Interessen. In der Staatsnation können diese aus Eigeninitiative oder im Auftrag des Staates agieren; in den Nationalbewegungen nichtherrschender ethnischer Gruppen hingegen sind dies fast ausschließlich Privatpersonen, und dort ist diese Phase auch allgemein sehr bescheiden ausgeprägt. Mit der *Phase B* beginnt erst die eigentliche Nationalbewegung, indem sich ein kleiner, meist elitärer Kreis das Ziel setzt, Nationalbewusstsein zu verbreiten. Manchmal kann diese Phase bereits ein nationales Programm beinhalten, oftmals geht es aber nur um kulturelle, sprachliche und soziale Forderungen. Erst in *Phase C* (d. h., wenn *Phase B* erfolgreich war und es überhaupt zur *Phase C* kommt) wird aus dem „elitären Minderheitenprogramm" eine Massenbewegung. Hat eine Nation zu guter Letzt eine volle Sozialstruktur, politische Autonomie oder Unabhängigkeit erreicht, kann man von einem erfolgreichen und abgeschlossenen Nationalbildungsprozesses sprechen.[34]

Es gab eine Debatte darüber, wann die Hroch'schen Phasen für die slowenische Nationalbewegung zu datieren wären; die Meinungen gehen dabei auseinander – Hroch datiert den Eintritt in die *Phase B* der nationalen Agitation auf die Vierzigerjahre des 19. Jahrhunderts;[35] Hösler datiert die *Phase A* erst auf 1848 und ab Mai auch den Beginn der *Phase B*; alles davor nennt er ‚Protonationalismus'. Er argumentiert, dass die frühen „nationalen" Akteure mehrheitlich von anderen Motiven als von nationalen getragen wurden (religiöse, sprachwissenschaftliche, literarische Ambitionen) und ihre Überzeugungen, von ganz wenigen Ausnahmen abgesehen, entweder explizit landespatrio-

34 Vgl. HROCH, Miroslav. *Social Preconditions of national Revival in Europe. A comparative analysis of the social Composition of Patriotic Groups among the Smaller European Nations.* (Übersetzt von Ben Fowkes). New York 2000, 25–30 und HROCH, *Europa der Nationen,* 46f.

35 Vgl. Hroch zit. n. ZAJC, Marko/POLAJNAR, Janez. *Naši in vaši. Iz zgodovine slovenskega časopisnega diskurza v 19. in začetku 20. stoletja.* Ljubljana 2012, 14.

tisch oder illyristisch, aber nicht slowenisch waren.[36] Cvirn kritisiert Höslers Einschätzung, da „sich bei den slowenischen Illyristen die landesspezifische, (jugo-)slawische und die slowenische Identität ständig ineinander verflechten und ergänzen". Demnach verortet Cvirn die beginnende *Phase A* Ende des 18. Jh. im Intellektuellen Zirkel rund um den Mäzen Žiga/Sigmund Zois und die *Phase B* in den 30er- und 40er-Jahren des 19. Jh.[37] Wann aufgrund der untersuchten Quellen diese Phasen für Marburg datiert werden können, ist im Resümee-Kapitel 7 nachzulesen.

Wie es scheint, gibt es für Nationalismus fast gleich viele Definitionen wie AutorInnen zu diesem Thema. Eine allgemeine, weit gefasste „neutrale", wertfreie Definition bringt die Schwierigkeit mit sich, dass „ein General der Waffen-SS genauso wie ein französischer Maquisard, Herder wie Napoleon hineinpasst".[38] Und mit einem so großen, neutralen und weiten Begriff lässt es sich schwer geschichtswissenschaftlich analysieren. Da dennoch für die vorliegende Arbeit eine Definition getroffen werden sollte, halte ich mich daran, was Hroch als „Nationalismus im engeren Wortsinne" in der Erläuterung seines Phasenmodells nennt:

> Eine weitere Grunderkenntnis ist, dass im Verlauf der frühen Phasen der Nationalbewegung [Phase A und B] nur ganz vereinzelt Äußerungen der Missachtung anderer Nationen oder Versuche anzutreffen sind, diese zu beherrschen oder deren Interessen den eigenen unterzuordnen – also Verhaltensweisen, die in der Identifikation mit einer Nation latent vorhanden sind und die ich als ‚Nationalismus' im engeren Wortsinne bezeichne. Erst in der voll ausgebildeten Nation mit eigenen herrschenden, am Machtkampf beteiligten Klassen wurden sie zu wirklich gefährlichen und ‚typischen' Äußerungen der Intoleranz, Aggressivität und Überheblichkeit [...][39]

---

36 Vgl. HÖSLER, *Von Krain zu Slowenien,* 350.

37 Vgl. CVIRN, Janez. „Joachim Hösler. Von Krain zu Slowenien, ocena knjige", in: *Zgodovinski časopis,* Jg. 64, Nr. 3–4. Ljubljana 2010, 491–494.

38 HROCH, *Europa der Nationen,* 31.

39 HROCH, *Europa der Nationen,* 236.

Manche Autoren versuchen, Patriotismus – oftmals mit Vaterlandsliebe wiedergegeben – von Nationalismus zu unterscheiden, indem Ersteres als positives Zugehörigkeitsgefühl zur eigenen Gruppe, Zweiteres als destruktive Einstellung gegenüber den Nichtdazugehörigen darstellt wird; andere gängige Definitionen machen Patriotismus eher als eine Vorstufe aus, die in Nationalismus münden kann.[40]

Der Nationalismus ist in einer Zeit entstanden, in der lang gültige Bezugssysteme brüchig geworden sind: Sprachen und Ethnien überspannende universalistische Religionsgemeinschaften mit einer universalen heiligen Sprache (im Falle West- und Zentraleuropas Latein) zu einen, zum anderen die religiös legitimierten Dynastien, die über extrem heterogene Bevölkerungsschichten herrschten, die jedoch alle Untertanen eines Herrschers von Gottes Gnaden waren.[41] Auf diese allmählichen Krisenerscheinungen der alten religiösen und politischen Legitimität antwortete der Nationalismus dadurch, dass Macht und Herrschaft vom Herrscher auf die Nation übergehen sollten; die Staatspolitik sollte „nicht im Namen des Monarchen von Gottes Gnaden, sondern im Namen der Nation geführt werden".[42] Der Nationalismus bot sich als „Ersatzkonstruktion gesellschaftlicher Einheit" an.[43] Wann kann man nun die Geburtsstunde „des Nationalismus" genau datieren? „Bei den Philologen, die im 18. Jahrhundert die grammatischen Regeln der modernen Sprachen aufstellten? Bei den nationalen Agitatoren? Bei Bauern, die sich zu einem Erntedankfest einfanden, über dem die Staatsflagge wehte?"[44] Eine präzise Antwort zu geben fällt schwer; zum einen, weil die Phasen der nationalen Agitation in den verschiedenen Nationalbewegungen nicht zeitgleich verliefen und zum anderen, weil es sich um einen allmählichen Prozess han-

40 Patriotismus wird besonders häufig von britischen und amerikanischen AutorInnen als eigenes, positives Gegenstück zum negativen Nationalismus der anderen positioniert, siehe: HROCH, *Europa der Nationen,* 30–32 und gängige Definitionen in Lexika, wie etwa dem BROCKHAUS von „Patriotismus" und „Nationalismus".

41 Vgl. ANDERSON, *Imagined Communities, 9–36.*

42 HROCH, *Europa der Nationen,* 44.

43 SUNDHAUSSEN, „Nationsbildung und Nationalismus im Donau-Balkan-Raum", 240.

44 HROCH, *Europa der Nationen,* 45.

delte. Allgemein kann aber wohl darauf hingewiesen werden, dass Nationen nicht so alt sind, wie es manche Nationalisten gerne darstellen, sondern frühestens Ende des 18., vorwiegend aber erst im Verlauf des 19. Jahrhunderts entstanden sind. Auffällig ist also die Kluft zwischen der objektiven Neuheit von modernen Nationen aus historischer Perspektive und ihrem von Nationalisten imaginierten hohen Alter. Vielleicht gerade deshalb, weil sie ein so junges Phänomen sind, wird die Notwendigkeit empfunden, das Alter der eigenen nationalen Idee, die Abstammung der eigenen Gruppe und damit deren Legitimität so weit wie möglich zurückzuprojizieren:[45]

> Die Anschauung, die moderne Nation sei das organische Ergebnis der gesellschaftlichen und kulturellen – und somit auch ethnischen – Entwicklung seit dem Mittelalter, ist [...] methodischer Ausgangspunkt der meisten Versuche, Nationalgeschichte zu konstruieren. [..]
>
> Je ältere Ursprünge eine Nation – d. h. die Historiker in ihren Diensten – nachweisen konnte, desto höher war ihr Ansehen, desto gewichtiger ihre Ansprüche.[46]

Zwar wurde gerne von Nationalisten jedweder Länder von einer ‚nationalen Wiedergeburt' gesprochen, doch es erstand nichts bereits Bekanntes auf, sondern es wurde etwas geschaffen, „was vorher in dieser Gestalt nie dagewesen war". Zwar gab es bereits im Mittelalter den Begriff der ‚natio', doch bezeichnete dieser, wo es ihn gab, mitnichten dasselbe wie der moderne Nationsbegriff, sondern vielmehr eine Zugehörigkeit zu einem durch einen Rechtsstatus klar definierten Stand, z. B. Adel oder Klerus (z. B. in Siebenbürgen, bei den Ungarn oder den Kroaten).[47]

---

45 Siehe dazu ANDERSON, *Imagined Communities,* 5 und das Kapitel „Nationaler Mythos und die Suche nach dem gemeinsamen Schicksal", in: HROCH, *Europa der Nationen,* 145–170. Zu den autochthonen Theorien bei den Slowenen: ŠTIH, Peter. „Ej ko goltneš do tu-le, udari po konjih! O avtohtonističnih in podobnih teorijah pri Slovencih in na Slovenskem", in: *Zgodovina za vse* 3/2. Celje 1996, 66–80; bei den Deutschen: WIWJORRA, Ingo. *Der Germanenmythos. Konstruktion einer Weltanschauung in der Altertumsforschung des 19. Jahrhunderts.* Darmstadt 2006.

46 HROCH, *Europa der Nationen*, 147 und 151.

47 SUNDHAUSSEN, „Nationsbildung und Nationalismus im Donau-Balkan-Raum", 238 und ders. „Das Ustaša-Syndrom. Ideologie – historische Tatsachen – Folgen", in: LAUER, Reinhard/LEHFELDT, Werner (Hg.). *Das jugoslawische Desaster.* Wiesbaden 1995, 149–188, hier: 166f.

Erstaunlich ist weiterhin die formale Universalität der Nationalität: Wir leben in einer Welt, in der jedes Individuum wie ein soziales Geschlecht auch eine Nationalität hat bzw. haben *muss*. Überraschend ist auch die große Kluft zwischen der politischen Macht des Nationalismus und seiner philosophischen Dürftigkeit und Inkohärenz – im Vergleich zu anderen *Ismen* hat der Nationalismus keine eigenen großen Philosophen und Denker hervorgebracht.[48]

Wer waren die Akteure der nationalen Agitation? In *Staatsnationen* setzten sie sich aus der Elite zusammen, die oft an der Spitze des Kampfes stand, der die alte Ordnung ablöste bzw. um dessen Reformierung bemüht war: bei manchen Nationen der Adel, vielfach die Bourgeoisie, Juristen, Beamte, Freiberufler, Offiziere, kurz: Vertreter der herrschenden, besitzenden und gebildeten Klasse. Bei den Vertretern der *Nationalbewegungen nicht herrschender Gruppen* ist diese Zuordnung schwieriger zu treffen, da deren soziale Struktur nicht vollständig war und z. B. oftmals (wie im slowenischen Falle) ein eigener Adel fehlte. Dort spielten Vertreter der freien Berufe und der intellektuellen Elite die wichtigste Rolle. Zahlenmäßig, nicht so sehr an der Spitze, aber sicherlich an der Basis der „einfachen" Patrioten, gehörten auch Geistliche zu den wichtigen Vertretern der nationalen Agitation.[49] Gerade in den *Nationalbewegungen der nicht dominanten ethnischen Gruppen* – wie bei den Slowenen – bildeten jene zu einem Großteil die gebildete Schicht, was ihre Bedeutung erklärt. Gerade für das vorliegende lokale Beispiel, also für die Bildung eines slowenischen Nationalbewusstseins in der Untersteiermark und Marburg spielen slowenische Geistliche, wie vielfache Quellenbeispiele noch zeigen werden, durch ihre Bemühungen in sprachlichen, pädagogischen und kulturellen Belangen eine außerordentlich wichtige Rolle.

Abschließend seien noch kurz ein paar Worte zur Verortung und den konkreten Vorbedingungen bzw. zu den gleichzeitig mit der Nationalisierung in Europa auftretenden Erscheinungen bzw. Folgeerscheinungen erwähnt.

48 Vgl. ANDERSON, *Imagined communities*, 5.

49 Siehe dazu das Kapitel „Die Akteure des Dramas, oder: Wer sprach im Namen der Nation?" in, HROCH, *Europa der Nationen*, 111--120 und GELLNER, *Nationalismus*, 126–130.

Dazu gehört ein ganzes Paket an Modernisierungsmaßnahmen und Veränderungen, die die soziale Gruppe auf dem Weg zur modernen Nation begleiteten: die Ablöse des feudalen Wirtschaftssystems vom kapitalistisch-industriellen, damit einhergehend die Abschaffung der Leibeigenschaft, die Bürokratisierung und allmähliche Demokratisierung des Staates, grundsätzliche Bürgerrechte und die Partizipation der Bürger an politischen Entscheidungsprozessen (z. B. durch Verfassung, Wahlrecht und das beginnende Vereinswesen), die verbesserte und beschleunigte Kommunikation, vor allem auch jene nach unten bzw. in die Peripherie durch neue technische Möglichkeiten, Fern- und Postverbindungen und Druckerzeugnisse, die voranschreitende Alphabetisierung und Schulbildung usw.[50] Die Reihenfolge, in denen diese Phänomene im Vergleich mit der Nationalisierung einsetzten, variierte von Land zu Land und lässt sich nicht verallgemeinernd festmachen; gerade über die Frage, ob Nationalisierung oder Industrialisierung zuerst bzw. ob beide untrennbar gleichzeitig auftraten (und die Industrialisierung nicht längerfristig den Untergang des Nationalismus bedeute, weil in einer industriellen Welt die nationalen Unterschiede verwischt würden[51]) wurde viel diskutiert. Kriege und Nationalitätskonflikte werden aber allgemeinhin als Folge oder allenfalls als Brandbeschleuniger und nicht als eigentlich ursächlich für die moderne Nationsbildung angesehen. Auf alle Fälle kann aber festgehalten werden, dass dieses Bündel an Voraussetzungen, „stark vereinfacht als ‚Modernisierung' etikettiert", in Zentral- und Südosteuropa erst in den letzten hundert bis zweihundert Jahren entstanden ist und die moderne Nation erst möglich gemacht hat.[52]

Um diese sozio-ökonomischen Herausforderungen der sich rasch ändernden Welt zu bewältigen, griff man auf die *Nation* zurück. Autoren wie Gellner und Sundhaussen machen geografisch innerhalb Europas verschiedene Arten von Nationalismus und Varianten der Nationswerdung aus. Sundhaussen unterscheidet dabei in den primär etatistischen, d. h. französischen, ‚subjekti-

50 Vgl. ANDERSON, *Imagined communities*, 37–46 und 67–82.

51 Siehe eine Zusammenfassung dieses marxistisch/liberalen Syllogismus in: GELLNER, Ernest. *Nationalismus. Kultur und Macht.* (Dt. Übersetzung von M. Schupfner). Berlin 1999, 58–67.

52 SUNDHAUSSEN, „Nationsbildung und Nationalismus im Donau-Balkan-Raum", 238.

ven‘ und den primär kulturell-ethnischen, d. h. mitteleuropäischen, ‚objektiven‘ Nationsbegriff. Das französische Modell basierte auf *Citoyens*, auf mündigen Staatsbürgern, die durch die Gemeinsamkeit von Werten und Überzeugungen und Institutionen eine Nation konstituieren. Das ‚objektive‘ Modell hingegen berief sich auf scheinbar objektive, unwandelbare Kennzeichen, die unabänderlich über die Zugehörigkeit zu einer Nation bestimmen. In Zentraleuropa setzte sich laut Sundhaussen das ‚objektive‘ Modell durch. Beide Modelle strahlten auch in den Südosten aus, wurden übernommen, adaptiert und teilweise verschmolzen. Nachdem aber die etatistische Variante mündige und politisch partizipierende Staatsbürger voraussetzte, welche in Zentral- und Südosteuropa nicht oder in zu geringer Menge vorhanden waren, setzte sich zunächst primär das ‚objektive‘ Nationsverständnis durch, das sich allmählich mit dem etatistischen unter dem Schlagwort des ‚nationalen Selbstbestimmungsrechtes‘ zu einer Symbiose verband. Mit Berufung auf dieses Recht wird die ethnische Homogenität der Bevölkerung forciert; wo ideologische Maßnahmen nicht reichten, wurde sie durch ethnische Säuberungen „herbeigeführt“. Sundhaussen und Gellner erklären somit die sprachliche, konfessionelle und ethnische Heterogenität Mittel- und Südosteuropas zum Grund für die zahlreichen „nationalen Flurbereinigungen“ im neunzehnten und zwanzigsten Jahrhundert.[53]

Ein viel bemühtes Schlagwort ist jenes der kollektiven Identität; laut Jan Assmann „das Bild, das eine Gruppe von sich aufbaut und mit dem sich deren Mitglieder identifizieren“ – „es gibt sie nicht ‚an sich‘, sondern immer nur in dem Maße, wie sich bestimmte Individuen zu ihr bekennen. Sie ist so stark oder so schwach, wie sie im Denken und Handeln der Gruppenmitglieder lebendig ist und deren Denken und Handeln zu motivieren vermag.“[54]

---

53 SUNDHAUSSEN, „Nationsbildung und Nationalismus im Donau-Balkan-Raum“, 242 und „Das Ustaša-Syndrom“, 167-170 und GELLNER, *Nationalismus*, 95–102. Gellner vereinfacht die Entwicklungen in Europa in seinem Zonenmodell stark: Von Westen nach Osten würde Europa heterogener und daher der Nationalismus zwangsläufig unheilsamer. Dabei teilt er Mitteleuropa der Zone 2 und Ost- und Südosteuropa den Zonen 3 und 4 zu.

54 Vgl. ASSMANN, Jan. *Das kulturelle Gedächtnis: Schrift, Erinnerung und politische Identität in frühen Hochkulturen*. München 1992, 132.

Die *nationale Identität* ist demnach auch nur eine von vielen möglichen *kollektiven Identitäten,* und jeder Mensch ist Mitglied vieler verschiedener Gruppen und hat demnach viele verschiedene Identitäten.[55] Da wäre zunächst die ganz fundamentale Kategorie des *Gender*, die, obwohl zwar universell, wenig Kohäsionskraft besitzt. Im Gegensatz dazu bieten räumliche oder territoriale Identitätskategorien wie regionale oder lokale, die vor allem in vormodernen Zeiten stark waren, eine große Kohäsionskraft. Regionen haben aber den Nachteil, dass sie oft mehrere Zentren aufweisen und an den Grenzen ausgefranst und unscharf sind, weshalb es schwer ist, eine solche regionale Identität in eine starke Bewegung zu verwandeln. Dieses Problem lag aber in vorliegendem Beispiel durch die lange historische Kontinuität des Landes Steiermark und seiner Grenzen nicht vor. Demnach wurde auch noch lange im 19. Jahrhundert ein Lokalpatriotismus bzw. ein steirischer Patriotismus unter dem Schlagwort *Štajercijanstvo*/Steirertum propagiert, der die Zusammengehörigkeit aller (deutschen und slowenischen) Steirer betonte. Eine weitere wichtige kollektive Identität ist die *sozio-ökonomische* bzw. die soziale Klasse, der jemand zugehört (dem Adel, dem Bürgertum, der Arbeiterschaft, der Bauernschaft etc.), wobei die Schwierigkeit für eine Bewegung hierbei darin liegt, dass es oftmals zu Konflikten innerhalb einer solchen sozialen Klasse kommen kann.[56] Hinzu kommen außerdem noch die *ethnische* und die *religiöse Identität,* welche oftmals eng miteinander verflochten sind: „They frequently overlap and reinforce one another. And singly or together, they can mobilize and sustain strong communities".[57] Jedenfalls soll dieser Einwurf nur verdeutlichen, wie komplex und vielschichtig das Bewusstsein einer Zugehörigkeit (zu welcher Gruppe bzw. welchen Gruppen auch immer) ist und dass monokausale Deutungen stets zu kurz greifen.

---

55 Vgl. dazu: SEN, Amartya. *Die Identitätsfälle. Warum es keinen Krieg der Kulturen gibt.* (Dt. Übersetzung von F. Griese). München 2010.

56 Vgl. SMITH, „Multiple Identities", in: *National Identity,* 3–8 und Kritik am Identitätsbegriff als wissenschaftlicher Analysebegriff, in: HÖSLER, *Von Krain nach Slowenien, 13–20.*

57 SMITH, *National Identity,* 8.

Alle Nationalbewegungen der nichtdominanten ethnischen Gruppen in der Monarchie organisierten ihre politische Agenda rund um sprachpolitische Forderungen. Sprachpolitik wurde das Schlachtfeld für die Nationalitätenkämpfe in der Monarchie.[58] Die Forderungen nach einer entsprechenden Unterrichtssprache in den Schulen, der Amtssprache und die Gleichstellung der eigenen Sprache als Gerichtssprache, die Rolle von Lesegesellschaften (*Čitalnice*) und Leihbüchereien, die Schaffung administrativer Einheiten entlang der ‚Sprachgrenze' und der Kampf, der um die Umgangssprachenerhebung in jeder Volkszählung ab 1880 entbrannte – all diesen Themen werden wir im Laufe dieser Arbeit noch begegnen. Deshalb ist das folgende Unterkapitel der Rolle der Sprache im Nationalismus gewidmet.

58 Vgl. JUDSON, *Guardians of the Border,* 13.

2.1. Die Rolle der Sprache im Nationalismus

What the eye is to the lover – that particular,
ordinary eye he or she is born with
– language – whatever language history has made
his or her mother-tongue –
is to the patriot.[59]

An die Stelle der religiös legitimierten Universalsprachen (Latein, Bibelgriechisch, Koranarabisch) traten im Laufe historischer Entwicklungen zunehmend nationale Schriftsprachen. Volkssprachen wurden dafür verschriftlicht und standardisiert und lösten die Universalsprachen, auf die klarerweise niemand alleinigen Anspruch erheben konnte, ab. Die Einführung von bereits (einigermaßen) standarisierten Volkssprachen für absolutistische Systeme leistete zwar auch einen Beitrag, vor allem aber haben Buchdruck und Kapitalismus enorm zur schnellen Verbreitung der Volkssprachen beigetragen. „Print-language is what invents nationalism, not *a* particular language per se",[60] stellt Anderson fest. Erst standardisierte Schriftsprachen, die breite Teile der Bevölkerung umfassen, können eine größere (sprachlich) zusammengehörende Gruppe vorstellbar machen. Hobsbawm präzisiert, dass es vor der Einführung einer allgemeinen Schulpflicht noch keine gesprochene „Nationalsprache", die einen größeren Radius abgedeckt hätte, gegeben habe. Was Kinder als Muttersprache von ihren ungebildeten Müttern in protonationaler Zeit lernten, war in „keiner Hinsicht eine ‚Nationalsprache'".[61] Wichtig für vorliegendes Thema ist es also festzuhalten, dass den nationalen Bewegungen des ausgehenden 18. und des 19. Jahrhunderts solche standarisierten Druck- und Schriftsprachen, weil integrativ wirkend, nützlich waren und nicht äußerst lokal begrenzte Idiome, Dialekte und Umgangssprachen ohne Schrifttradition.

59 ANDERSON, *Imagined communities*, 154.
60 Vgl. ANDERSON, *Imagined Communities*, 37–40 und 134. [Hervorh. i. O.].
61 Vgl. HOBSBAWM, *Nationen und Nationalismus*, 66.

Dabei konnten gewisse Nationen auf eine reiche Kultur und Tradition seit dem Mittelalter zurückgreifen (z. B. Deutsch) – andere hingegen so gut wie gar nicht. Diesen gelang es aber in bemerkenswert kurzer Zeit, eine entwickelte Standardsprache zu schaffen. So kann Slowenisch noch zu Beginn des 19. Jh. als „eine marginale, fast nur auf religiöse Texte begrenzte Schriftkultur"[62] bezeichnet werden. Šantel schildert die Situation des Slowenischen und die Asymmetrie zum Deutschen in der Untersteiermark noch im Jahr 1857 folgendermaßen:

> Die heutige Generation kann sich einfach nicht mehr vorstellen, welche Verhältnisse damals in der slowenischen Sprache bestanden. Man muß bedenken, daß fast alles, was es heute an Literatur und Liedern gibt, erst später entstand, daß damals erst neun Jahre seit dem Jahr 1848 vergangen waren, als vereinzelte Männer begannen, ein nationales Bewusstsein zu entwickeln. Bis dahin wuchs man im Bewußtsein auf, daß man zwar Slowenisch spricht, es aber nicht schreibt. Was niedergeschrieben wurde, mußte deutsch sein. In der Volksschule verwendete man das Slowenische nur dazu, um mit den Schülern überhaupt sprechen zu können, und damit die Schüler den Katechismus und die Gebetbücher lernten. Der eigentliche Zweck der Schule war, deutsch zu lernen. Sobald jemand recht und schlecht deutsch konnte, sprach er immer deutsch. Slowenisch sprachen nur Menschen, die noch keine Gelegenheit gehabt hatten, Deutsch zu lernen, also in erster Linie Analphabeten und jene, die das, was sie in der Volksschule gelernt hatten, wieder vergaßen. Slowenisch zu sprechen war ein Zeichen der Unbildung.[63]

Es scheint gerade das slowenische Beispiel dafür zu sprechen, dass Alter und Tradition einer Sprache kein entscheidendes Kriterium für einen erfolgreichen Nationalisierungsprozess darstellen.[64] Sprache war nun nicht mehr nur Kommunikationsmittel, sondern diente als Mittel der Identifikation und zur nationalen Mobilisierung, als Symbol der nationalen Existenz und zur Schaffung einer bestimmten Gruppensolidarität. Sprachpolitik rückte vor allem bei Nationalbewegungen nicht dominanter ethnischer Gruppen ohne voll-

---

62 Vgl. HROCH, *Europa der Nationen, 70.*

63 ŠANTEL, Anton. *Grenzenlos zweisprachig. Die Erinnerungen des Keuschlersohnes Anton Šantel (1845–1920) an seine Kindheit in Leutschach und Jugend in Maribor.* (Herausgegeben und mit Anmerkungen versehen von Klaus-Jürgen Hermanik und Christian Promitzer; dt. Übersetzung von Andrea Haberl-Zemljič), Graz 2002, 140f. [fehlende Großschreibung in Erstübersetzung].

64 HROCH, *Europa der Nationen,* 62.

ständige Sozialstruktur in den Fokus und durchlief dabei folgende Phasen bzw. setzte sich aus folgenden zentralen Forderungen zusammen:

a) Verteidigung und Verherrlichung der Sprache (meist Teil der *Phase A*);

b) Bemühungen um eine Kodifizierung der Sprache (von gesprochenen Dialekten zu einer Kodifizierung und Standardisierung einer einheitlichen Schriftsprache);

c) Intellektualisierung der Nationalsprache (um zu zeigen, dass alle wissenschaftlichen und literarischen Finessen von der eigenen Nationalsprache bewältigt und in ihr ausgedrückt werden können);

d) der Forderung nach der National- als Unterrichtssprache (Schulbesuch nicht nur zu Bildungszwecken, sondern auch für die nationale Mobilisierung. Da die Habsburgermonarchie die Verwendung der lokalen Umgangssprache im Grundschulunterricht bereits gestattete, noch bevor diese Sprache kodifiziert war, richteten sich die Forderungen vor allem auf die höheren Schulen);

e) die Frage der sprachlichen Gleichberechtigung (die Zulassung als Amtssprache).[65]

Sprachen wie Französisch, Englisch, Spanisch oder Deutsch genossen über lange Zeit den Status von Kultursprachen, und die gebildeten und adeligen Schichten waren stolz, in ihnen zu kommunizieren. Bis weit ins 18. Jahrhundert war die Idee, eine dieser Kultursprachen würde nur einer territorial definierten Gruppe „gehören", unbekannt.

Im Falle der Habsburgermonarchie ist es wohl vor dem 19. Jahrhundert verfehlt, Deutsch als Verwaltungs- und Regierungssprache als gezielten nationalistischen Germanisierungsversuch hinzustellen. Als etwa Joseph II. 1784 Deutsch als Verwaltungssprache auch im ungarischen Reichsteil einführen wollte, wollte er Latein, nicht Ungarisch verdrängen – aus der Überzeugung, dass eine einheitliche, moderne Verwaltungssprache erforderlich ist, um

65 Vgl. „Sprachenforderungen der Nationalbewegungen", in HROCH, *Europa der Nationen,* 178–200.

über alle Teile seines Reiches effektiv herrschen zu können. Deutsch mit seiner langen Kultur und Literatur und den beträchtlichen deutschsprachigen Bevölkerungsgruppen in allen Teilen der Monarchie erschien als die einzig praktikable Lösung.[66] Einige slowenische Historiker widersprechen dieser Auffassung und sehen schon seit Joseph II. eine starke, bewusste deutschnationale Germanisierungspolitik, auf welche die Slowenen erst als Reaktion eine feindselige Gesinnung gegenüber den Deutschen entwickelt hätten.[67] Fakt ist sicherlich, dass dieser bürokratische Zentralismus der josephinischen Ära, der von einem übernationalen, höfischen, deutschsprechenden Beamtentum getragen wurde, bei den nichtdeutschen Nationalitäten Widerstand „gegen alles was ‚deutsch' war", hervorrief, aber nicht, dass dieser nationalistische Motive erfolgte.[68] Ein unumstößlicher Fakt scheint zu sein, dass der Vielsprachigkeit des Reiches auch schon vor 1848 im synoptischen Sinne Rechnung getragen wurde bzw. werden musste – anders wäre es schlicht nicht möglich gewesen, ein solches Vielvölkerreich zu regieren und zu verwalten. So drängte Joseph II. immer wieder darauf, dass seine Beamten, insbesondere die niederen Beamten, die nichtdeutschen Sprachen beherrschen sollten, um den Umgang mit der einfachen Bevölkerung, die nur ihre nichtdeutsche Muttersprache beherrschte, zu ermöglichen und zu erleichtern.[69] Vergleicht man (sprach-)assimilative Tendenzen im europäischen Rahmen, wird man Folgendes feststellen: Zweifelsohne gab es Gebiete Europas – gemeint ist damit vor allem der Westen –, in denen

66 Vgl. ANDERSON, *Imagined communities,* 84 und ähnlich über die Tendenz der sprachlichen Homogenisierung durch die Zentralgewalt, HROCH, *Europa der Nationen,* 61 und HOBSBAWM, *Nationen und Nationalismus,* 122f.

67 Vgl. z. B. GRDINA, „Rezeption der Deutschen", 285 oder solche Stimmen der älteren slowenischen Historiographie, die den Beginn der „Germanisierung" bereits in das 8. Jh. datieren, als „die Karantaner-Slowenen" von den Franken unterjocht und als Herzogtum Karantanien bzw. später als Grenzmarkschaft dem Frankenreich angeschlossen wurde. Kolonialisierung und Christianisierung des 8. Jh. wurden national nach Denkschemata des 19. und 20. Jahrhunderts gedeutet. Siehe: „Franki podjarmijo karantanske Slovence" und ähnliche Überschriften und Inhalte, in: SLUGA, Meta/JERAŠA, Cveto/RAPOŠA, Kazimir (Hg.). *Zgodovina Slovencev.* Ljubljana 1979, 123–129.

68 Vgl. URBANITSCH, Peter. „Die Deutschen in Österreich. Statistisch-deskriptiver Überblick", in: WANDRUSZKA, Adam/URBANITSCH, Peter (Hg.). D*ie Habsburgermonarchie 1848–1918. Die Völker des Reiches.* 3/1. Wien 1980, 33–153, hier: 154f.

69 Vgl. FROMMELT, Klaus. *Die Sprachenfrage im österreichischen Unterrichtswesen 1848–1859.* Graz/Köln 1963, 34f.

es zu einer erfolgreichen Assimilation kleinerer ethnischer Gruppen kam, während im Osten und Südosten die sprachliche und ethnische Vielfalt in einem viel größeren Ausmaß erhalten blieb. Während Frankreich und Großbritannien sich früher als Nationalstaaten verstanden und deshalb früher ,integrativ' zu wirken begannen, wiesen Vielvölkerreiche wie das Osmanische Reich oder die Habsburgermonarchie insgesamt eine viel niedrigere Assimilationsfähigkeit auf.[70] Erst in den letzten Jahrzehnten des 19. Jahrhunderts kann man ganz eindeutig davon sprechen, dass Deutsch gezielt als Mittel der Germanisierung eingesetzt wurde, etwa in der Vereins- und Schulpolitik.[71]

Obwohl von deutschnationaler Seite später einseitig und kulturimperialistisch mit der angeblichen deutschen kulturellen Überlegenheit argumentiert wurde (siehe Kapitel 2.2. zur deutschnationalen Meistererzählung), kann man dennoch schwerlich leugnen, dass Deutsch die primäre Sprache der Bildung, Kultur und auch der politischen Vermittlung im österreichischen Reichsteil darstellte. Grundlegende wissenschaftliche Werke und auch entscheidende Werke für den nationalen Emanzipationsprozess der slawischen Nationalitäten der Habsburgermonarchie wurden auf Deutsch verfasst (z. B. die Werke der Slawisten und Philologen Josef Dobrovský, František Palacký, Jernej Kopitar, Ljudevit Gaj).[72]

---

70 Vgl. HROCH; *Europa der Nationen,* 66.

71 DROBESCH, Werner. „Der Deutsche Schulverein 1880–1914. Ideologie, Binnenstruktur und Tätigkeit einer (deutsch)nationalen Kulturorganisation unter besonderer Berücksichtigung Sloweniens, in: BISTER, Feliks/VODOPIVEC, Peter (Hg.), 129–154; STAUDINGER, Eduard G. „Die Südmark. Aspekte der Programmatik und Struktur eines deutschen Schutzvereins in der Steiermark bis 1914", in: RUMPLER, Helmut/SUPPAN, Arnold (Hg.), 130–154; HARTMAN, Bruno. „,Südmarkini' knjižnici v Mariboru". In: *Časopis za zgodovino in narodopisje* 54 = 19/1. Maribor 1983, 145–153 und PROMITZER, „The South Slavs in the Austrian Imagination", 183–215.

72 Vgl. KOŘALKA, Jiři. „Deutschtum und Deutschnationalismus in Österreich vor 1918", in: RUMPLER, Helmut (Hg.) *Kärntner Volksabstimmung 1920. Wissenschaftliche Kontroversen und historisch-politische Diskussionen anläßlich des internationalen Symposions Klagenfurt 1980.* Klagenfurt 1981, 77–89, hier: 80f und PFEISINGER, Gerhard. „Die ,Slowenische Frage' in der Revolution von 1848 in Graz", in: TISCHLER-HOFER, Ulrike/ZEDINGER, Renate (Hg.). Kuppeln – Korn – Kanonen. Unerkannte und unbekannte Spuren in Südosteuropa von der Aufklärung bis in die Gegenwart. Innsbruck/Wien 2010, 293–310, hier: 294.

Erst mit dem sich auf Volkssprachen stützenden *popular nationalism* erlangte die Volkssprache, die bislang von den gebildeten Schichten oft als unzivilisiert abgetan wurde, allmählich Anerkennung. Die schriftkundigen Schichten waren ihren Gebrauch aber zu Beginn gar nicht gewohnt, mussten die Volkssprache auf hohem Niveau erst erlernen,[73] standardisieren bzw. für gewisse Anwendungsgebiete erst adaptieren und forcieren. Davon zeugt der sogenannte „Abc-Streit" in den 1830er- und 1840er-Jahren unter slowenischen Sprachwissenschaftlern und Schriftstellern um die Frage, welches Alphabet und welche Schreibweise für ihre Sprache benutzt werden sollte. Letztendlich setzte sich spätestens 1846/47 die vom kroatischen-illyristischen Slawisten Ljudevit Gaj (1809-1872) entworfene *Gajica* – die Diakritika des Tschechischen übernehmende Form des lateinischen Alphabets – gegen die parallel verwendeten Schriftweisen *Bohoričica, Metelčica* und *Dajnčica* durch.[74] Aus dieser ‚Erklärungsnot' heraus – eine gemeinsame Nationalsprache und Schreibweise überhaupt erst schaffen zu müssen – wurde für die Sprache wie auch für die ganze Nation eine Metapher gewählt, die sich bei vielen Nationalisten größter Beliebtheit erfreute: die Metapher des Erwachens aus einem langen Dornröschenschlaf, in dem sich Nation, Nationalbewusstsein und Nationalsprache angeblich lange befunden hätten (*narodno prebujenje* oder *narodni preporod*) und aus dem sie erwachen bzw. wiedergeboren werden mussten.[75]

Gerade in Vielvölkerstaaten wie der Habsburgermonarchie koexistierten viele Sprachen lange nebeneinander, wenngleich aber in verschiedenen Sphä-

---

73 Davon berichten auch die Erinnerungsschriften der nationalen Vorkämpfer Vošnjak, Sernec und Šantel.

74 Siehe dazu HÖSLER, *Von Krain zu Slowenien,* 181–197. Der Abc-Streit wurde allerdings nicht intern, sondern „von außen" gelöst, weil ab 1838 Vorschriften dazu erlassen wurden, in welcher Schriftweise Schulbücher und amtliche Veröffentlichungen erscheinen sollten. 1838 wurde so die Dajnčica verboten, 1851 hieß es, man solle als „Richtschnur" für die Volksschulen in Krain die „Stylisirung" des Reichsgesetzblattes nehmen (das von 1849–52 und dann wieder ab 1870 bis 1918 auch in slowenischer Übersetzung publik gemacht wurde). Abdruck des Erlasses, in FROMMELT, *Unterrichtswesen,* 145 und HÖSLER, 190 und ÖSTERREICHISCHE NATIONALBIBLIOTHEK, „Die österreichischen gesamtstaatlichen Gesetzesblätter", in: http://alex.onb.ac.at/rgb_info.htm

75 Vgl. ANDERSON, *Imagined Communities,* 196 und GELLNER, *Nationalismus,* 23f und HÖSLER, *Von Krain zu Slowenien,* 42–45.

ren, also in diglossen Sprachsituationen. Erst durch eine zunehmende nationalistische Interpretationsart tritt eine ganze Reihe von (gesellschaftlich differenzierten) Nutzanwendungen einer Sprache in den Hintergrund und Sprache bekommt immer mehr „Symbolwert für nationale Träume".[76] Sie wird zu einem „nationalen Emblem":

> It is always a mistake to treat language in the way that certain nationalist ideologues treat them – as *emblems* of nation-ness, like flags, costumes, folk-dances, and the rest. Much the most important thing about language is its capacity for generating imagined communities, building in effect *particular solidarities*.[77]

Ein durch romantische politisierende Philosophie, Geschichtsschreibung und vergleichende Sprachwissenschaft konstruierter Anachronismus ist es, insbesondere für längst vergangene Zeiten, „Sprache als objektives Kriterium zu sehen, mit dem man ein Volk identifizieren kann".[78] Von einer sprachlichen Kontinuität will man folglich auf eine national-ethnische Kontinuität schließen, Sprachgeschichte wird mit Volksgeschichte gleichgesetzt. Damit werden nationale Kategorien des 19. Jahrhunderts zurückprojiziert auf Zeiten, in denen jene noch längst nicht existiert haben. Als Beispiel sei nur etwa angeführt, dass die Eigen- und Fremdbezeichnung für die Slowenen bis ins 19. Jahrhundert *Krainer, Wenden, Winden* und für die Sprache *krainerisch, windisch, wendisch* etc. war; die Sammelbezeichnung *slowenisch* und *Slowenen* im heutigen nationalen Sinne noch gar nicht existierte. Für die slowenische Geschichtsschreibung wichtige Männer vor dem 19. Jh., etwa der protestantische Reformator Primož Trubar im 16. und der Polyhistor Janez Vajkard Valvasor/Johann Weichard Valvasor im 17. Jahrhundert, definierten sich selbst als heimatverbundene *Krainer.* Es gibt erst recht keinerlei Indizien für die Behauptung, dass sich in der untertänigen und bäuerlichen Bevölkerung, also den breiten Massen vergangener Jahrhunderte, ein überregionales Bewusst-

---

76 Vgl. HOBSBAWM, *Nationen und Nationalismus,* 131–134.

77 ANDERSON, *Imagined Communities,* 133. [Hervor. i. Org.]

78 ŠTIH, Peter. „Miti in Stereotipi v podobi starejše slovenske nacionalne zgodovine", in: *Zbornik 33. zborovanje Zveze zgodovinskih društev Slovenije,* Kranj 2006, 25–47, hier 29 und 31.

sein als *Slowenen* herausgebildet hätte. Dieser Prozess der Selbstidentifikation mit dem Slowenentum und einer einheitlichen slowenischen Sprache setzte erst im 19. Jahrhunderts ein.[79]

Interessantes Indiz dafür, wann sich *slovensko* im nationalen Sinne (= slowenisch, womit im nationalen Sinn *alle* Slowenen, *nicht* aber andere Slawen gemeint sind) endgültig durchgesetzt hatte, ist die Ablöse von konkurrierenden Eigenbezeichnungen (wie *kranjsko*) und das Auftauchen des Wortes *slovansko* (= slawisch, alle Slawen gemeinsam). Dazu ein kurzer Exkurs in die Geschichte der slowenischen Lexikografie: Das „kleine Wörterbuch in dreyen Sprachen" („Kraynsku – Deutsch – Latinum") Pohlins aus dem Jahr 1792 verzeichnet weder einen Eintrag für *Slovan/slovansko* noch für *Slovenec/slovensko.*[80] Zu Beginn des 19. Jahrhunderts schreibt Valentin Vodnik sein Manuskript eines deutsch-slowenischen Wörterbuches, dessen handgeschriebenes Deckblatt sowohl die Aufschrift „slowenisches Wörterbuch/slovensek besednjak" als auch „Windisches Wörterbuch" ziert.[81]

1833 erscheint in Graz Anton Murkos „Deutsch-Slovenisches und Slovenisch-Deutsches Handwörterbuch", worin Murko in einem der damaligen Mode entsprechenden eigenen Appendix der geografischen Namen bereits Slawen von Slowenen differenziert und für Slawe sowohl *Slav* als auch *Slovan* zulässt und *Sloven* mit „der Slowene d. i. der Slawe [!]; der Slowene d. i. der Slawe in St., Kt., Kr." erklärt.[82] Auch das „deutsch-slovenische und slovenisch-deutsche Taschenwörterbuch" von Anton Janežič aus den 1850er-Jahren trägt bereits *slowenisch* im Titel und erklärt im Vorwort, sämtliche Hilfs-

79 Vgl. MAKAROVIČ, Gorazd. *Ko še nismo bili Slovenci in Slovenke. Novoveške etnične identitete pred slovensko narodno zavestjo.* Ljubljana 2008, v. a. 48-74 und KOSI, Jernej. „Je bil proces formiranja slovenskega naroda v 19. stoletju res zgolj končni nasledek tisočletne slovenske kontinuitete?", in: *Zgodovinski časopis*: 64/2010, 154-175, hier: 156f.

80 Vgl. POHLIN, Marko. *Tu malu besedishe treh jesikov. Das ist: das kleine Wörterbuch in dreyen Sprachen. Quod est: parvum dictionarium trilingue.* Ljubljana 1792. [diese und folgende Unterstreichungen v. K.A.]

81 Vgl. VODNIK, Valentin. *Slowenisches Wörterbuch/Slovensek besednjak.* Manuskript. 1806/1817.

82 MURKO, Anton. *Slovensko-Nemshki in Nemshko-Slovenski Rozhni Besednik/Deutsch-slowenisches und Slowenisch-deutsches Handwörterbuch.* Graz 1833.

quellen, die uns die slowenische Sprache und die übrigen slavischen Dialekte überhaupt bieten konnten", benutzt zu haben.[83] 1860 bringt Matej Cigale sein *deutsch*-slovenisches Wörterbuch heraus: Im Register der geografischen Eigennamen nennt Cigale den *Slovenen* schon separat neben dem *Slaven*, für den er noch drei Schreibweisen als zulässig erachtet: „nach dem Russ. *Slavjan*; nach dem Böhm. *Slovan*; nach dem Altsl. *Sloven*". Cigale fühlt sich im deutschen Vorwort seines Wörterbuches noch bemüßigt, vom „slowenischen (‚windischen') Theil" zu sprechen, weil er es offenbar für notwendig erachtet, der deutschen Leserschaft (diese recht neue) Eigenbezeichnung zu erklären.[84] Daraus lässt sich schließen, dass diese neue Bezeichnung so allgemein etabliert noch nicht gewesen sein kann. Somit haben die Wörterbücher von 1833 bzw. 1850 bzw. 1860 bereits zwischen Slawen im Allgemeinen und den Slowenen differenziert und *slovensko* als einen Überbegriff für alle (Krainer/Steirer/Kärntner etc.) benutzt. Die unterschiedlichen Schreibweisen für *slawisch* zeigen hingegen auch, dass sich zu dieser Zeit noch keine Version als Standard etabliert hat. Wörterbücher sind zwar kein alleingültiger Hinweis auf den Sprachgebrauch, sagen aber zumindest einiges über den sprachlichen Kanon einer Zeit bzw. über ihre Vorreiter aus, die sich bemühten, einen Kanon zu etablieren. Ein weiteres Indiz und wichtiger Faktor auf diesem Weg: Die einflussreiche slowenischsprachige Zeitung *Kmetijske in rokodelske novice* von Janez Bleiweis begann um 1846/47, in eingesendeten Texten *kranjski* durch *slovenski* zu ersetzen: „In diesen Jahren von 1844 bis 1848 festigte sich der Begriff *Slovenci* in einer nationalen Bedeutungsdimension."[85]

Noch ein Beispiel aus dem Revolutionsjahr sei gegeben: Ein zweiteiliger Artikel im Grazer *Herold* erläutert die neue „Völkerkarte der österreichischen Monarchie" und zeigt in ihrer Terminologie, dass die nationale Kategorie der Slowenen noch nicht so eindeutig andere regionale Bezeichnungen verdrängt hat, weil erklärend „Slovenen (Wenden)" geschrieben wird. So beschreibt

83 Vgl. JANEŽIČ, Anton. *Vollständiges Taschen-Wörterbuch der slovenischen und der deutschen Sprache*. Klagenfurt 1850.

84 CIGALE, Matej. *Deutsch-slowenisches Wörterbuch*. Ljubljana 1860, III.

85 HÖSLER, *Von Krain zu Slowenien*, 347.

der Artikel, in Kärnten und Krain lebten Slovenen und „Sloveno-croaten“ und „Croatoserben“, hingegen in der Steiermark und Venedig „Slovenen“, während die Karte in Ungarn „Krainer und Wenden“ aufschlüsselte. In der Gesamtbilanz des Kaiserreichs wurden „Slovenen, Krainer, Wenden“ als ein Punkt geführt.[86] Von einer verfestigten, *einheitlichen* nationalen Identifikationskategorie der *Slowenen* kann demnach 1848/1849 noch keine Rede sein. Der Begriff *slowenisch* vor der Mitte des 19. Jh. in seiner nationalen einheitlichen heutigen Begriffsdimension ist demnach anachronistisch und beginnt sich als solcher erst in der Mitte des 19. Jh. zu etablieren.

Im Fall des Deutschen gilt Ähnliches: Zwar gibt es schon seit dem 9. Jahrhundert vereinzelt Autoren, die von „Deutschen“ sprachen, d. h., die Fremd- und Eigenbezeichnung existiert schon länger – nachdem es aber noch lange keinen deutschen Staat gab und eine deutsche kulturelle Tradition auch nicht auf eine entsprechende politische Tradition verweisen muss, dürfen auch diese frühen Selbst- oder Fremdbezeichnungen nicht national gedeutet werden.

86 *Der Herold*, Nr. 13 und 14, 22. und 24. 1. 1849, 50f und 54f.

2.2. Slowenische und deutsche Meistererzählungen

Die Grundlage jedes Nationalgefühls
ist die Überzeugung daß es ein Vorzug ist,
einem gewissen Volke anzugehören, weil dasselbe an
geistigen oder moralischen Eigenschaften andere übertrifft.
[...] Die Grundlage aller nationellen Bestrebungen ist
das Gefühl höherer Begabung, ihr Zweck ist Herrschaft.[87]

Kommen wir nun zu den in dieser Arbeit konkret behandelten Nationalismen – dem deutschen und dem slowenischen. Ein wichtiger Begriff, mit dem im Folgenden operiert werden soll, ist jener der Meistererzählung (*master narrative*), „die in einer kulturellen Gemeinschaft zu einer gegebenen Zeit dominante Erzählweise des Vergangenen".[88] Damit verwandt sind die Begriffe des *kollektiven Gedächtnisses,*[89] der *Invention of Tradition,*[90] die *Konstruktion der Nationalgeschichte*[91] und das *Nationalisieren der Geschichte.*[92] Die berühmte Aussage von Ernest Renan „Keine Nation ohne Fälschung der eigenen Geschichte" geht sogar noch einen provokativen Schritt weiter.[93]

Nach Jarausch/Sabrow gibt es bei der Meistererzählung eine „stoffliche" Komponente, also Ereignisse, Personen und Zusammenhänge, die zu einer Erzählung der eigenen Geschichte verwoben werden, außerdem eine „theoretisch-methodische Dimension", also die verfolgte Argumentationsstruktur, und schließlich eine „semantische Komponente", also ein bestimmtes Spra-

87 Josef Eötvös „Über die Gleichberechtigung der Nationalitäten in Österreich", 72 und 16f. zit. n. STOURZH, Gerald. „Die Gleichberechtigung der Volksstämme als Verfassungsprinzip 1848–1918", in: WANDRUSZKA/URBANITSCH, III/2, 975–1206, hier: 995.

88 JARAUSCH, Konrad H./SABROW, Martin. „Meistererzählung – zur Karriere eines Begriffs", in: dieselb. (Hg.). *Die historische Meistererzählung. Deutungslinien der deutschen Nationalgeschichte nach 1945.* Göttingen 2002, 9–32, hier 17.

89 ASSMANN, Jan. „Kollektives Gedächtnis und kulturelle Identität", in: ASSMANN, Jan/HÖLSCHER, Tonio (Hg.). *Kultur und Gedächtnis.* Frankfurt 1988, 9–19.

90 Siehe dazu: HOBSBAWM/RANGER, *The Invention of Tradition.* Cambridge 1995. Unterschieden wird hierbei in genuin alte Traditionen und neu erfundene, die für Situationen raschen gesellschaftlichen Wandels charakteristisch sind. „Where the old ways are alive, traditions need be neither revived nor invented.", 8.

91 HROCH, *Europa der Nationen,* 148.

92 ŠTIH, „Miti in Stereotipi", 30.

93 Renan zit. n. HOBSBAWM, *Nationen und Nationalismus,* 24.

chinventar rund um strukturierende Begriffe. Eine Meistererzählung muss komplexe Sachverhalte auf ein einfaches Grundmuster, auf eine dramatisch erzählbare Geschichte reduzieren; trifft demnach eine Auswahl, was erzählt wird und was nicht (‚löscht' also auch Vergangenes, das nicht in die eigene Erzählung passt); sie verknüpft dabei wissenschaftliche Forschung und allgemeine Geschichtsbilder.[94] Somit waren und sind gerade die Geschichtswissenschaft,[95] die historische Geografie mit historischen Landkarten,[96] Statistik bzw. deren Auslegungen (z. B. bei Volkszählungen),[97] die Philologie (bzw. im deutschen Fall die Germanistik)[98] und die (Ethno-)Archäologie,[99] (die mit archäologischen Funden die ethnonationale Argumentation unterstützte) stark daran beteiligt, nationale Geschichtsmythen zu entwerfen und damit „eine ideologische Botschaft mit konkreten Handlungsanweisungen" zu transportieren und durch ihre emotionalen Appelle bei der kollektiven Identitätsbildung zu helfen. Tradiert wird eine solche Meistererzählung durch Individuen, Gruppen und Institutionen, die zu einem bestimmten Zeitpunkt die Deutungshoheit über die eigene Geschichte und das Selbstbild haben bzw. erobern konnten. Verbreitet werden das vorherrschende Narrativ und die dazugehörenden Symbole dann durch Medien, Schulbücher, wissenschaftliche Institutionen, Museen; vor allem aber durch die *Nationalkultur:* Literatur, Musik, bildende Kunst, Theater etc.

Nicht bei jeder Nationsbildung ist das hochkulturelle Moment gleichermaßen wichtig. Vor allem bei staatenlosen Nationalbewegungen spielten Nationalkultur und -sprache eine außerordentlich wichtige Rolle – so auch

---

94 Vgl. JARAUSCH/SABROW. „Meistererzählung – zur Karriere eines Begriffs", 17f und JARAUSCH, Konrad. „Die Krise der nationalen Meistererzählungen", in: JARAUSCH/SABROW, *Meistererzählung,* 140–162, hier 142.

95 Vgl. auch SMITH, Anthony. *Myths and memories of the Nation.* Oxford 1999, 29–56.

96 Siehe zur Verortung in Raum und Vergangenheit: „Legends and landscapes", in: SMITH, Anthony, *Ethnic Origins,* 174–208 und HROCH, *Europa der Nationen,* 233f.

97 Vgl. BRIX, Emil. *Die Umgangssprachen in Altösterreich zwischen Agitation und Assimilation: Die Sprachenstatistik in den zisleithanischen Volkszählungen 1880 bis 1910.* Wien 1982.

98 Vgl. GEARY, *Myth of Nations,* 29–33 und WIWJORRA, *Germanenmythos,* 32–37.

99 Vgl. GEARY, *Myth of Nations,* 34f und HROCH, *Europa der Nationen,* 165 und das Kapitel „Altertums- und Germanenforschung im 19. Jahrhundert", in: WIWJORRA, *Germanenmythos,* 27–52.

bei den Slowenen. Bei den beiden Übergangstypen zwischen Staatsnation und Nationalbewegung Italien und Deutschland nehmen Kultur und Sprache ebenso eine außerordentlich wichtige Funktion ein, was am Umstand erkenntlich ist, dass oft der Begriff „Kulturnation" benutzt wurde. Während das Zusammengehörigkeitsgefühl in einer Staatsnation letztendlich dadurch entsteht, dass sich der Einzelne aus freiem Willen zu einer Nation bekennt, hat eine Kulturnation zumindest ursprünglich keinen eigenen Staat, auf den sie sich berufen kann. ‚Die Deutschen' sind insofern lange ‚nur' eine Kulturnation, weil sie noch keinen gemeinsamen Staat haben, um ein Gemeinschaftsgefühl aufzubauen. Deshalb beruft sich eine Kulturnation auf scheinbar objektive Kriterien, wie gemeinsame Abstammung, Sprache und Kultur, Religion, Geschichte etc.: „Das Gefühl der Zusammengehörigkeit entwickelt sich unabhängig vom Staat."[100] Hilfreich für diese Realisierung sind Symbole und Stereotype: Symbole drücken einen Herrschaftsanspruch aus und besetzen den öffentlichen Raum; Stereotype – meist positive Autostereotype über die eigene und negative Heterostereotype über andere Nationen – sind ebenso ein nationsverfestigender Faktor.[101]

Es gibt vor allem zwei verschiedene Arten der Meistererzählungen: die Erfolgs- und die Leidensgeschichte. Erstere fokussiert sich auf den eigenen Erfolg (meist der Revolution oder Unabhängigkeitswerdung) mit einem optimistischen Unterton und läuft tendenziell Gefahr, gegenteilige negative Entwicklungen und eigene historische Untaten herabzustufen oder gänzlich zu verschleiern. Beispiele hierfür könnten die amerikanische und die französische Meistererzählung sein. Die leidensgeschichtlichen Meistererzählungen mit einem pessimistischen Grundton hingegen (als Beispiele könnten die polnische und serbische genannt werden) rücken eher die historischen Niederlagen in den Vordergrund und fokussieren auf deren (etwaige oder bereits erreichte) Überwindung. Laut Jarausch und Sabrow liegt die Gefahr hierbei

100 ALTER, Peter. „Kulturnation und Staatsnation. Das Ende einer langen Debatte?", in: LANGGUTH, Gert (Hg.). *Die Intellektuellen und die nationale Frage.* Frankfurt 1997, 35f.

101 Vgl. „Symbole" und „Stereotype", in: HROCH, *Europa der Nationen,* 207–211.

stark darin, sich im eigenen Märtyrerglauben zu verlieren und gar selbstmitleidige „chauvinistische Rachgelüste zu nähren“. Als Zwischenkategorie nennen sie noch die „säkularisierte Erlösungsgeschichte“, die gerade in den Befreiungsbewegungen des 19. Jahrhunderts in Mitteleuropa populär waren. Zunächst beschwört man eine – meist längst vergangene – glorreiche, positive Vergangenheit, die von einer pessimistisch geschilderten Leidenszeit, von Joch und Unterdrückung abgelöst wurde, um letzten Endes durch die nationale Befreiung wieder zu erneuter Glorie zu führen.[102] Als genau eine solche „säkularisierte Erlösungsgeschichte“ sehe ich auch die slowenische Meistererzählung.

Einige Vertreter der jüngeren slowenischen Historikergeneration arbeiten konsequent an einer Befreiung der slowenischen Historiografie von diesen überfrachteten Mythen und der ideologischen nationalen Deutung.[103] In aller Kürze sei hier die slowenische Meistererzählung, in der ‚den Deutschen‘ eine nicht unwesentliche Rolle zufällt, umrissen:

> Slawen bzw. gemeinhin schon sogar Slowenen siedelten sich Ende des 6. Jh. als Sklaven und Knechte der Awaren in ihrer heutigen Heimat an. Im Kampfe gegen äußere Feinde gelang es ihnen für kurze Zeit, sich zu behaupten und einen eigenen Staat – Karantanien – zu schaffen. Doch schon vor Ende des 8. Jh. wurde das awarische Joch vom deutschen abgelöst und die Slowenen fanden sich im Rahmen eines fremden, deutschen Staates wieder, in dem sie mehr als ein Jahrtausend lang von fremden Herren geknechtet dahin vege-

102 Vgl. JARAUSCH/SABROW. „Meistererzählung“, 29f.

103 Besonders erwähnt hierfür sei der Mediävist Peter ŠTIH, der aufzeigt, wie häufig jüngere nationale Kategorien und Geschichtsvorstellungen ins Mittelalter zurückproijiziert werden, und der konsequent für eine Entmythologisierung der (slowenischen) Geschichte plädiert. Siehe dazu die bereits zitierten Artikel „Slovenske predstave o slovensko-nemških odnosih v srednjem veku“ und „Miti in Stereotipi v podobi starejše slovenske nacionalne zgodovine“. Weitere Autoren, die sich mit Mythisierungen beschäftigen sind: Als einer der Ersten: VILFAN, Sergej. „Slovenci – kmečki narod?“, in: *29. Seminar slovenskega jezika, literature in kulture*. Ljubljana 1993, 229–243; KOSI, Jernej. „Je bil proces formiranja slovenskega naroda v 19. stoletju res zgolj končni nasledek tisočletne slovenske kontinuitete?“, in: *Zgodovinski časopis*: 64/2010, 154–175; CVIRN, Janez für einen kritischen Blick und gegen die Überbewertung der Iillyrischen Provinzen in der slowenischen Historiographie, „Ni vse dobro, kar je francosko“ und „Šolstvo v Iliriji“, in: CVIRN (Hg.). *Kronika XIX. stoletja*, 1. Bd., 65 und 73f. Für Beispiele einer nationalen Verklärung in der Literatur und deren Wechselwirkungen mit der Politik siehe: GRDINA, „Die Rezeption der Deutschen“, 236–286 und Höslers kritische Analyse von Jože Pogačnik, Ivan Prijatelj, Edvard Kardelj und Francè Kidrič, in: *Von Krain zu Slowenien, 42–44.*

> tierten. Sie waren zunächst dem Hof unterworfene Knechte [pridvorni hlapci], dann im besten Falle arme Bauern, die das Feudalsystem besonders hart ausbeutete. Eigenen Adel und Bürgertum hatten sie nicht, da Fremde die gesellschaftliche Elite stellten, vor allem die Deutschen und allenfalls noch Italiener. Slowenisch war in Folge nur die Sprache der Bauern, die auf den Schlachtfeldern für fremde Kaiser und Könige starben. Und der heimischen Plagen noch nicht genug, prügelten sie auch noch die Türken.[104]

Schlagworte und Topoi der slowenischen Meistererzählung – also die semantische Komponente – sind demnach der Mythos der Knechtschaft, *(mit o hlapčevstvu)*, der Slowenen als Volk der Bauern (*narod kmetov*[105]), Slowenisch als Sprache der Bauern, slowenische Geschichte als Bauerngeschichte, die Glorie Karantaniens, eines eigenständigen, demokratischen Staates im frühen Mittelalter, der „Gebietsverlust von 2/3 des slowenischen ethnischen Territoriums" durch die Germanisierung und der spätere Märtyrermythos der tausendjährigen Unterjochung durch ‚die Deutschen', bis dann endlich der tausendjährige Traum eines eigenen Staates im 20. Jahrhundert Wirklichkeit geworden ist. Zunächst datierte man dies noch mit dem ersten südslawischen Staatszusammenschluss, dem SHS-Staat auf 1918 bzw. auf 1945 mit Beginn des zweiten, nun sozialistischen Jugoslawiens, nach neuester Interpretation erst auf 1991 mit der Selbstständigkeit der Republik Slowenien.[106]

Das eigene Selbstbild der Slowenen entstand nicht aus dem Nichts, sondern lehnte sich stark an Herders idyllischer Slawencharakterisierung als friedliebend, gastfreundlich und arbeitsam an.[107] So sahen sie sich selbst gerne als Bauern und Untertanen, „etwa ein Jahrtausend lang als die Armen, die ein jeder hauen konnte".[108] ‚Die Deutschen' fungieren in der slowenischen Meistererzählung als ‚das andere', die übermächtigen Feinde. „Insgesamt wurde

---

104 ŠTIH, „O slovensko nemških odnosih", 314.

105 VILFAN fragt trefflich, auf welches Volk denn das bitte vor Beginn der Moderne und Industrialisierung nicht zugetroffen habe? In: „Slovenci – kmečki narod?", 229ff.

106 ŠTIH, „Miti in stereotipi", 25–38.

107 Vgl. ebda. „O slovensko-nemških odnosih", 315 und „Miti in stereotipi", 15 und ausführlich: SUNDHAUSSEN, Holm. *Der Einfluß der Herder'schen Ideen auf die Nationsbildung bei den Völkern der Habsburgermonarchie.* Dissertation. München 1973.

108 VILFAN, „Slovenci – kmečki narod?", 230.

das slowenisch-deutsche Verhältnis in der Geschichte nicht als friedliche Koexistenz und Nachbarschaft verstanden, sondern vor allem als unaufhörlicher Antagonismus und Kampf, der auch noch heute stets Wachsamkeit und Aufmerksamkeit erfordert, besonders vor dem österreichischen Nachbarn als kontinuierlichen Nachfolger des deutschen."[109] Dieser deutsch-slowenischen Dichotomie (die einhergeht mit der Dichotomie der ‚deutschen' Stadt als „Quelle der Unsittlichkeit und Unnatürlichkeit" – und des positiv belegten ‚slowenischen' Dorfes[110]) wurde viel untergeordnet bzw. ‚deutsche' Elemente aus dem eigenen Geschichtsbewusstsein gelöscht, so etwa der gesamte Adel auf dem heutigen slowenischen Gebiet, weil er als ‚deutsch' galt (Eine Ausnahme stellen teilweise die Grafen von Cilli dar, die als ‚slowenisch' etikettiert werden konnten; ebenso wie der Polyhistoriker Johann Weichard Valvasor, weil er für die Geschichte dieses Raumes schlicht und ergreifend viel zu wichtig war, als dass man ihn aus der eigenen Geschichtsschreibung hätte entfernen wollen.). In der Tradition dieser slowenischen Meistererzählung stehend vergessen bzw. verdrängen so manche slowenischen Geschichtsbetrachtungen über Maribor so gut es eben geht die deutsch geprägte Vergangenheit und das ‚deutsche' Bürgertum der Stadt.[111]

Insofern ist verständlich, dass in den Augen der slowenischen Nationalbewussten des 19. Jahrhunderts nichts schlimmer war, als das ideologische Überlaufen zum Feind, „Deutschtümelei", der Verrat am eigenen Volk, wenn man sich – aus welchen (pragmatischen, politischen oder sonstigen, manchmal recht banalen) Gründen auch immer – als geborener Slowene entschied, der deutschen Sprache im alltäglichen Gebrauch und einer ‚deutschen' nationalen Identität den Vorzug zu geben. Davon zeugt ein bis heute im Gebrauch stehendes Schimpfwort für solche ‚Volksverräter': *nemškutar* oder *nemčur*

---

109 ŠTIH, „O slovensko-nemških odnosih", 319.

110 Vgl. GRDINA, „Rezeption der Deutschen", 270.

111 Siehe ein aktuelles und ein älteres Beispiel hierfür: RADOVANOVIČ, Sašo. *Maribor. Štajerski Meran.* Maribor 2010 und MAJCEN, Gabriel. *Kratka zgodovina Maribora.* Maribor: 1926.

– der Deutschtümler, Renegat und vom Slowenentum Abgefallene.[112] Diese Meistererzählung – insgesamt ein Produkt von Dichtern, Nationalisten, Schriftstellern und Geschichtsschreibern des 19. Jahrhunderts (entscheidend beigetragen haben dazu v. a. der Schriftsteller und Historiker Anton Tomaž Linhart, der Dichter France Prešeren, die Schriftsteller Janez Trdina, Fran Levstik, Josip Juričič, der Politiker Josip Vošnjak u. a., allesamt als *domorodci* oder *rodoljubi*, heimatliebende, nationalbewusste Slowenen bezeichnet) – findet ihren Niederschlag nicht nur in der Geschichtsschreibung, sondern ist auch in der Literatur nicht wegzudenken:

> An der Verbreitung einer so vereinfachten Weltauffassung, wo das Gute mit dem Nationalbewußtsein, das Böse aber mit dem Renegatentum und dem Fremden in Verbindung gebracht wird, sind praktisch alle literarischen und pseudoliterarischen Gattungen beteiligt, von den behutsamen Predigten [Bischof] A. M. Slomšeks bis zu ganz durchsichtigen Kriminalgeschichten von [dem Schriftsteller und Journalisten] J. Alešovec.[113]

Zum Gegensatz zwischen der deutschen und slowenischen Nationalbewegung muss man sich vergegenwärtigen, dass die deutsche als privilegierte und stärkste ethnische Gruppe im Habsburgerreich mit einer starken machtpolitischen und ideologischen Unterstützung aus dem Deutschen Reich v. a. nach 1871 eine andere Ausgangsposition hatte als die slowenische Nationalbewegung. Wenn auch von beiden Seiten Bedrohungsszenarien an die Wand gemalt wurden – z. B. von deutscher Seite der bedrohliche Panslawismus und von nichtdeutscher Seite der bedrohliche Pangermanismus[114] –, so dürfen die realen Kräfteverhältnisse nicht aus den Augen verloren werden: Die slowenische Nationalbewegung war sicherlich nicht imstande, das Machtgefüge in der Monarchie bzw. ‚das Deutschtum' zu bedrohen. Dass sich umgekehrt

112 Siehe zur Kontroverse über den berühmtesten ‚Renegaten' und ‚nemškutar' Dragotin Dežman: CVIRN, Janez. „Kdor te sreča, naj te sune, če le more, ti v zobe plune. Dragotin Dežman in slovenstvo", in: *Zgodovina za vse*, Jg. 2007, Nr. 2. Celje 2007.

113 GRDINA, „Rezeption der Deutschen", 277.

114 KOŘALKA. „Deutschtum und Deutschnationalismus in Österreich vor 1918", 84 und ZAJC, Marko. „‚Panslavizem, panslavizem, bi se kričalo od vseh strani!' K zgodovini slovanstva, slovenstva in nemškega strahu pred panslavizmom 1788–1861", in: *Prispevki za novejšo zgodovino*, Jg. XLIX, Nr. 1. Ljubljana 2009, 31–44, hier: 35f.

die slowenische Bewegung von den Deutschen so bedroht fühlte, liegt in der Ungleichheit der Mächte begründet und äußert sich eben in der zuvor erwähnten scharfen Rhetorik gegen alles Deutsche. Fragt man nach dem ‚wahren Kern' der slowenischen Meistererzählung, so ist klar, dass die Slowenen als nichtdominante ethnische Gruppe zu einem Großteil die unteren Schichten bildeten und eine tatsächliche Gefahr der Assimilation bestand. Dabei darf aber nicht vergessen werden, dass es auch ‚deutsche' Bauern und ‚slowenische' Bürgerliche, politisch Einflussreiche und Vermögende gab und dass die Ursachen für schlechte Lebensbedingungen in ständischen, sozialen, wirtschaftlichen und bildungsmäßigen Unterschieden und nicht durch ethnische Diskriminierung begründet waren. Der unversöhnliche Antagonismus zwischen ‚Deutschen' und ‚Slowenen' hingegen und die schwarz-weiße Zuordnung entweder zur einen oder zur anderen Gruppe, ist ein Konstrukt, das erst im 19. und 20. Jahrhundert entstand. Es darf nicht vergessen werden, dass nationale Meistererzählungen mit Kategorien wie ‚deutsch' und ‚slowenisch' operieren und diese in Zeiten zurückprojizieren, in denen noch völlig andere Identifikationskategorien gültig waren. Zwei solche, die für die ‚slowenischen' Zeitgenossen allerdings nicht im Widerspruch zu anderen Identifikationskriterien (wie Kaisertreue, Regionalbewusstsein, ständische u. a. Zugehörigkeiten) stehen mussten, seien an folgender Stelle noch kurz umrissen: der Illyrismus und der Austroslawismus.

Der Illyrismus, der seine Hochblüte in der ersten Hälfte des 19. Jh. erlebte, propagierte ein gemeinsames südslawisches Herkunftsbewusstsein. Er berief sich dabei auf die vermeintlich gemeinsame Abstammung von den Illyriern und hatte vor allem die Schaffung einer gemeinsamen Literatursprache zum Ziel. Sein politisches Bestreben richtete sich auf die Schaffung eines Illyrischen Königreichs innerhalb der Habsburgermonarchie, das die Siedlungsgebiete der Südslawen (der Kroaten, Slowenen, Dalmatiner, Bosnier sowie die Militärgrenze) umfassen sollte. Hauptvertreter war der kroatische Slawist und Philologe Ljudevit Gaj, unter den Slowenen galten vor allem Stanko Vraz, Janez Primic, Urban Jarnik, Božidar Raič und Peter Dajnko als illyristisch eingestellt. Dass sich die *Gajica* als Schriftart des Slowenischen (und aller anderen slawischen Sprachen mit lateinischem Alphabet außer dem Polnischen) durchsetzte, kann als Erfolg und Langzeiteffekt des Illyrismus verbucht werden; allerdings verebbte die Bewegung rasch bzw. differenzierten sich getrennte nationale Bewegungen an ihrer statt heraus.[115]

Außerdem war für die Slawen der Monarchie der Austroslawismus ein äußerst starkes Ideologem. Er ging von der Idee einer idealen Habsburgermonarchie aus, die der slawischen Bevölkerungsmehrheit Rechnung tragend Gleichberechtigung, nationale Selbstbestimmung der slawischen Völker und eine neue föderale Aufteilung der Monarchie auf ethnischer Grundlage förderte und damit auch ein Gegenmodell eines großdeutschen Staates darstellte. Die Slawen und ihre Monarchie bedingten und brauchten einander; so etwa soll der kaisertreue kroatische Ban Jelačić 1848 gesagt haben:

> So wie ich von Liebe zum Slaventhum beseelt bin, so bin ich auch im Innersten meines Herzens überzeugt, daß das Slaventhum die festeste Stütze Oesterreichs, daß aber auch Oesterreich für das Slaventhum eine nothwendige Bedingung ist; wenn es kein Osterreich gebe, so müßten wir eines schaffen.[116]

Als berühmteste Austroslawisten gelten der Slawist Jernej Kopitar, der tschechische Sprachwissenschaftler Josef Dobrovský und der Historiker und Politiker František Palacký. Als konkretes politisches Programm stand der Austroslawismus 1848 auf seinem Höhepunkt; er lebte als Idee, Forderung und

---

115 Vgl. Peter BARTL, *„Illyrismus" in:* HÖSCH, Edgar/NEHRING, Karl (Hg.). *Lexikon zur Geschichte Südosteuropas.* Wien/Köln/Weimar 2004, 294f und HÖSLER, *Von Krain zu Slowenien,* 190f.

116 Ban Jelačić' Rede vom 22. 10. 1848, abgedruckt in: *Volkszeitung,* Nr. 16 vom 7. 11. 1848. Generell gesprochen gehörten die Sympathien der Slowenen auch in der Außenpolitik und in Fragen, die die gesamte Monarchie betrafen, den slawischen Völkern z. B. in der Orientkrise Russland. Sie votierten 1878 für die Okkupation Bosniens, weil damit das slawische Element in der Monarchie gestärkt wurde. Vgl. KLETEČKA, Thomas, „Die Slowenen", in: WANDRUSZKA, Adam/URBANITSCH, Peter (Hg.). *Die Habsburgermonarchie 1848–1918. Die Habsburgermonarchie im System der internationaler Beziehungen* VI/1. Wien 1989, 438–440. In der Galizienfrage befürworteten sie zunächst die zugestandene Autonomie Galiziens (in der Hoffnung, dass auch andere Regionen vielleicht einmal eine solche bekommen könnten), als sie aber erkannten, dass die Polen nicht daran dachten, mit anderen Nationalitäten der föderalistischen Opposition solidarisch zu sein, erkaltete das Verhältnis. Vgl. CVETNAROWICZ, Antoni. „Slovenci in vprašanje gališke avtonomije v letih 1868–1873", in: *Zgodovinski časopis.* Jg. 48./4. Ljubljana 1994, 519–535.

‚Realutopie' zwar weiter, scheiterte letztendlich aber am Widerstand der herrschenden Deutschen und Ungarn und an den Konflikten und unterschiedlichen Vorstellungen zwischen den slawischen Völkern.[117] Gerade für die Slowenen und auch die anderen Slawen der Monarchie war der Austroslawismus eine sicherlich wichtigere politische Identifikationskategorie als der viel zitierte Panslawismus unter russischer Hegemonie, zu dem er in Opposition stand.[118] Ein Blick in die zeitgenössische Presse genügt, um schnell viele austroslawische Bekundungen der Slowenen zu finden, die sich gegen die Unterstellung einer Russophilie wehren mussten.

Eine deutsche Meistererzählung in Kürze nachzuzeichnen, fällt an dieser Stelle wesentlich schwerer; zum einen, weil der deutschsprachige Kulturraum wesentlich größer und daher auch heterogener ausfällt, er mehrere verschiedene Staatsgebilde umfasste und Nationalstaaten hervorgebracht hat, und man folglich nicht so einfach ‚die eine' deutsche Meistererzählung erzählen kann. Ein besonderes Spezifikum scheint außerdem der merkliche Bruch mit der offiziösen deutschnationalen Meistererzählung nach 1945 durch die Verbrechen des Zweiten Weltkriegs und „das Auseinanderklaffen von kulturellem Anspruch und barbarischer Realität"[119] zu sein. Nach 1945 kann man außerdem von zwei parallel und konträr zueinander verlaufenden deutschen Meistererzählungen in der BRD und der DDR sprechen.

Was den gemeinsamen historischen Rahmen und die Rückprojizierung der deutschen Meistererzählung angeht, wurde das Heilige Römische Reich (deutscher Nation) „national adaptiert" und auf diese Weise die wünschenswerte historische nationale Kontinuität konstruiert.[120] Mehr noch: Man berief

---

117 Vgl. Moritsch, Andreas (Hg.). *Der Austroslavismus: ein verfrühtes Konzept zur politischen Neugestaltung Mitteleuropas.* Wien: 1996.

118 Vgl. ZAJC, „K zgodovini slovanstva, slovenstva in nemškega strahu pred panslavizmom, 31–44 und EISMANN, Wolfgang/DEUTSCHMANN, Peter. „Nationalbewegungen im 19. Jahrhundert", in: http://www.uni-graz.at/slaw4www_wepd_nationalbewegungen_19jh.pdf, 1–16, hier: 12f.

119 VAN LAAK, Dirk. „Der Platz des Holocaust im deutschen Geschichtsbild", in: JARAUSCH/SABROW, 165.

120 Vgl. HROCH, *Europa der Nationen*, 145.

sich noch weiter zurück, auf die Germanenbeschreibungen Tacitus', und fand Gefallen an der Vorstellung eines gemeinsamen, freien urdeutschen Volkes, das schon 9. n. Chr. die Römer in der Schlacht vom Teutoburger Wald unter dem Cheruskerfürsten Arminius in die Knie zwang. Dieser germanische Mythos verknüpfte und verstärkte sich mit dem Mythos der Blutsverwandtschaft der Angehörigen des deutschen Volkes[121] und führte in weiterer Folge zu seinem rassenideologischen Menschenbild (des „im europäischen Norden autochthonen und persistenten, spezifisch germanischen Rassentypus"), wodurch es zu einer „außerordentlichen Überhöhung des Germanischen" kam.[122] Das vor allem durch Richard Wagner und Felix Dahn propagierte Stereotyp des germanischen Helden lässt sich folgendermaßen zusammenfassen:

> Der germanische Held war blond, blauäugig und hatte eine gesunde Gesichtsfarbe, der nicht-germanische war schwarzhaarig und blass. Der germanische Held war optimistisch und hoffnungsvoll, sein Gegenüber pessimistisch und hoffnungslos. War der germanische Held brutal, war seine Brutalität spontan, während sein Gegenüber vorsätzlich brutal war. Der germanische Held war ein Befreier, sein Gegenüber ein bloßer Anführer.[123]

Dieses Gegenüber war dann entweder meist romanisch (schon allein als Gegenreflex zu den römischen Barbarenvorwürfen oder der französischen Expansion) oder im Osten slawisch (Die Slawen erschienen als unterlegener Gegenpart: Germanentum vs. Slawentum, Christentum vs. Heidentum, Kultur vs. Unkultur.).[124] Die Selbstdefinition der deutschnationalen Meistererzählungen äußerte sich insbesondere auch durch die Abgrenzung von den Juden, in Form eines (in den letzten Jahrzehnten des 19. Jahrhunderts zunehmend biologisch-rassistischen) Antisemitismus. Einen solchen findet man natürlich nicht nur in der deutschen Nationalbewegung, sondern insgesamt als „Sonderentwicklung des *kontinentalen* Europa" zwischen 1870 und 1945. Auch unter den Slowenen gab es teilweise einen ausgeprägten Antisemitis-

---

121 Vgl. GEARY, Patrick. *The myth of nations,* 22 und HROCH, *Europa der Nationen*,163 und WIWJORRA, *Germanenmythos*, 12ff und 109–122.

122 WIWJORRA, *Germanenmythos*, 9 und 343–346.

123 HROCH, *Europa der Nationen*, 211.

124 Vgl .WIWJORRA, *Germanenmythos,* 111–122 und 147–169 und Direktzitat 343.

mus,[125] allerdings nimmt er für die deutsche Entwicklung – allerspätestens ab 1920 – eine konstitutivere und wesentlichere Rolle ein.[126]

Doch gehen wir zurück auf die Rolle der Slawen in der deutschen Meistererzählung, da sich vorliegende Arbeit ja für den entstehenden deutsch-slawisch/slowenischen Gegensatz interessiert. Insbesondere ab dem 19. Jahrhundert ist eine „antislawische intellektuelle Tradition in Österreich" zu beobachten, die eine kontinuierliche Linie bis in die Zeit des Nationalsozialismus bildet, in der die eigene Überlegenheit gegenüber „dem anderen", den Slawen, zunächst eher kulturell, später zunehmend rassistisch argumentiert wurde und die im Falle der Südslawen in der rassisch dominierten Südostforschung kumulierte.[127] Eine Parallele wird nun sichtbar: So wie die slowenische Meistererzählung das Deutsche (und Italienische) als das andere braucht und benutzt, um das eigene Selbstbild zu bestätigen, so kommt auch den Slawen im deutschen Narrativ der Platz des ewigen Konkurrenten ‚um Lebensraum' zu, einer allerdings, der auf einer niedrigeren ‚Kulturstufe' steht als etwa die Franzosen.

Zunächst (in der von Hroch benannten *Phase A* bzw. in protonationaler Zeit) war die deutsche Meistererzählung, wie etwa bei Herder und Goethe, eine betont kulturell-sprachliche ohne politische Implikationen oder Expansionsgedanken – das militärische Überlegenheitsdenken kommt erst nach und nach mit der deutschen Nationalstaatswerdung hinzu. (Indiz für die Verwandlung des liberalen deutschen Nationalismus in einen imperialistisch-expansiven ist auch die rasche Ablöse der alten schwarz-rot-goldenen ‚libe-

125 Vgl. etwa das Kapitel „Židovstvo" in Vošnjaks Erinnerungsschrift *Spomini*, 43f, in dem er beschreibt, wie er während seines Medizinstudiums in Wien durch den Kontakt mit „der jüdischen Rasse" zum „Antisemiten" wurde und dass ihm unter allen deutschen Abgeordneten Dr. Karl Lueger am sympatischsten sei.

126 Vgl. für eine präzise Zusammenfassung zum Antisemitismus im 19. Jahrhundert: OSTERHAMMEL, Jürgen. *Die Verwandlung der Welt. Eine Geschichte des 19. Jahrhunderts*. München 2009, 1229-1238, hier: 1233.

127 Siehe zur Rolle der Slowenen und Serben in der österreichischen Meistererzählung, deren Wandel und der Entwicklung der Südostforschung: PROMITZER, „The South Slavs in the Austrian Imagination", 183-215.

ralen‘ Flagge durch die neue traditionslose schwarz-weiß-rote als Farbe des Deutschen Reiches, besonders in den 1890ern z. B. durch die deutsche Turnbewegung und andere Organisationen im Deutschen Reich.[128]) Durch die militärische Expansion der Franzosen und den Kampf um die Rückeroberung des Rheinlandes an der Wende zum 19. Jahrhundert wurde der starke französische Feind als übermächtiger Gegner stilisiert und der Gedanke einer (kulturellen) Einheit aller Deutschen als nützliches ‚tool‘ erkannt. Nun kam die Erinnerung, wie die Germanen schon einmal – im Teutoburger Wald – dem romanischsprachigen Angreifer Widerstand geleistet hatten, gerade recht.[129] Die zeitgenössischen Deutschen wurden in eine direkte Kontinuitätslinie mit den Germanen gestellt. Ein weiteres Beispiel für die zunehmende Beliebtheit dieser nationalromantischen germanischen Rückprojektion ist die seit etwa 1815 aufstrebende Burschenschaftsbewegung, die zum einen ihre ‚Sympathie‘ für alles Deutsche offen zeigte und zum anderen aber auch durch ihre „Teutomanie“ auffiel (man denke nur an die Namensgebung einzelner Burschenschaften nach germanischen Stämmen: Alemannia, Saxonia, Teutonia, Germania etc.).[130]

Als Personifikation der deutschen Nation kamen im Deutschen Reich zwei neue Darstellungen hinzu, da kein dynastisches (preußisches) Symbol die Gesamtheit des neuen deutschen Staates symbolisieren konnte: die heroisch-martialische Frauenfigur *Germania* (oft mit einem Eichelkranz[131] als Pendant zum römischen Lorbeerkranz) und der eher träge, verschlafene *Deutsche Michel*, der im Gegensatz zur stolzen Germania das normale Volk repräsentiert. Hobsbawm nennt diese neuen symbolischen Erfindungen als Beispiel einer *invented tradition*. Heute kommen beide kaum noch vor, damals aber wurden sie massiv in grafischen Darstellungen, Plakaten, Post-

128 Vgl. HOBSBAWM, *Invention of Tradition,* 12 und 273.

129 Vgl. GEARY, *Myth of Nations,* 22–25.

130 Vgl. WIWJORRA, *Germanenmythos,* 61.

131 Zur Symbolik der Eiche siehe, BECKER, Siegfried. „Deutscher Nationalismus, Staatsgedanke und Landesbewusstsein im zeitlichen Kontext des ‚Kronprinzenwerks‘“, in: FIKFAK, Jurij (Hg.). *Ethnographie in Serie: Zur Produktion und Rezeption der „österreichisch-ungarischen Monarchie in Wort und Bild“.* Wien 2008, 326–352, hier: 335f.

karten u. ä. eingesetzt. Die musikalische Ergänzung, *das* nationale Lied, war die *Wacht am Rhein.* Zu militärischen Siegen des Deutschtums wurden die ‚Völkerschlacht' von Leipzig 1813 und die Schlacht bei Sedan 1870 gegen die Franzosen hochstilisiert, derer mit monumentalen Denkmälern und jährlichen Feiern (auch in Marburg) gedacht wurde.[132] Monumentale Denkmäler entstehen allgemein erst in der *Massenphase C* bzw. nach ihrer Vollendung, so auch hier: Die drei größten und megalomanischen deutschen Denkmäler, das Hermannsdenkmal mit Arminius, das Niederwalddenkmal mit der monumentalen Germania und das Friedrich Barbarossa gewidmete Kyffhäuserdenkmal entstanden erst nach der deutschen Einigung bzw. wurden erst dann vollendet.[133] Nimmt man diese Ausdrucksformen und Symbole der preußisch-deutschen Meistererzählung zusammen, kann man sie nach der Kategorisierung von Jarausch/Sabrow dem Typus der optimistischen Erfolgsgeschichte zuordnen, die eigene Erfolge und Glorie betont.

Nachdem nun in aller Kürze das deutsche (unter preußischer Führung stehende, nationalstaatlich deutsche) Narrativ skizziert wurde, stellt sich die Frage, was davon auf die Deutschen der Habsburgermonarchie übertragbar ist. Grundsätzlich fällt der pessimistischere, leidvollere Grundton der deutschen Meistererzählung in der Monarchie auf, die bedroht vom Panslawismus und der Pluralität in der Monarchie ein Bedrohungsszenario heraufbeschwört und ihren ‚Lebensraum' bedroht sieht.[134]

Für den Zweck vorliegender Arbeit und dem gesteckten Untersuchungszeitraum ist es wohl besser, von einem „deutschnationalen Narrativ" in der Habsburgermonarchie zu sprechen. Dafür sei zunächst noch der Deutsch-

132 Vgl. HOBSBAWM, *Invention of Tradition,* 275ff.

133 Vgl. HROCH, *Europa der Nationen*, 213.

134 Siehe als Beispiel: BARTSCH, Rudolf Hans. *Das deutsche Leid: Ein Landschafts-Roman.* Leipzig 1912 und die Kurzgeschichte: *Deutsches Leid in Steiermark,* in: KESSELER, Kurt/MATZ, Elsa/SCHLEMMER, Hans (Hg.). *Wägen und Wirken. Ein deutsches Lese- und Lebensbuch. Neue allgemeine Ausgabe für höhere Mädchenbildungsanstalten.* Teil IV. Leipzig/Berlin 1925, 123–125. Zu einem regelrechten „Tourismus", um das leidvolle „deutsche Leben an der Sprachgrenze" zu sehen, den Bartsch' Buch ausgelöst hat, siehe: JUDSON, Pieter M., Versuche um 1900 die Sprachgrenze sichtbar zu mache", 163–174.

nationalismus selbst definiert. Wie soll außerdem die Habsburgermonarchie bzw. Österreich im Deutschnationalismus bzw. in der deutschnationalen Meistererzählung verortet werden? Man kann sich Kořalkas Definition nur anschließen, wenn er meint:

> In diesem Sinne interpretiere ich den Begriff des Deutschnationalismus als den deutschen Nationalismus schlechthin, das heißt jede, die subjektive Zugehörigkeit zur deutschen Staats- oder Kulturnation zum Ausdruck bringende oder diese Zugehörigkeit fordernde Ideologie. Es ist klar, daß der deutsche Nationalismus sich nicht primär in Österreich, sondern in jenen deutschen Staaten und Ländern verbreitete, die nach 1871 zum Deutschen Reich gehörten. Bis zu jener Zeit – nur in Österreich hauptsächlich nachher – löste die deutschnationale Ideologie fast überall weitgehende Loyalitätskonflikte zwischen den Bindungen an den Staat und an die Nation aus. Jedenfalls ist es notwendig, bei der Beurteilung des Deutschnationalismus in Österreich immer die größeren Zusammenhänge der Gesamtgeschichte des deutschen Nationalismus in Erwägung zu ziehen.[135]

Werfen wir nun einen Blick auf den Deutschnationalismus in der Monarchie des 19. Jahrhunderts: Es darf keinesfalls davon ausgegangen werden, dass alle ‚Deutschen' der Habsburgermonarchie einer Form des Deutschnationalismus oder gar alle der Idee eines großdeutschen Reiches anhingen – im Gegenteil: Mehr Hinweise gibt es – auch für die überwiegende Mehrheit des deutschen untersteirischen Bürgertums – sicherlich für eine starke Österreichorientierung und Kaisertreue, für eine großdeutsche Lösung jedoch nur insofern, als dass dies der Monarchie nützen und ihre Vormachtstellung in einer solchen Formation garantiert werden würde.[136] Bevor die Monarchie dann 1866 aus dem Deutschen Bund ausschied, dem sie ab 1815 angehört hatte, hatte ihre Nationalitätenvielfalt aus deutschnationaler Sicht große Schwierigkeiten mit sich gebracht, da dies der Konzeption eines einheitlichen, nur von Deutschen bewohnten Staates widersprach. Das gesamte Siedlungsgebiet der Tschechen und fast das gesamte slowenische Gebiet war Teil des Deutschen Bundes gewesen, und diese Koexistenz slawischer Gruppen mit der deutschsprachigen Bevölkerung stellte aus deutschnationaler Sicht wohl einen ‚Störfaktor'

135 KOŘALKA, Jiři. „Deutschtum und Deutschnationalismus in Österreich", 77–89, hier 79.
136 Vgl. CVIRN, *Trdnjavski trikotnik,* 12–14.

dar bzw. führte zu so merkwürdigen Konstruktionen, wie etwa sie seien „slawisch sprechende Deutsche". In den von Deutschen besiedelten Gebieten der Monarchie wurde nach 1866 der Gedanke einer deutschen Dominanz immer präsenter, und in diesem Zusammenhang müssen etwa auch die im deutschnationalen *Linzer Programm* 1882 enthaltenen Vorschläge verstanden werden, die Bukowina und Dalmatien an Ungarn abzugeben und Galizien einen Sonderstatus einzuräumen. Damit sollte in Zisleithanien eine auch zahlenmäßige Dominanz der Deutschen erreicht und Slowenen und Tschechen mit ihren immer lauter werdenden eigenen nationalen Forderungen majorisiert werden.[137]

Ein Leitmotiv der nationalen Meistererzählung von starken Staatsnationen war die Vorstellung einer ‚zivilisatorischen Mission'. Wie bereits oben ausgeführt, trifft dies auch auf die deutsche bzw. deutschnationale Meistererzählung zu, einzig mit dem Unterschied, dass sie sich eben nicht auf die Vergangenheit eines einzigen Staates, sondern der vielen deutschen Staaten im Hl. Römischen Reich berief. Die deutsche Geschichtswissenschaft sah die Deutschen lange Zeit als solche ‚Kulturträger' im Osten und Südosten Europas gegenüber den slawischen Völkern, die in diesen Gebieten ‚entscheidende Aufbauleistung' erbrachten. Dieser Vorwand wurde gerade in der NS-Zeit und in der gedanklichen Vorbereitung auf ihre expansiven Vorhaben als Rechtfertigungsstrategie genutzt. Davon zeugen viele ‚wissenschaftliche' Fabrikate aus dieser Zeit bzw. ihrer ideologischen Kinder.[138] Gerade auch für das Gebiet der Untersteiermark liegen zahlreiche Publikationen vor, die entweder die Zugehörigkeit zum deutschen Kulturraum („Strom deutschen Blutes in den steirischen Grenzgebieten") oder die wichtige Grenzschutzfunktion betonen (als „Hofzaun des Deutschen Reiches") und zum Teil bereits konkrete

---

137 Vgl. KOŘALKA, „Deutschtum und Deutschnationalismus in Österreich", 77f.

138 Vgl. HROCH, Europa der Nationen, 152 und 159.; KOŘALKA, „Deutschtum und Deutschnationalismus in Österreich", 80f und als Beispiele: REITZ, Arno (Hg.). *Deutschland und Südosteuropa – Die natürlichen, völkischen, kulturellen und wirtschaftlichen Beziehungen des Deutschtums mit den Völkern im Südosten* (Eine Gemeinschaftsarbeit der Gaudozentenführung im Gau Steiermark und des südostdeutschen Institutes Graz). Graz 1942 und STRAKA, Manfred. *Grenzland-Schutzarbeit. Eine Lebensnotwendigkeit Österreichs.* Wien 1966.

„Rückvolkungspläne" der Nationalsozialisten widergeben.[139] Wenn wir in die Habsburgermonarchie des 19. Jahrhunderts zurückgehen, lässt sich auch dort feststellen: „Das Argument von der Überlegenheit der deutschen Bildung und Kultur fehlte in fast keiner ideologischen Auseinandersetzung des österreichischen Deutschnationalismus mit den Nationalbewegungen der Tschechen und der Slowenen" und anderer Völker der Monarchie. Dieser Gedanke der Kulturvermittlung hat sich mit der Zeit ‚pervertiert': „[B]ei Herder und Goethe mit der ausdrücklichen Ablehnung eines deutschen Anspruchs auf Beherrschung fremder Völker" verbunden, wurde im Vormärz und in der Revolution 1848 die deutsche ‚Kulturträgerschaft' zur Begründung des eigenen Vormachtstrebens und der territorialen Expansion Deutschlands benutzt.[140]

Zu einem großen Teil fühlten sich die deutschsprechenden Österreicher nach 1871 als österreichische Deutsche, der *deutschen Kulturnation* zugehörig; vertraten einen *Austrogermanismus*, bei dem sie zwar deutsch, aber doch in erster Linie Österreicher sein wollten. Die einen hatten bereits 1848 bestritten, dass es eine österreichische Nation gebe („Es gibt Italiener, Deutsche, Slawen, Ungarn, welche zusammen den österreichischen Kaiserstaat konstituieren, aber ein Österreich, Österreicher, eine österreichische Nationalität gibt es nicht und hat es nicht gegeben, wenn man eine Spanne Land um Wien herum ausnimmt."), andere Stimmen aus Deutschland wiederum äußerten bereits vor der Revolution den verletzend gemeinten Vorwurf, Österreich und seine Deutschen seien ‚undeutsch' –

139 Die angeführten „völkischen" Losungen sind entnommen: CARSTANJEN Helmut, *Die Untersteiermark. Eine politische Aufgabe an der Südostgrenze des Großdeutschen Reiches*. Marburg 1943, 3–13; weitere Beispiele solcher Literatur zur Untersteiermark sind: WERNER, Gerhard [CARSTANJEN, Helmut]. *Sprache und Volkstum in der Untersteiermark*. Leipzig 1935; KRAFT Doris, *Das untersteirische Drauland: Deutsches Grenzland zwischen Unterdrauburg und Marburg*. (= Veröffentlichung des deutschen Instituts zur Erforschung des deutschen Volkstums im Süden und Südosten 10). München 1935; SUETTE, Hugo. *Der nationale Kampf in der Südsteiermark*. München 1936; GERAMB, Viktor. *Steiermark. Raum und Leben*. Graz 1943; PIRCHEGGER Hans, *Die geschichtlichen Leistungen der Deutschen in der Untersteiermark*. In: Grenzland. Zeitschrift für Schutz- und Kulturarbeit. Sonderdruck. Graz 1938; STRAKA, Manfred. *Untersteiermark. Unvergessene Heimat*. Graz 1965;

140 KOŘALKA, „Deutschtum und Deutschnationalismus in Österreich", 80f.

ein Vorwurf, der von da an nicht mehr verstummte.[141]

Parallel dazu können aber laut Kořalka auch die Anfänge eines „gemäßigten und gegenüber anderen Nationalitäten versöhnlichen Österreichertums" im 19. Jahrhundert datiert werden („vor allem dort, wo die deutschsprechenden Österreicher nicht in einem direkten Grenzland- und Sprachkonflikt" mit anderen Nationalitäten standen, „wuchsen nach und nach Elemente eines neuen, spezifisch österreichischen Nationalbewußtseins, ohne daß dies in vielen Fällen von den Zeitgenossen bemerkt wurde"). Dieses „Österreichertum" scheint sich aber gegenüber dem Deutschnationalismus eindeutig in der schwächeren Position befunden zu haben, wie man 1918 konstatieren hätte müssen.[142] Der Österreichbegriff war unscharf; bezeichnete auch geografisch im Laufe der Jahrhunderte erheblich unterschiedlich große Gebiete und war über lange Perioden nicht ethnisch definiert:

> Allmählich mochten die als ‚Österreicher' gelten, die unter der Herrschaft des Hauses Österreich standen, Steirer, Kärntner und Krainer etwa als Innerösterreicher, ohne daß allerdings die engeren Landesbezeichnungen an Gewicht verloren. In den neueren Jahrhunderten wurde in wechselnden Zusammenhängen ebenso vom ‚österreichischen Volk', wie in der Mehrzahl von den Völkern Österreichs gesprochen; es gab ebenso den etatistischen wie den ethnischen Volksbegriff, man konnte gleichzeitig als Österreicher wie als Deutscher oder Slowene fühlen. Daneben gab es einen mehr oder weniger starken Kronlandpatriotismus, der sich in einigen Ländern, wie Kärnten, Mähren und Schlesien [oder der Steiermark] noch längere Zeit gegen den Sprachnationalismus und neben ihm behauptete, in anderen früher verschwand oder doch entscheidend an Bedeutung verlor.[143]

Versuche, einen „nationalen" Staatsmythos mit entsprechenden Erinnerungsorten zu schaffen, gab es zwar, allerdings gelang es der Habsburgermonarchie nicht wirklich, einen solchen aufzubauen.[144] Ein Versuch, die habsburgische Meistererzählung des Vielvölkerstaates ethnografisch zu repräsentieren, stellt

---

141 Andrian-Werburg, *Oesterreich und dessen Zukunft.* Hamburg 1843/1847, zit. n. URBANITSCH, „Die Deutschen", in: WANDRUSZKA/URBANITSCH, III/1, 164 und 174.

142 Vgl. KOŘALKA, „Deutschtum und Deutschnationalismus in Österreich", 89f.

143 ZÖLLNER, „Wandlungen des Österreich-Begriffes", in: WANDRUSZKA/URBANITSCH, III/1, 30.

144 Vgl. HROCH, *Europa der Nationen,* 160 und 231.

sicher das „Kronprinzenwerk“ dar, die 24-bändige bebilderte Enzyklopädie der Habsburgermonarchie, die von Kronprinz Rudolf 1883 initiiert und teilweise mit verfasst wurde.[145] Entscheidend dabei war auch, dass auch Intellektuelle nichtdeutscher Nationalität daran beteiligt waren. Promitzer nennt dies die *synoptische Tradition*, den spezifischen Versuch, das kollektive harmonische Selbstporträt des Vielvölkerstaates („unity within diversity“) zu malen, was aber mit zunehmenden Nationalitätenkonflikten immer weniger mit der Realität korrelierte. Diese – man könnte verleitet sein zu sagen – habsburgische Meistererzählung war eng an das Kaiserhaus gebunden, damit also paternalistisch, und obwohl sie sowohl die Deutschen als auch nichtdeutsche Nationalitäten ansprechen sollte, war sie dennoch implizit hierarchisch; der deutschen Sprache, Kultur und Nationalität wurde ein höherer Status eingeräumt.[146]

Eine Meistererzählung ist nichts ohne ihren Helden: Allgemeinhin werden die „Vorkämpfer“ der nationalen Bewegungen zu den wichtigsten Persönlichkeiten der Vergangenheit stilisiert (das können Künstler, Wissenschaftler und Philosophen sein, und diese werden klarerweise nicht ‚erfunden‘, allerdings oft in ihrer ‚nationalen‘ Bedeutung überhöht). Viele historische Persönlichkeiten auf Gebieten mit konkurrierenden Narrativen allerdings, und dazu gehören sicherlich die Habsburger (und Persönlichkeiten in ihren Diensten, wie etwa Prinz Eugen von Savoyen[147]), hatten nur geringe Chancen, „zu Helden eines nationalen Mythos“ zu werden: „Der Versuch, die österreichische,

145 Siehe das komplett digitalisierte Kronprinzenwerk auf: http://www.austria-lexikon.at/af/Web_Books und zur Rezeption: JOHLER, Reinhard. „Vom Leben, Nachleben und Weiterleben des ‚Kronprinzenwerkes‘ in Österreich“, 291-325 und BECKER, „Deutscher Nationalismus, Staatsgedanke und Landesbewusstsein im zeitlichen Kontext des ‚Kronprinzenwerks‘“, in: FIKFAK (Hg.), 326–352.

146 Vgl. PROMITZER, „The South Slavs in the Austrian Imagination“, 183–215, hier 186f.

147 An dieser Stelle fällt eine kleine Gemeinsamkeit der österreichischen und slowenischen Meistererzählung (zumindest in der Volkskultur) auf: das Schreckensbild der Türkeneinfälle und die Türkenabwehr. Für das gesamtösterreichische Narrativ fokussiert sich das kollektive Gedächtnis auf die Befreiung Wiens von der türkischen Belagerung 1683 (vgl. HROCH, *Europa der Nationen,* 166), für die slowenischen (wie die ostösterreichischen) Einfallgebiete auf die ständige Bedrohung des Kulturfeindes Türken und auf den tapferen Verteidigungskampf. Narrative, die von einem noch „fremderen“, bedrohlicheren Feind von außen erzählen, werden offensichtlich von sich ansonsten konträr gegenüberstehenden Meistererzählungen geteilt und die sonst übliche Opposition zueinander kurzfristig überwunden.

multiethnische Monarchie um einen Habsburgermythos zu integrieren, scheiterte ebenso am deutschen wie am tschechischen [u. a.] Widerstand."[148] Für die Slowenen hingegen kann gesagt werden, dass so *kaisertreu* wohl kaum eine andere Nationalität der Monarchie gewesen ist.[149]

Problematisch war der Bezug auf das „Vaterland", weil das je nach Empfinden des Einzelnen sehr verschieden interpretierbar war (Für einen Ungarn das Königreich Ungarn oder die gesamte Monarchie? Für einen ‚deutschen' Steirer die Steiermark, Innerösterreich, Zisleithanien, die gesamte Monarchie oder gar das Deutsche Reich?). So wurde auch in konservativen Offizierskreisen die Meinung vertreten, „es bedürfe des ja doch recht verschieden interpretierbaren Vaterlandsbegriffes gar nicht, es genüge die Kaisertreue".[150] Ein Erinnerungsort sind gemeinhin Denkmäler für die gefallenen Soldaten: Während die französischen Soldaten im 19. Jh. für die Nation, die preußischen zumindest für König und Vaterland sterben durften, ist es bezeichnend, dass österreichische Soldaten, laut der erbauten Denkmäler noch lange nur für ihren Herrscher, den Kaiser gekämpft haben und gefallen sind. So wie die Dynastie der Habsburger hatten auch die Denkmäler in Österreich kein wirkliches nationales Potenzial.[151]

Erst die fatalen nationalistischen Auswüchse der Zwischenkriegszeit und die nationalsozialistische Verwüstung während des Zweiten Weltkrieges ab 1945 führten zur allmählichen Durchsetzung einer kleinräumigeren, rekonstituierten österreichischen Identität.[152] Schlagworte dieser österreichischen Meistererzählung nach 1945 mit einem erstaunlich kurzen kollektiven Gedächtnis, die uns hier aber nicht näher beschäftigen kann, könnten die Neutralität, der Staatsvertrag, die Sozialpartnerschaft und der ‚Opfermythos'

---

148 HROCH, *Europa der Nationen,* 168f.

149 Vgl. dazu: BISTER, Feliks (Hg.) *‚Majestät, es ist zu spät'. Anton Korošec und die slovenische Politik im Reichsrat bis 1918.* Wien 1995.

150 ZÖLLNER. „Wandlungen des Österreich-Begriffes", in: WANDRUSZKA/URBANITSCH, III/1, 31.

151 Vgl. HROCH, *Europa der Nationen,* 212.

152 Vgl. KOŘALKA, „Deutschtum und Deutschnationalismus in Österreich", 89f.

– Österreich als erstes ‚Opfer' des Dritten Reiches – sein.[153] Auch eine gewisse Habsburger-Nostalgie[154] – der Verlust einstiger Größe, von Harmonie und einer idyllischen Welt – wurde vor allem in der 2. Republik konsequent touristisch vermarktet und als Identifikationsbezugsrahmen angeboten.

153 BRIX, Emil/BRUCKMÜLLER, Ernst/STEKL, Hannes (Hg.) *Memoria Austriae I. Menschen, Mythen, Zeiten.* Wien 2004, v. a. diess. „Das kulturelle Gedächtnis Österreichs. Eine Einführung", 9–25.

154 Siehe COLE, Laurence. „Der Habsburger-Mythos", in: BRIX/BRUCKMÜLLER/STEKL *Memoria Austriae I,* 473–504.

3. Die Stadt Marburg in der Untersteiermark und ihr ethnisches Gefüge

Gleich hinter dem stattlichen Graz, auffällig durch seinen steilen,
isolirten Schlossfelsen, beginnt das Volk der Slovenen
in Ueberzahl aufzutreten und dominirt von da ab südwärts
ausschliesslich, nur das Städtchen Marburg
mit etwa 8000 Einwohnern scheint mehr deutsch als slavisch zu sein,
ist aber eine Insel inmitten der Slavenwelt.[155]

Es erscheint für den Zweck der vorliegenden Arbeit wesentlich, eine kurze Skizze der Stadt Marburg, ihrer Bevölkerungszusammensetzung im 19. Jahrhundert und der Entwicklung ihres ‚nationalen' Gefüges zu geben. Deshalb soll folgendes Kapitel nicht nur die Vor-, sondern auch die Nachgeschichte umreißen. Wenn wir uns für die *Anfänge* einer Entwicklung interessieren, muss zuvor eben auch geklärt werden, über welche Entwicklung wir sprechen.

Beginnen wir in aller Kürze mit der Entwicklung der Stadt Marburg bis ins 19. Jahrhundert. Die erste Erwähnung des *castrum Marchburch* – die Burg in der Mark – findet sich 1164 in einer Urkunde des steirischen Markgrafen Ottokar III. In den meisten Überblickswerken findet sich die Angabe, die Marburg sei von den Spanheimern erbaut worden;[156] allerdings ist es fragwürdig, ob zu Zeiten Bernhards von Spanheim bereits eine befestigte Burganlage bestanden hat.[157]

---

155 MAURER, Franz. *Reise durch Bosnien, die Saveländer und Ungarn*. Berlin 1870, 40.

156 z. B. MLINARIČ, Jože „Maribor od začetkov do sredine 18. stoletja", in: *Maribor skozi stoletja. Razprave I.* CURK/HARTMAN/KOROPEC (Hg). Maribor 1991, 147; KRAMBERGER, Franjo. „Nekaj številk o Mariboru", in: *Mariborski koledar.* Maribor 1933, 93; MAJCEN, Gabriel. *Kratka zgodovina Maribora.* Maribor: 1926, 11.

157 Vgl. ŠTIH, Peter. „K predzgodovini mesta Maribor", in: *Časopis za humanistične in družboslovne študije.* Jg. 6, Nr. 2–3. Maribor 2006, 243–260, hier 250f. Štih argumentiert dagegen, da ansonsten die erwähnte Mark im Besitz der Spanheimer in zeitgenössischen Quellen, etwa aus dem Kloster St. Paul, bereits den Namen der Burg getragen hätte. Stattdessen gäbe es nur überlieferte Dokumente, die von *marchia, marchia trans silvam, marchia trans fluvium Drawam*, oder *marchia Pitouensis* sprechen. Hätte es damals bereits eine Burgfestung gegeben, hätte man sich doch nicht den Namen des salzburgischen Pettau für die Grenzmark ausgeliehen.

Abbildung 1: Das Marburger Stadtwappen

Jedenfalls entwickelte sich die Siedlung unter der Burg auf dem heutigen Pyramidenhügel im 12. Jahrhundert zunächst zu einem Markt (erstmalige Erwähnung 1209, *forum Marchpurch*), und 1254 ist Marburg erstmals als *civitas* überliefert.[158] Obwohl heute die größte Stadt der slowenischen Steiermark und die zweitgrößte Sloweniens, ist sie historisch deutlich jünger als Celje und Ptuj, die bereits eine antike Besiedelung aufweisen können. Erschütterungen und Entwicklungen, die die Stadt Marburg in Mittelalter und Neuzeit durch- und überlebte, waren die Belagerung durch die Ungarn 1480/81, die Türkeneinfälle zwischen 15. und frühem 16. Jh., die Bauernaufstände des 16. Jh., die Pest im 17. Jh., zwei Erdbeben im 18 Jh., verheerende Großfeuer, die in fast jedem Jahrhundert große Schäden anrichteten, sowie Hexenprozesse und -verbrennungen zwischen dem 16. und dem frühen 18. Jh.[159]

Zu den Dimensionen der untersteirischen Städte sei gesagt, dass es sich bis ins 19. Jh. um ausgesprochene Klein- bzw. Zwergstädte handelte: So hatten Marburg, Celje und Ptuj nach Schätzungen vielleicht 1000 oder mehr Einwohner, wohingegen alle anderen untersteirischen Märkte und Städte nur einige hundert Einwohner aufwiesen.[160] Das historische Stadtzentrum Marburgs, das nur etwa 20 km von der heutigen Staatsgrenze entfernt liegt, wurde durch drei Vorstädte ergänzt, die in der zweiten Hälfte des 19. Jahrhunderts einen exorbitanten Aufschwung und Zuwachs erlebten: Die Kärntner Vorstadt/Koroško predmestje lag im Westen Richtung Kärnten, die Magdalener Vorstadt/Magdalensko predmestje am rechten Drauufer und die Grazer

158 MLINARIČ „Maribor od začetkov do sredine 18. stoletja“, 149.

159 Vgl. GRIESSER-PEČAR; *Maribor*, 84–89.

160 WEISS, Norbert. „Die untersteirischen Städte und ihre Bewohner im Mittelalter“, in: HEPPNER (Hg.). *Slowenen und Deutsche im gemeinsamen Raum,* 20–36, 23.

Vorstadt/Graško predmestje nordöstlich der Altstadt.[161] Von den einzelnen Vorstädten wird im Laufe dieser Arbeit immer wieder die Rede sein (um das rasante Anwachsen der Stadt in der zweiten Hälfte des 19. Jahrhunderts erahnen zu können, siehe Abbildung 2 und 3).

Abbildung 2: Die *Statt Marchburg* aus Georg Matthäus Vischers *Topographia Ducatus Stiriae*, 1681.

Zum deutschen Namen der Stadt sind nun auch nicht mehr viele Worte zu verlieren, er leitet sich vom zentralen Punkt der *Mark* ab, von der *Burg* in der *Mark*. Der slowenische Name Maribor kam erst im 19. Jahrhundert auf, dessen Durchsetzung brauchte eine Weile und wurde von nationalbewussten Slowenen propagiert. Šantel erwähnt in seinen Kindheitserinnerungen, dass die Leutschacher Slowenen Marburg schlicht nur „mesto" [misto], die Stadt, nannten.[162] Ansonsten war auch in slowenischer Sprache der deutsche Name Marburg in

161 Vgl. KRAMBERGER, Nekaj številk o Mariboru", 96f und Sašo Radovanovič über die Grazer Vorstadt, in: http://www.youtube.com/watch?v=PmTNA_ttNPo Nach dem 1. Weltkrieg wurde Stadtteile in *okraji* (Bezirke) unbenannt, nach dem 2. Weltkrieg wurde die alte Bezirkseinteilung auch in ihren Grenzen geändert.

162 ŠANTEL, *Erinnerungen*, 124.

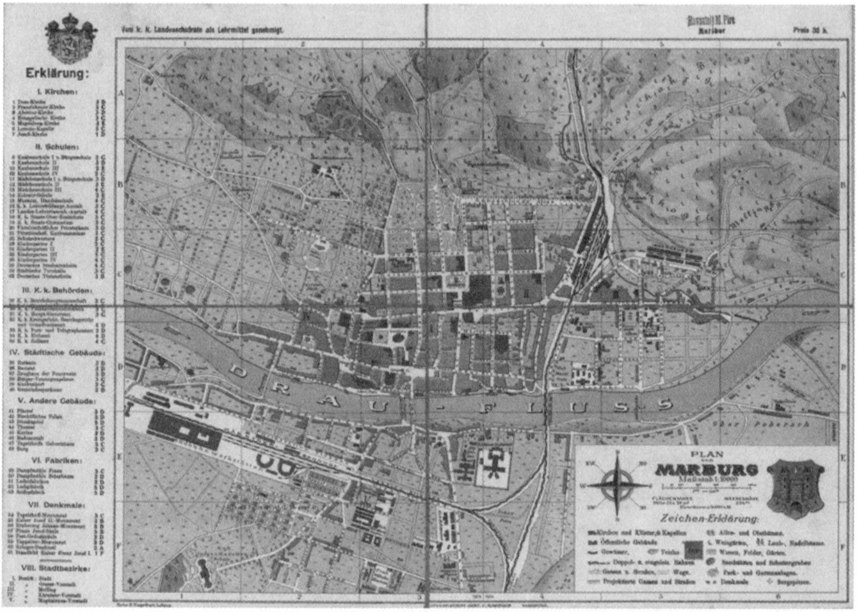

Abbildung 3: Marburg um 1904 vom Kartographen Ernst Engelhart.

Verwendung, was umso mehr überrascht (bzw. wenn man es so interpretiert haben will, etwas von der starken ‚Präsenz' des Deutschen in der Stadt verrät), da ansonsten eigentlich Ortsnamen im slowenischen Siedlungsgebiet durchwegs zwei – eine slowenische und eine deutsche – Bezeichnungen aufweisen. Neben der deutschen Form (*v Marburgu* und *v Marburgi*) wurde im 19. Jahrhundert noch die verballhornte Form *Marprog* verwendet, die sich aber nicht durchsetzte, bis der Illyrist und Schriftsteller Stanko Vraz den Namen *Maribor* prägt: *-bor* wurde synonym für *-burg* verwendet (was man auch vom Namen *Brandenburg* her kennt, das sich vom slawischen *branibor* abgeleitet wurde). Gaj und seine illyristischen Mitstreiter übernahmen die Form *Maribor*, richtig bekannt und gebräuchlich wurde sie aber erst, nachdem Lovro Toman 1861 das patriotische Gedicht *Mar i bor* veröffentlichte (siehe dazu auch Kapitel 6.2.).[163]

163 Vgl. GRIESSER-PEČAR; *Maribor*, 15ff. und RADOVANOVIČ, Sašo. *Maribor. Štajerski Meran*. Maribor 2010, 19f. Angeblich allererste Nennung des Namens Maribor in einem Brief Vraz' an den Slawisten und Illyristen Ljudevit Gaj1836.

Durch die Verwaltungsreform Maria Theresias ab 1748 wurde Maribor zur Kreisstadt. Das Kreisamt war eine Mittelinstanz zwischen der Stadt und den Landesbehörden in Graz. Die aus den älteren ständischen, an die Pfarrsprengel angelehnten Vierteln hervorgegangenen fünf Kreise der Steiermark wurden aber in ihrem genauen Umfang noch mehrmals geändert. Der *Kreis zwischen Mur und Drau* hatte zunächst noch seinen Sitz in Leibnitz, bevor er 1752 nach Marburg verlegt wurde und ab da auch den Namen *Marburger Kreis* trug. Als neue Kreishauptstadt wurde Marburg erheblich aufgewertet. Bis 1805 veränderten sich die Grenzen des Marburger Kreises noch einige Male – nördliche Pfarren wurden dem Kreis Graz zugeschlagen, dafür aber einige südliche dem Marburger zugefügt.[164]

1849/50 wurde die Steiermark durch die Verwaltungsreform unter Ministerpräsident von Schwarzenberg neu aufgeteilt, und zwar in nunmehr nur drei größere, anstatt der bisherigen fünf Kreise (Graz, Bruck und Marburg, die Sitze der deckungsgleichen Landesgerichtssprengel hingegen waren in Leoben, Graz und Celje). Der ehemalige Cillier Kreis wurde nun dem Marburger Kreis einverleibt, wodurch dieser die gesamte Untersteiermark umfasste.[165] Marburg profitierte davon und auch dadurch, dass durch die besagte Verwaltungsreform 1849/1850 die Gemeinden im heutigen Sinn eingeführt wurden, wodurch die Grazer, die Kärntner und die Magdalena-Vorstadt Marburg eingemeindet wurden.[166]

Der Kreis Marburg war in sechs Bezirkshauptmannschaften mit je einem Bezirkshauptmann an der Spitze unterteilt und auf der untersten administrativen Ebene standen die Gemeinden. Dem alles überstand die steiermärkische Statthalterei in Graz. Doch diese Bezirkshauptmannschaften bestanden nicht lange, da sie 1854 von den gemischten Bezirksämtern (20 Verwaltung und

---

164 Vgl. GRIESSER-PEČAR; *Maribor*, 94–103.

165 Vgl. „Die politische Einteilung der Steiermark 1850", in: STRAKA, Manfred. *Verwaltungsgrenzen und Bevölkerungsentwicklung in der Steiermark 1770–1850. Erläuterungen zur ersten Lieferung des Historischen Atlasses der Steiermark*. Graz 1978, 36-39.

166 Vgl. CVIRN, „Narodnopolitične razmere v Mariboru", 265–281, hier 272.

Gerichte vereinende Bezirksverwaltungen in der Untersteiermark) abgelöst wurden. Jene bestanden bis 1868 weiter, als man zu den Bezirkshauptmannschaften zurückwechselte und Administration und Rechtsprechung auf der untersten Ebene wieder voneinander trennte.[167] Diese Struktur wurde allerdings nur in den größeren Kronländern, wie auch in der Steiermark, eingeführt, während die kleineren (z. B. Kärnten oder Krain) keine Kreise und keine Statthalterei, sondern eine Landesregierung unter dem Vorsitz des Landespräsidenten hatten.[168] In der Streitfrage von 1848, ob die Monarchie in die historischen Länder oder nach nationalen Kriterien in neue Einheiten eingeteilt werden sollte, kam den Kreisen eine Kompromissstellung zu. Die historischen Länder wurden zwar beibehalten, aber (zumindest in Tirol und Steiermark) die national getrennten Kreise eingeführt.[169]

Durch diese neue Kreiseinteilung in drei Kreise wurde die Steiermark entlang der angenommenen Sprach- und damit Nationsgrenze in zwei deutsch dominierte und einen slowenisch dominierten Kreis unterteilt.[170] Die Diskussion über eine (konstruierte, als feste Linie angenommene) Sprachgrenze bricht ab diesem Zeitpunkt nicht mehr ab, weil bis ins 20. Jahrhundert Grenzziehungen entlang dieser Sprachgrenze verfochten und argumentiert wurden. In späterer Zeit wurde vor allem vonseiten deutschnationalistischer Vertreter versucht,

167 Vgl. STUDEN, Andrej. „Liberalcem so kmetje španska vas: Težave podeželskih občin in problem javne varnosti na Spodnjem Štajerskem v sedemdesetih letih 19. stoletja", in: *Časopis za zgodovino in narodopisje*, Jg. 42, Nr. 1. Maribor 2006, 36-64, hier: 39f und STRAKA, *Verwaltungsgrenzen*, 36f.

168 Vgl. HELLBLING, Ernst C. „Die Landesverfassung in Cisleithanien", in: WANDRUSZKA/URBANITSCH: *Die Habsburgermonarchie 1848-1918. Verwaltung und Rechtswesen,* Bd. II, 195–208.

169 Vgl. VILFAN, Sergej. „Sprachgrenzen und Kreisgrenzen nach 1848, besonders in der Steiermark", in: VALENTINITSCH, Helfried (Hg.). *Recht und Geschichte. Festschrift Hermann Baltl zum 70. Geburtstag.* Graz 1988, 593.

170 Vgl. STRAKA, *Verwaltungsgrenzen,* 36.

die Sprachgrenze mit einer „völkischen" Grenze gleichzusetzen.[171] Dennoch blieb den Kreisen ein nur kurzes Leben beschieden und sie wurden 1859/60 aufgehoben, da die Einrichtung der neuen gemischten Bezirksämter sie entbehrlich machten.[172] Die ‚Sprachgrenze' aber lebte weiter, weil die Nordgrenze des Marburger Kreises 1859 auch die neue Bezirksgrenze, die Grenze der Diözese Lavant (siehe dazu Kapitel 5.1.3.) und in weiterer Folge nach dem Ersten Weltkrieg mit kleinen Abweichungen die Staatsgrenze wurde und uns somit bis heute erhalten geblieben ist.[173]

War nun Marburg wirklich eine deutsche „Insel inmitten der Slavenwelt", wie es der preußische Reisende Franz Maurer 1868 gesehen hat? Viel zitiert sind in diesem Zusammenhang die Zeilen Puffs – die einzigen in seiner umfassenden Stadtgeschichte Marburgs, in denen er explizit auf die nationalen Verhältnisse eingeht –, der 1846 Marburg folgendermaßen beschrieb:

> Das Leben in Marburg ist ein durchaus deutsches, wenn auch gleich im nächsten Landleben schon slavisch modificirt; beider Sprachen sind fast die meisten heimischen Marburger mächtig, die dienende Classe gewöhnlich schon nach Einem in der Stadt zugebrachten Jahre; Letztere gehören fast durchaus dem Wendenstamme an [...].[174]

Gerade wenn es um die ethnische Zusammensetzung der Bevölkerung in der Untersteiermark und das „deutsche Gepräge" der Städte geht, fällt es sehr

171 Siehe dazu: JUDSON, *Guardians of the Nation* und ders., „Versuche um 1900 die Sprachgrenze sichtbar zu machen" und GRAFENAUER, Bogo. „Oblikovanje severne slovenske narodnostne meje", in: *Zgodovinski časopis*, Jg.47 Ljubljana 1993, 349-383 und als Beispiel von deutschnationaler Seite: PFAUNDLER, Richard von. *Die Staatsgrenze Deutschösterreichs in Steiermark.* Wien 1919. Darin auch die Idee, einen Korridor gleich einer Brücke von Maribor zum restlichen „deutschen" Gebiet zu schlagen und noch weitergehende territoriale Vorschläge zugunsten des neuen Staates Deutschösterreich. Das Konstrukt Sprachgrenze kommt allerdings nicht erst 1848 auf; Hlubek publiziert bereits 1844 dazu und präzisiert seine Angaben 1860. Vgl. Hlubek, Franz Xaver Wilhelm. „Die deutsche Sprachgränze im Südosten der Steiermark", in: *(Augsburger) Allgemeine Zeitung*, Beilage zu den Ausgaben 270, 271 und 276 vom 26., 27. 9. und 2. 10. 1844 und ders. *Ein treues Bild*, 52–54.

172 STEIERMÄRKISCHES LANDESARCHIV, „Kreis- und Bezirksbehörden (bis 1925)", in: http://www.landesarchiv.steiermark.at/cms/beitrag/11679983/77968684/ und STUDEN, „Liberalcem so kmetje španska vas", 40.

173 GOLEC, Boris. „Der Wandel im ethnischen Gefüge der Steiermark", in: HEPPNER/REISINGER (Hg.). *Steiermark*, 69–90, hier: 81 und STRAKA, *Verwaltungsgrenzen*, 36.

174 PUFF, Rudolf Gustav. *Marburg in Steiermark, seine Umgebung, Bewohner und Geschichte.* Graz 1847, 259.

schwer, mit konkreten Zahlen zu operieren. Boris Golec[175] und Norbert Weiss[176] zeigen auf, wie unsinnig und problematisch es für Mittelalter und frühe Neuzeit ist, untersteirische Stadtbewohner anhand heutiger ethnischer Kriterien oder anhand des Sprachgebrauchs in ‚Deutsche' und ‚Slowenen' zu unterteilen:

> Vor der Nationswerdung und Verbürgerlichung der Gesellschaft identifizierten sich die Stadt- und Marktbewohner in erster Linie mit ihrem privilegierten Heimatort und ihrer gesellschaftlichen Stellung, weiters mit Heimatland und Herrscher, Glauben und Sitten. Erst im Kontakt zur Außenwelt spielte auch die Sprache (Deutsch, Slowenisch o.a.) eine Rolle. Eine Teilung in ethnische „Deutsche" und „Slowenen" innerhalb einer gemischtsprachigen Stadt entsprach weder den Tatsachen noch den Bedürfnissen, umso weniger angesichts der da und dort üblichen Sprachassimilation durch zugezogenen Slowenen bzw. umgekehrt.[177]

Unbestreitbar mitverantwortlich für ‚das deutsche Gepräge' der untersteirischen Städte war der Zuzug deutschsprachiger Zuwanderer: Für Marburg ist dies vom Mittelalter bis ins 19. Jahrhundert nachgewiesen – für den Zeitraum 1762–1836 sind etwa die Herkunftsorte aller neuen Bürger Marburgs bekannt; ungefähr die Hälfte dieser Bürger stammte aus dem Raum nördlich der slowenisch-deutschen Sprachgrenze; aus Südosten hingegen (kroatische und ungarische Gebiete) gab es im 18. Jh. kaum Zuzug. Puff zitiert dazu die im Bürgerbuch von 1800 bis 1846 eingetragenen Herkunftsregionen der 348 eingetragenen Bürger [d. h. nicht aller Stadtbewohner, sondern nur der Bürger]: „Wir treffen über die Hälfte Nichtmarburger und nur 80 eigentliche Marburger; 16 sind aus der nächsten Umgebung; 31 Steirer überhaupt; 20 Gratzer; 18 Tiroler; 16 Kärntner; 16 Oestreicher; 14 Böhmen, Mährer und Schlesier; 10 Ungarn und Croaten; 9 Süddeutsche; 9 Bayern; 7 Norddeutsche; 6 Pettauer; 5 Krainer; 4 Windischfeistritzer; 3 Cillier; 3 Radkersburger; 2 Italiener; 1 Schweizer."[178]

---

175 GOLEC, Boris. „Was bedeutet ‚slowenisch' und ‚deutsch' in den krainischen und untersteirischen Städten der Frühen Neuzeit?", in: HEPPNER (Hg.), 37–64 und ders. „Der Wandel im ethnischen Gefüge der Steiermark", in: HEPPNER/REISINGER (Hg.). Steiermark, 69–90.

176 WEISS, Norbert. „Untersteirischen Städte im Mittelalter", in: HEPPNER (Hg.), 20–36 und: ders. *Die Bürger von Marburg an der Drau bis 1600. Prosopographische Untersuchung.* Graz 1998.

177 GOLEC, „Wandel im ethnischen Gefüge", 73.

178 PUFF, *Marburg*, 243f.

Den Kontrast zu den deutsch dominierten Städten bildete das slowenische Umland (v. a. das Drautal und auch Ostkärnten), das das zweite große Zuzugsgebiet für Marburg darstellte. Marburg war demnach stark in seinem Umland verankert und hatte in überregionalen Kontakten eine deutliche Ausrichtung auf den deutschsprachigen Raum.[179] Allgemein kann aber davon ausgegangen werden – und das belegen vielfache Quellenbeispiele –, dass die einheimische Bevölkerung auch in deutsch geprägten Städten beider Sprachen, obgleich manchmal in sehr unterschiedlichem und asymmetrischem Umfang, mächtig war (siehe dazu noch mehrere Beispiele in Kapitel 5.2.). Die Sprachen und ihr Gebrauch mischten sich und variierten je nach Situation. So beschreibt etwa Šantel, die Marburger sprächen „das Marburger Deutsch, das heißt mit slowenischem Akzent" und auch slowenisch mit Germanismen".[180] Josip Sernec, Sohn einer Marburger Mutter und aufgewachsen in Slovenska Bistrica als Müllersohn beschreibt die Sprachenvielfalt in seinem Elternhaus folgendermaßen:

> Mein Vater sprach ein recht geschliffenes Slowenisch, meine Mutter konnte auch unsere Sprache, obwohl sie gerne Germanismen einstreute, wie das bei Marburgerinnen dieser Zeit normal war. Zu Hause sprachen die Eltern mit den Kindern deutsch. Slowenisch lernten wir so viel, wie es im Umgang mit der Familie und mit bäuerlichen Schulkameraden möglich war. Der erste Slowenischunterricht wurde uns in der Volksschule in Slovenska bistrica erteilt.[181]

Obgleich Deutsch in den überlieferten schriftlichen Quellen dominiert, darf daraus nicht die automatische Schlussfolgerung gezogen werden, auch in der mündlichen Kommunikation herrschte nur bzw. überwiegend Deutsch vor.

179 GOLEC, „Wandel im ethnischen Gefüge", 74 und WEISS, „Untersteirische Städte im Mittelalter", 34.

180 ŠANTEL, *Erinnerungen,* 130.

181 SERNEC, Josip. *Spomini.* Ljubljana 1927, Neuauflage mit einem Nachwort von Janez CVIRN (Hg.) Celje 2003, 2.

3.1. Zahlenspiele

Unsere Kenntnisse über die Bevölkerungsverhältnisse in der Habsburgermonarchie vor 1880 beruhen auf den Erfassungen von Karl Czoernig, dem Leiter der *Direction der administrativen Statistik*, der nach einem „ethnographischen Prinzip" „die große Mannigfaltigkeit der Verhältnisse"[182] erfasste und danach seine berühmte *Ethnographische Landkarte* (1855) erstellte. Obwohl er die „Nationalität der Bewohner eines jeden einzelnen Ortes" erheben wollte, beruht seine Arbeit im Wesentlichen auf Spracherhebungen. Diese Informationen bekam er zum einen aus der 1846 amtlich zu diesem Zwecke durchgeführten Sprachenaufnahme der Behörden und zum anderen durch zahlreiche Gewährsmänner und private Auskünfte. Dieses enorme Unterfangen dauerte dreizehn Jahre und resultierte in einer geradezu „ikonische[n] Repräsentation des *Kaiserthums* Oesterreich": „Seine Arbeit [macht] die ‚Nationalitätenvielfalt' evident, mit dem Erscheinen von Czoernigs Werk wird ein Wissen in den Diskurs eingespeist, das für viele Lesarten offen ist."[183] Auf diesen statistischen Ergebnissen beruhte auch die ‚Lesart' der Czoernig'schen Ergebnisse, die Landkarte *Zemljovid slovenske dežele* (1871) von Peter Kozler, die als erste Landkarte die Sprachgrenze und das slowenische Siedlungsgebiet *en bloc* darstellt und damit die Basis für slowenische territoriale Ansprüche darstellt. Vgl. den Raum Marburg in den beiden erwähnten Landkarten in Abbildungen 4 und 5: Auf der Czoernig'schen Landkarte heben sich die untersteirischen Städte in roter Umrandung (deutsch) vom ansonsten slowenischen Umland ab, Kozlers Darstellung ist nur noch einfarbig (slowenisch).

Ab 1880 wurden alle zehn Jahre Volkszählungen abgehalten, die erstmals große und präzise Datenmengen brachten. Darin wurde unter anderem nach der „Umgangssprache" (nicht nach ethnischer Zugehörigkeit oder Muttersprache) gefragt, was Interpretationen, Unklarheiten und Manipulationen

182 CZOERNIG, Karl Freiherr von. *Ethnographie der oesterreichischen Monarchie mit einer ethnographischen Karte in vier Blaettern*, 1. Band, Wien 1857, V.

183 Vgl. GÖDERLE, Wolfgang. ... für Administration und Wissenschaft. Zensus und Ethnizität: zur Herstellung von Wissen über soziale Wirklichkeiten im Habsburgerreich zwischen 1848 und 1910. Dissertation. Graz 2014, 251; GOLEC, „Wandel im ethnischen Gefüge", 81 und BRIX, *Umgangssprachen*, 70–73.

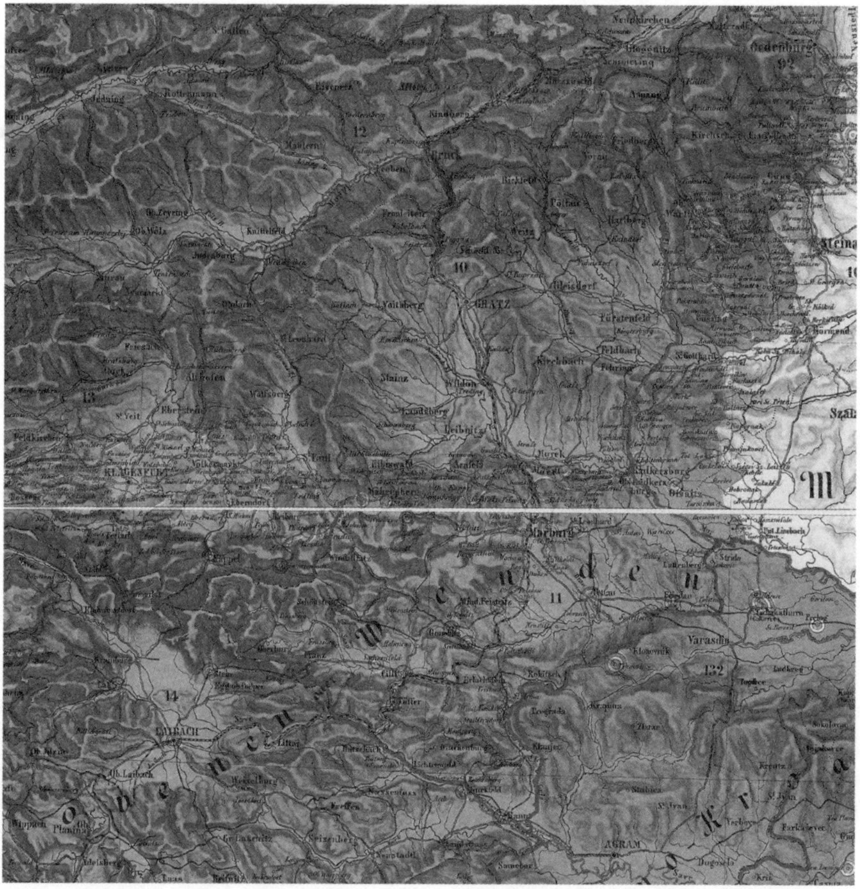

Abbildung 4: Ausschnitt aus der Czoernig'schen ethnographischen Karte, 1855.

regelrecht Tür und Tor öffnete: Die „Ergebnisse aus der Frage nach der Sprache des ‚gewöhnlichen Umgangs' erlaubten viel eher einen Schluß auf die soziale Stärke der einzelnen Nationalitäten als auf ihre zahlenmäßige Präsenz", denn: „Zahlen und Statistiken sind Machtinstrumente":

> Gleichberechtigung ist in ethnischen Fragen ein Mythos, denn „nationale" Ideen beruhen auf der Überzeugung der kollektiven eigenen Überlegenheit. Solange diese Überzeugun-

Abbildung 5: Ausschnitt aus der Kozler'schen Landkarte, homogene *En-bloc*-Darstellung.

> gen anderen Gruppen gegenüber ohne weiteres durchgesetzt werden kann, braucht sie keine Bestätigung und bleibt als Idee unverwundbar. Sobald sich eine ethnische Gruppe als Voraussetzung für die Teilhabe am politischen Leben einer zahlenmäßigen Überprüfung aussetzen muss (kollektiv in der Nationalitätenstatistik oder individuell im nationalen Bekenntnis vor Gericht, Schule oder im nationalen Kataster), wird sie abhängig vom gesamten politischen System, in dem sie steht.[184]

Emil Brix hat in seiner Publikation sehr ausführlich gezeigt, wie ein regelrechter Wahlkampf in den letzten Jahrzehnten des 19. Jahrhunderts vor einer jeden Volkszählung ausbrach, indem beide Nationalitäten versuchten, so viele Stimmen wie möglich zählen zu können. Deshalb kann die Umgangsspra-

184 BRIX, Emil. „Die zahlenmäßige Präsenz des Deutschtums in den südslawischen Kronländern Cisleithaniens 1848–1918. Probleme der Nationalitätenstatistik", in: RUMPLER/SUPPAN (Hg.), 43–62, hier 43 und ausführlich: ders. *Die Umgangssprachen in Altösterreich zwischen Agitation und Assimilation: Die Sprachenstatistik in den zisleithanischen Volkszählungen 1880 bis 1910.* Wien 1982.

chenstatistik des Jahres 1880 noch als neutralste, da am wenigsten von national-politischer Agitation begleitete Ausgangslage dienen: Für die gesamte Steiermark ergab sich eine Verteilung von 2:1 zwischen Deutsch und Slowenisch, wobei die südlichsten Landesteile durchwegs slowenisch dominiert waren, so auch der Bezirk Marburg Umgebung.[185] Südlich der angenommenen deutschen Sprachgrenze lassen sich „Sprachinseln" feststellen, besonders das „deutsche Festungsdreieck"[186] in der Untersteiermark: Marburg, Pettau und Cilli. In Marburg bekannten sich 1880 76,7 % (das waren 13.517 Personen) zur deutschen Umgangssprache. Bis zur letzten Volkszählung in der Monarchie 1910 erhöhte sich dieser Anteil auf 80,1 % (32.525 Personen).[187]

Urbanitsch konstatiert, dass sich ab theresianisch-josephinischer Zeit in den Städten des Reiches eine spezifische, von Wien geprägte bürgerliche Kultur entwickelt hatte, die ihnen allesamt einen einheitlichen Charakter verlieh: Das Gepräge dieser Bürger war deutschbürgerlich, später liberal und sie stellten einen mächtigen geschlossenen Block dar. Bis zur Nationalisierung der nichtdeutschen Bevölkerungselemente wurden diejenigen Nichtdeutschen, denen ein sozialer Aufstieg gelang, „von diesem deutschen Bürgertum ohne Zwang und ohne Schwierigkeiten assimiliert", oder, besser gesagt, sie waren selbst bestrebt, „von diesem assimiliert zu werden".[188] In Ptuj und Celje gestaltete sich das Bild ähnlich; heiß umkämpft war besonders Celje[189], und generell nahm der Anteil der Deutschsprachigen in der (Unter-)Steiermark (und in Südkärnten) durch den starken Assimilationsdruck über die Jahrzehnte zu:

> Sozialer Aufstieg und Assimilation an das Deutschtum waren selbst in diesen drei Städten, die zur Gänze vom slowenischen Siedlungsgebiet umgeben waren, gleichbedeutend, umso stärker mußte sich dieser Trend im Falle der slowenischen Zuwanderer in den nördlichen,

185 Vgl. BRIX, *Umgangssprachen*, 153f.

186 Vgl. CVIRN, Janez. *Trdnjavski trikotnik. Politična orientacija Nemcev na Spodnjem Štajerskem (1861–1914).* Maribor 1997.

187 BRIX, „Die zahlenmäßige Präsenz des Deutschtums", 52–54 und ders., *Umgangssprachen,* 154.

188 URBANITSCH, „Die Deutschen", in: WANDRUSZKA/URBANITSCH, 159.

189 Siehe besonders zum Nationalitätenkampf in Celje: CVIRN, Janez. *AUFBIKS! Nacionalne razmere v Celju na prelomu 19. v 20. stoletje.* Celje 2006 und ders. *Trdnjavski trikotnik.*

stärker industrialisierten und von Deutschen bewohnten Teil der Steiermark bemerkbar machen.[190]

Mit dieser assimilativen Entwicklung unterscheidet sich die Untersteiermark deutlich von Krain, wo der Anteil der Deutschsprachigen stetig sank, und schon 1846 nur 8,1 % Deutschsprachige angegeben wurden, d. h., dass dieselbe Assimilationstendenz zu einem einsprachigen Territorium, nur „unter umgekehrten Vorzeichen" stattfand.[191]

Das Deutschtum fand Rückhalt in seiner guten wirtschaftlichen Lage: Von 215 eingetragenen Firmen in Marburg waren noch 1918 192 im Besitz ‚deutscher' Bürger, dasselbe galt auch für das kleingewerbliche Betriebe: Bäckereien (14 deutsche zu 1 slowenischen), Fleischhauer (24 zu 5), Baumeister (10 zu 0), Gastwirte (75 zu 12), Weinhandlungen (10 zu 0). Ähnliches gilt für akademische Berufe: bei den Ärzten (21 deutsche zu 2 slowenischen), den Anwälten (8 zu 5) und den Apothekern (4 zu 1). Deshalb kamen auch noch 1917 90 % der direkten Steuerleistung von den ‚Deutschen'.[192] Einen blühenden wirtschaftlichen Aufschwung erlebten neben Handel und Gewerbe im 19. Jahrhundert außerdem auch Bank- und Kreditinstitute, Leder- Gewerbebetriebe, der Weinbau, das Hotel- und Gastgewerbe und metall- und holzverarbeitende Betriebe. Doch den größten wirtschaftlichen Aufschwung brachte die Eisenbahn mit sich. Den sprunghaftesten Bevölkerungszuwachs in seiner Geschichte erlebte das bis dato eher verschlafene kleine Marburg ab 1846, als der Ausbau der Südbahn Wien–Triest Marburg erreichte. Weitere Teilstrecken im Eisenbahnnetz wie 1863 die *Kärntnerbahn* (Marburg – Klagenfurt), 1860 die Teilstrecke (Pragersko/Pragerhof–Kanizsa/Kaniža) folgten. Gerade gewisse Stadtgebiete, wie etwa die Magdalena-Vorstadt, wuchsen durch den Zuzug von Arbeitern der Südbahn auf ihr Fünffaches an. Insbesondere die Eröffnung der für die Erhaltung des Eisenbahnfuhrparks geschaffenen *Süd-*

---

190 URBANITSCH, „Die Deutschen", in: WANDRUSZKA/URBANITSCH. III/1, 55.

191 BRIX, „Die zahlenmäßige Präsenz des Deutschtums", 52–54.

192 URBANITSCH, „Die Deutschen", in: WANDRUSZKA/URBANITSCH, 249. Siehe auch Lazarević, in: FERLEŽ (Hg.), *Deutsche und Maribor,* 87ff.

bahnwerkstätte im Jahr 1861 gab der Wirtschaft der Stadt einen merklichen Anschub – und zog deutsche Arbeiter aus anderen Regionen der Monarchie an. Zählte die Stadt im Jahr 1850 nur etwa 6.706 Bewohner, so wuchs die Bevölkerung im 19. Jahrhundert auf ihr Siebenfaches an. 1869 ergab die Volkszählung für Marburg mit seinen Umlandgemeinden 12.828 Einwohner; 1890 bereits 19.628 Bewohner.[193]

Vor allem seit den 80er-Jahren des 19. Jahrhunderts ziehen auch in Marburg die nationale Frage und Konflikte zwischen den Nationalitäten ein. Sowohl auf der symbolträchtigen Ebene – in Fragen von Straßenbenennungen, Denkmälern, Ehrenfeiern etc. – als auch auf lokaler machtpolitischer Ebene – bei der Frage der Besetzung lokaler Amtsstellen etc. – prallen die beiden Nationalitäten aufeinander, versuchen ‚ihren Besitzstand zu wahren' bzw. Macht in der öffentlichen Sphäre dazuzugewinnen (mehr dazu in Kapitel 6.3).[194]

193 Vgl. GRIESSER-PEČAR, *Maribor*, 191f, KRAMBERGER, „Maribor v številkah", 94–97, URBANITSCH, „Die Deutschen", in: WANDRUSZKA/URBANITSCH, 249 und Godina Golija in: FERLEŽ (Hg.), *Deutsche und Maribor,* 97 und ausführlich: VODOPIVEC, Peter. „Južna železnica in industrializacija", in: LAZAREVIĆ, Žarko/LORENČIČ, Aleksander (Hg.). *Podobe modernizacije: poglavja iz gospodarske in socialne modernizacije Slovenije v 19. in 20. stoletju*, Ljubljana 2009, 57–78 und ders. „O industrializaciji Maribora in Spodnje Štajerske v 19. stoletju", in: *Prispevki za novejšo zgodovino*, Jg. LI, Nr. 2, Ljubljana 2011, 7–26.

194 Vgl. dazu vor allem den reich bebilderten und mit lokalen Beispielen aus Marburg unterfütterten Band zur Ausstellung „Deutsche und Maribor", 21. Ein aktuelles Beispiel dafür, dass diese symbolträchtigen Fragen auch noch heute diskutiert werden, ist die Debatte im Jahr 2012 über die Ehrenbürgerschaft des in Marburg geborenen deutschnationalen Dichters Ottokar Kernstock.

4. Das Revolutionsjahr und seine Folgen (1848-1850)

Es war eine närrische Zeit, die Aufregung war selbst in den kleinsten Orten eine große, es war, als ob ein Bazillus die ganze Menschheit durchdrungen hätte, gleich einer verheerenden, allgemeinen Erkrankung.[195]

In mehreren Ländern Mitteleuropas markiert das Jahr 1848 die Erhebungen mehrerer sozialer Gruppen (Bürger, Arbeiter, Studenten, Bauern) gegen die bestehende Ordnung und die alten als überkommen empfundenen Restaurationssysteme mit Zensur, Spitzelsystemen und überbordendem Polizeiapparat und Grunduntertänigkeit. Die Erhebungen begannen in Paris, rollten wie Wellen über große Teile Europas und erreichten im März Wien und die ungarische Reichshälfte. Die Revolutionäre waren von liberalen, reformfreudigen und nationalen Ideen beseelt und forderten eine ‚Constitution', grundlegende Bürgerrechte, die Abschaffung von Zensur und den Rücktritt Metternichs. Während es dem Bürgertum und den Intellektuellen um Presse- und Redefreiheit ging und die Arbeiter ihre Lebens- und Arbeitsbedingungen verbessern wollten, erhoben sich die Bauern für die Abschaffung der Grundherrschaft. Auf dem Land kam es insbesondere im März 1848 vielerorts zu Bauernunruhen: Ein erwähnenswertes Beispiel für den slowenischen Raum ist die Nacht vom 21. auf den 22. März, als Bauern das Schloss von Josef Auersberg (Ižanski grad) südlich von Ljubljana stürmten und die Grund- und Schuldenbücher verbrannten. Obwohl sie später gerne national umgedeutet wurden, hatten die Bauernaufstände sicherlich keinen (in diesem Fall slowenisch-) nationalen Charakter, sondern vertraten ausschließlich soziale Forderungen: die Abschaffung der Grundherrschaft ohne Entschädigungszahlungen.[196]

Grundsätzlich betrafen die Kampfhandlungen nur die großen Städte, in der österreichischen Reichshälfte v. a. Wien, aber auch in der Provinz hatten

195 KOKOSCHINEGG, Gustav. *Erinnerungen aus meinem Leben*. Graz 1914, 23.

196 Vgl. Granda, Stane. „Revolucionarno leto 1848 in Slovenci", in: CVIRN (Hg.). *Kronika XIX. stoletja*, 1. Bd., 303–312 und sehr ausführlich: GRAFENAUER, Bogo. „Slovenski kmet v letu 1848", in *Zgodovinski časopis*, Ljubljana 1848/49, II-III, 7–62.

sie ihre langfristigen Auswirkungen. Auf jeden Fall markiert das Jahr 1848 damit eine Zäsur in der Geschichte der Habsburgermonarchie: Eine erste (wenn auch nur kurzfristige) Einführung der Demokratie, die Abschaffung der Grundherrschaft per Patent von 7. September 1848 nach dem „Beschluss des constituierenden Reichstages über die Aufhebung des Unterthänigkeits-Bandes“, einen Wechsel an der monarchischen Spitze und das erste Aufwallen des „Nationalitätenproblems“ klassifizieren dieses entscheidende Jahr sicherlich zu einer Zäsur.[197]

Durch die Unruhen im März 1848 wurde Metternich aus Wien vertrieben, die Zensur aufgehoben (was mit einem schlagartigen Anstieg in der Zeitungs- und Zeitschriftenproduktion einherging) und die Pillersdorf'sche Verfassung erlassen, die sehr liberal gehalten, anfangs begeistert aufgenommen wurde, doch auch Mängel beinhaltete (z. B. unklare Verantwortlichkeiten zwischen den Kronländern und einzelnen Ministerien). Im Mai marschierten in einer neuen Phase der Revolution die Studenten auf die Hofburg, und der kranke, regierungsunfähige Kaiser Ferdinand I. floh nach Innsbruck. „Die ‚Flucht‘ des Hofes wird man wohl als taktische Maßnahme, die Loyalitätsgefühle des Volkes gegen die revolutionären Kräfte zu nützen, interpretieren müssen.“[198]

Im Mai 1848 trat in der Paulskirche in Frankfurt das erste freie Parlament der deutschen Länder zusammen – die Rolle Österreichs bzw. die Frage, ob und wenn welche Deputierten man nach Frankfurt entsenden sollte, wurde breit diskutiert. Der Höhepunkt der Begeisterung für die Frankfurter Nationalversammlung wurde in den deutschen Alpenländern der Monarchie Ende Juni erreicht, als Erzherzog Johann zum Reichsverweser ernannt wurde. Die

---

197 Vgl. ZÖLLNER. „Wandlungen des Österreich-Begriffes“, in: WANDRUSZKA/URBANITSCH, III/1, 26 und URBANITSCH, „Revolution und Neoabsolutismus“, in dies., 167–181 und sehr ausführlich: BRAUNEDER, Wilhelm. „Die Verfassungsentwicklung in Österreich 1848 bis 1918“, in: WANDRUSZKA/URBANITSCH. *Die Habsburgermonarchie 1848–1918. Verfassung und Parlamentarismus.* VII/1. Wien 2000, 69–190, vor allem 84–105.

198 CERWINKA, Günter. „Die Steiermark im Revolutionsjahr 1848“, in: DESPUT, Joseph F. (Hg.) *Die Steiermark im Jahre 1848/49. Quellen und Literatur.* (Veröffentlichungen der Steiermärkischen Landesbibliothek 30). Graz 2003, 48.

großösterreichische Argumentation, nur ein Gesamtösterreich könne seine historischen Aufgaben und die „deutsche Kulturmission" im Osten gewährleisten, wurde von den mehrheitlich preußischen Abgeordneten zurückgewiesen, die mehr und mehr eine kleindeutsche Lösung ohne Österreich präferierten. Die in Frankfurt ausgearbeitete Verfassung scheiterte aber ohnehin daran, dass König Friedrich Wilhelm IV. von Preußen sich weigerte, die ihm angetragene Kaiserkrone anzunehmen. Nachdem die großdeutsche Lösung nach Frankfurt keine Option mehr schien, machte dies den Weg frei, den österreichischen Gesamtstaat zu einer konstitutionellen Monarchie zu reformieren.[199]

Die Tschechen antworteten als Gegenreaktion mit dem Prager Slawenkongress, der im Juni 1848 abgehalten wurde und austroslawisch argumentierte, weil die Anwesenden des Kaisertums wegen der slawischen Bevölkerungsmehrheit in den österreichischen Erbländern Österreich als slawischen Staat sahen und sich gegen den Zusammenschluss mit den übrigen Ländern des Deutschen Bundes aussprachen. Sie argumentierten austroslawistisch, dass die Erhaltung des gemeinsamen Habsburgerstaates für die in ihm lebenden Slawen überlebensentscheidend sei, um einer russischen Vorherrschaft zu entkommen. Von slowenischer Seite nahmen zwei Vertreter der Wiener *Slovenija* daran teil, aus der Steiermark war der illyristische Dichter und Vorkämpfer Stanko Vraz dabei (dem wir den Namen Maribor zu verdanken haben). Dieser wurde auch zum Vizepräsidenten des Kongresses gewählt.[200]

Am 22. Juli wurde der konstituierende Reichstag mit 383 Deputierten aus den zisleithanischen Kronländern eröffnet, und es formierten sich die ersten ‚Parteien'. Am 24. Juli wurde die Grundherrschaft aufgehoben – die einzige Maßnahme der Revolution, die die selbige überdauerte. Das Wahlrecht war im Jahr 1848 sehr weit ausgelegt – für alle freien Männer über 24 (das

199 Vgl. URBANITSCH, „Die Deutschen", in: WANDRUSZKA/URBANITSCH, III/1, 175ff und sehr ausführlich MELIK, Vasilij. „Frankfurtske volitve 1848 na Slovenskem", in *Zgodovinski časopis*, Ljubljana1948/49, II–III, 69–128.

200 Cvirn, in: CVIRN (Hg.). *Kronika XIX. stoletja*, 1. Bd., 331f und APIH, *Slovenci in 1848. leto*, 127.

Einkommen, d. h. die Steuerklasse war – anders als im späteren Kurienwahlrecht – hingegen nicht relevant). Gewählt wurde aus jedem Wahlkreis ein Abgeordneter, der dann diesen Kreis in Frankfurt bzw. in Wien vertrat. Slowenische Steirer im Reichstag waren der Slawist Fran Miklošič und der Jurist Joseph Krainz. Insbesondere im wichtigen Verfassungsausschuss des österreichischen Reichstages, der im August 1848 gewählt wurde, waren die Slowenen mit fünf von 30 Mitgliedern besonders gut vertreten.[201] Auch einzelne Landtage konstituierten sich: Der provisorische Steirische Landtag beschloss im August einen neuen Verfassungsentwurf, in dem eindeutig und unmissverständlich den „Steiermärkern deutschen und slovenischen Stammes" die „Gleichstellung ihrer Nationalität" eingeräumt wurde. So wie die meisten anderen Landesverfassungen, die 1849/50 ausgearbeitet worden waren, trat er aber nie in Kraft.[202]

In der Zwischenzeit hatten sich die konterrevolutionären Kräfte unter der militärischen Führung von Radetzky in Sardinien-Piemont und Ban Jelačić in Ungarn wieder gesammelt. Nochmals spitzte sich die Revolution im Oktober 1848 zu, in deren Verlauf der erst im Sommer nach Wien zurückgekehrte Monarch wieder fliehen musste, dieses Mal nach Olmütz/Olomouc, und der Reichstag wurde nach Kremiser/Kroměříž in Mähren verlegt, wo ein weiterer Verfassungsentwurf ausgearbeitet wurde. Ende Oktober wurde die Revolution in Wien blutig von den Truppen Windischgrätz und Jelačić niedergeschlagen.

Die einzelnen Akteure und Forderungen im Revolutionsjahr waren extrem heterogen und unterschieden sich auch mit Fortschreiten der Revolution immer stärker (auch regional und lokal) voneinander; die Lage zu überbli-

201 Vgl. APIH, *Slovenci in 1848 leto*, 178–200 und Granda, in: CVIRN (Hg.). *Kronika XIX. stoletja*, 1. Bd., 335f.

202 Vgl. STOURZH, Gerald. „Die Gleichberechtigung der Volksstämme als Verfassungsprinzip 1848–1918", in: WANDRUSZKA/URBANITSCH, III/2, 975-1206, hier: 982 und 999 und Abdruck des gesamten Verfassungstextes in: DIPPEL, Horst (Hg.). *Constitutions of the World from the late 18th Century to the Middle of the 19th century/Verfassungen der Welt vom späten 18. Jahrhundert bis Mitte des 19. Jahrhunderts.* München 2005, 185–214.

cken, ist eine komplexe Herausforderung; es ist nicht immer leicht, aus Quellen und Sekundärliteratur herauszulesen, wer gegen wen bzw. wofür gekämpft hat. Auch gab es nicht *die* einheitliche revolutionäre Front, sondern Querelen zwischen den einzelnen Revolutionsparteien. Dem Bildungs- und Besitzbürgertum wurden die Arbeiterschaft und die zunehmenden exzessiven Ausschreitungen immer suspekter, das Schreckgespenst ‚Kommunismus' verließ die bürgerlichen Köpfe nicht mehr. Die soziale Sprengkraft der Revolution erschreckte sie, und im Zweifelsfall wären sie eher bereit gewesen, sich mit den Kräften der Reaktion zu verbünden. Die wahren Träger der Revolution waren eher die kleinbürgerlichen Elemente, die kleinen Gewerbetreibenden, die Arbeiter und Studenten. Die Bauern scherten aus allen Kampfhandlungen aus, sobald ihre Forderungen befriedigt waren; an und für sich waren sie konservativ-katholisch und kaisertreu gesinnt und sicherlich nicht Teil der bürgerlich-liberalen Revolution. Insbesondere seit Mai und spätestens ab den Oktoberereignissen distanzierte sich auch die Provinz immer stärker von den Ereignissen in Wien. Nach der Niederschlagung der Revolution wandte man sich von den revolutionären Vorstellungen ab, und die konservativen Kräfte gewannen wieder zunehmend an Einfluss; man konzentrierte sein Vertrauen allein wieder auf den Kaiser, der Glaube an den Reichstag nahm rapide ab.[203]

In dieser Krise nach dem Ausbruch der Oktoberrevolution 1848 wurde Fürst Felix Schwarzenberg als Ministerpräsident der Regierung vorangestellt. Alten Konservativen galt er als zu liberal, den Liberalen als klassisch konservativ. In seinem Kabinett versammelte er liberale reformorientierte Politiker wie Alexander Bach und Baron Karl Ludwig von Bruck und Graf Franz Stadion. Zwar Revolutionsgegner, wusste er, dass Veränderungen unvermeidlich waren und setzte sich für eine Verfassungsmonarchie ein, verstand darunter allerdings weniger Grundlegendes als die Abgeordneten des Kremsierer Reichstages, und so löste er selbigen am 7. März 1849 auf und verkündete die oktroyierte Märzverfassung. Obwohl nicht so grundlegend konstitutionell wie die Verfassung, die der Kremsierer Reichstag vorgesehen hätte, wurden

203 Vgl. CERWINKA, „Steiermark im Revolutionsjahr", 47, 53, 65 und 61.

dennoch einige Grundfreiheiten und Bürgerrechte vom Kremsierer Entwurf übernommen.[204] Das gesamte politische System war aber wieder auf den Monarchen zugeschnitten. Die Details sind für folgende Übersicht aber auch unerheblich, denn die Märzverfassung fand nie Anwendung und wurde 1851 bereits wieder außer Kraft gesetzt. Deshalb wird dieses kurze Intermezzo in der österreichischen Geschichte oft als „scheinkonstitutionell" bezeichnet.

Kaiser Ferdinand dankte letzten Endes am 2. Dezember 1848 zugunsten seines erst achtzehnjährigen Neffen Franz Joseph ab. Mittlerweile hatten Europas Monarchen bereits zurückgeschlagen, und mithilfe des zaristischen Russlands sollte es Franz Joseph gelingen, die Revolution in Ungarn, wo sie am heftigsten wütete, niederzuringen. Damit wurde im Wesentlichen die Revolution niedergeworfen und der Neoabsolutismus eingeläutet.

* * *

Sowohl bei den Deutschen als auch bei den nichtdeutschen Nationalitäten formten sich erstmals 1848 und dann ab den 1860er-Jahren zwei gegensätzliche politische Pole heraus – ein Gegensatz, der alle folgenden Jahrzehnte der Habsburgermonarchie noch durchziehen sollte – die Liberalen und die Konservativen. In der grundlegenden Frage nach Organisation der Monarchie sprachen sich Erstere für Zentralismus und Letztere für Föderalismus aus. Nachdem sich die Slawen grundsätzlich für einen starken Föderalismus einsetzen, vertrat das deutschliberale Bürgertum zumeist einen starken Zentralismus. Dennoch herrschte dabei keine Einheitlichkeit: So gab es auch unter den nichtdeutschen Nationalitäten Liberale und eine starke konservativ-klerikale Strömung unter den Deutschen. Auch war das liberale deutsche Lager bereits ab der Regierung Schmerling (1860–65) in sich gespalten. Die sogenannte *Verfassungspartei* zerfiel in *Großösterreicher, Unionisten* und *Autonomisten*, von welchen die letztgenannten (darunter viele Steirer) sich

204 Cvirn, „Bachovi huzarji", in: CVIRN (Hg.). *Kronika XIX. stoletja*, 1. Bd., 405. Siehe zur Märzverfassung: BRAUNEDER, „Verfassungsentwicklung", in: WANDRUSZKA/URBANITSCH VII/1, 120–127.

aber im Gegensatz zu den reinen Zentralisten für eine selbstständige Entwicklung der einzelnen Länder stark machten.[205] Auf slowenischer Seite gab es Klerikal-Konservative (*Staroslovenci*, die so genannten Alt-Slowenen), Anhänger des Illyrismus und die Liberalen (die sogenannten *Mladoslovenci*, Jung-Slowenen mit ihrem Presseorgan *Slovenski narod*). Innerhalb des illyristischen Lagers war aber auch nur eine Minderheit wirklich panslawistisch ausgerichtet, da die Angst vor einem übermächtigen Russland ebenso präsent war wie andererseits die Angst vor der italienischen Expansion und vor allem die Angst, in einem Deutschen Bund ‚unterzugehen'. Deshalb artikulierten sich die Slowenen auch vehement gegen die Beschickung der Frankfurter Nationalversammlung. Das slowenische nationale Programm fußte stark auf dem Austroslawismus, der den Erhalt der Monarchie zum Ziel hatte und nach einem geeinten Slowenien nach ethnischen Kriterien innerhalb der Monarchie strebte.[206]

Mit welchen Forderungen betreten nun slowenische *Vorkämpfer* die politische und publizistische Bühne? Im Vergleich zu den anderen Slawen der Monarchie ‚erwacht' das nationale Bewusstsein der Slowenen erst sehr spät. Bezeichnend für die slowenischen Aktionen des Jahres 1848 ist ohnehin, dass sie alle außerhalb Krains oder des heutigen Sloweniens initiiert worden sind – die ersten Petitionsentwürfe verfasste Ende März der Geistliche Matija Majer-Ziljski aus Klagenfurt. Es folgte ein Forderungskatalog[207] der Grazer *Slovenija* am 16. April. Kurz nach den Grazern trat auch die Wiener *Slovenija* auf den Plan, deren Petition für ein geeintes Slowenien (*Zedinjena Slovenija*) an den Kaiser gerichtet und für die Unterschriften gesammelt und mobilisiert wurde. Um Parallelaktionen zu vermeiden, wurde nur für die Petition der Wiener *Slovenija* Unterschriften gesammelt; in mehreren anderen Flug-

---

205 Vgl. URBANITSCH, „Die Deutschen", in: WANDRUSZKA/URBANITSCH, III/1, 187–190. Zum weiteren Verlauf und den internen Zwistigkeiten in der Verfassungspartei bis zur Ablöse der Liberalen als Regierungspartei siehe: ders. „Verfall und Selbstausschaltung der Verfassungspartei", 206–209.

206 Vgl. KLETEČKA, „Die Slowenen", in: WANDRUSZKA/URBANITSCH VI/1, 438–440.

207 Abgedruckt in der *Gratzer Zeitung* Nr. 64 vom 22. April 1848.

schriften und Appellen in Zeitungen wurde versucht, die Slowenen für die nationalen Forderungen zu sensibilisieren. Die Wiener Slowenen fungierten sicherlich als Speerspitze der slowenischen Forderungen, weil sie nicht übersehen konnten, wie die übrigen slawischen Delegationen ihre Forderungen beim Kaiser einbrachten und die Slowenen passiv blieben. Zwar wurde im April auch in Ljubljana der Slowenische Verein (*Slovensko društvo*) gegründet, die bestimmtesten Forderungen kamen aber von den ‚Exilslowenen' aus Wien und Graz.[208]

Alle Programme und Forderungen dieser Vereine hatten gemein, dass sie nicht als radikal zu bezeichnen sind: Sie alle huldigten hyperloyal dem Kaiser und beinhalteten ein austroslawisches Bekenntnis zur Habsburgermonarchie und eine Ablehnung des Deutschen Bundes, die Forderung nach einem eigenen Kronland – innerhalb der Habsburgermonarchie –, in dem alle Slowenen zusammenleben würden, und die Forderung nach Gleichberechtigung der Sprache und ihre Förderung in Schule, Amt und Gerichten. Erstmals wurde in der Monarchie ein föderalistisches Programm ethnisch definiert[209] – wobei manche Petitionsentwürfe mit der Sprachgrenze und andere mit der ‚Blutsgemeinschaft' argumentierten; hingegen fehlten soziale Forderungen, etwa die Befreiung von Zehent und den Frondiensten für die Bauern, die zunächst bei Majer Ziljski noch enthalten waren, in späteren Petitionen. Daher „könnte [man] geneigt sein zu sagen, die sogenannte slowenische Nationalbewegung sei auf dem sozialen Auge blind gewesen".[210] Selbiges geschah mit dem Illyrismus, der zunächst noch in den Forderungen enthalten war, in den maßgeblichen späteren Programmen keine Rolle mehr spielte. Hösler qualifiziert das von den Programmen zum Ausdruck gebrachte Weltbild deshalb als „paternalistisch und nationalistisch". Sie alle kumulierten schließlich im Drei-Punkte-Programm *Zedinjena Slovenija*, das drei konkrete Forde-

208 Vgl. HÖSLER, *Von Krain zu Slowenien*, 273-282 und APIH, Josip. *Slovenci in 1848. leto.* Ljubljana 1888, 118f.

209 Vgl. PLETERSKI, Janko. „Die Slowenen", in WANDRUSZKA/URBANITSCH, III/2, 801–838, hier: 804.

210 HÖSLER, *Von Krain zu Slowenien,* 354.

rungen enthielt: 1) administrative Vereinigung aller von Slowenen bewohnten Gebiete unter dem Namen *Slovenija* mit eigenen Landtag, 2.) offizielle Anerkennung der slowenischen Sprache in Schulen und Kanzleien und 3.) Slowenien in einem österreichischen, nicht einem deutschen Königreich.[211] In diesem Drei-Punkte-Programm (und fraglich, ob schon früher bei einigen ‚Vorkämpfern'[212]) sind eindeutig alle Punkte der Hroch'schen *Phase A* erfüllt: Die Vorkämpfer, die gelehrten Patrioten, vertreten die Position, die momentan noch nicht dominante ethnische Gruppe, unter einem gemeinsamen Namen geeint, müsse eine vollwertige Nation bilden. Als man im Mai 1848 begann, für das Drei-Punkte-Programm Unterschriften zu sammeln, kann aber auf alle Fälle von einer beginnenden *Phase B*, einer nationalen Agitation, gesprochen werden.[213]

Diesen nun zusammengefassten Erkenntnissen soll in folgenden Unterkapiteln auf den Zahn gefühlt werden. Der Fokus der Betrachtung liegt auf Marburg, durch die Quellenlage bedingt, insbesondere auf der Marburger Nationalgarde. Ein längerer Exkurs in die Geschehnisse des Revolutionsjahres in Marburg scheint notwendig, weil die Nachzeichnung der Ereignisse dieses Jahres zeigt, dass *nicht* nationale Motive und auch *nicht* nationale kollektive Identitäten das Denken und Handeln der Marburger vorrangig bestimmten.

---

211 Detaillierte Zusammenfassung der Forderungskataloge, in: HÖSLER, *Von Krain zu Slowenien,* 271-301, bes. 281ff.

212 Hösler geht ausführlich auf Lebensläufe, Werke und Wirken der oftmals genannten ‚nationalen slowenischen Vorkämpfer' – viele davon aus dem Zirkel um Baron Žiga/Sigmund Zois – ein und interpretiert schlüssig, dass diese bei Weitem noch keine nationale Agenda verfolgten, sondern primär religiöse (z. B. bei Marko Pohlin und Jurij Japelj), sprachwissenschaftliche (z. B. Jernej Kopitar, Janez Žiga Popowitsch, Blaž Kumerdej, Janez Nepomuk Primic), literarisch-dichterische, kulturell-bildende (Anton Tomaž Linhart, Valentin Vodnik, France Prešeren) u. a. Ziele verfolgten. Einigermaßen slowenisch-nationale (und nicht z. B. krainisch-patriotische oder sonstige landespatriotische) Positionen vertraten nachweislich nur Urban Jarnik in Kärnten, Janez Nepomuk Primic in Graz und Valentin Vodnik in Krain. Hösler qualifiziert das Wirken und die Einstellung dieser Akteure daher als ‚Protonationalismus'. Siehe dazu: ders. *Von Krain zu Slowenien,* 86-254. Cvirn sieht hingegen schon zu Beginn des 18. Jh. mit dem Zois-Zirkel Anfänge der *Phase A* gegeben. Vgl. CVIRN, Janez. „Joachim Hösler. Von Krain zu Slowenien, ocena knjige", in: *Zgodovinski časopis,* Jg. 64, Nr. 3–4. Ljubljana 2010, 492.

213 HÖSLER, *Von Krain zu Slowenien,* 341.

4.1. Revolution in Marburg?

Wir Schwingen mit Vertrauen
Bis unser Auge bricht
Das Weihgeschenk der Frauen
Die Fahne hell und licht
Für Marburg Recht und Vaterland
Für Freiheit Gott und Ferdinand.[214]

Für den vorübergehenden Erfolg der Revolution war von entscheidender Bedeutung, dass sie sich nicht nur auf Wien konzentrierte, sondern auch ihre Wellen in der Provinz schlug. Wie aber äußerte sich das Revolutionsjahr 1848 in Marburg? Die steirische Provinz blieb von den Geschehnissen in der Hauptstadt Wien zwar nicht unbeeinflusst, geistiges Zentrum der Steiermark und ‚Subzentrum' der Revolution in der Provinz war aber sicherlich Graz und nicht Marburg, sodass, die Intellektuellen der steirischen Slowenen in Graz, nicht in Marburg politisch aktiv wurden.[215] Die am 16. April gegründete Grazer *Slovenija*, die sich zunächst Literatur- und Sprachstudien widmete, wurde erst mit höherer Mitgliederzahl auch politisch aktiv. Sie engagierte sich im Kampf gegen die Wahlen zu Frankfurt. mobilisierte für den Wahlkampf zum Wiener Reichstag und war mit Dr. Josip Muršec die treibende Kraft der slowenischen Bewegung in der Steiermark. Mit seinen Publikationen wollte Muršec die Slowenen erreichen; insbesondere seine Artikelreihe in der *Gratzer Zeitung* zu den „drückenden Sprache- und damit verknüpften Lebensverhältnissen der Slovenen"[216] war von großer Bedeutung, über welche Andrej

214 Die Devise der Fahnenmutter bei der Fahnenweihe, aus: „Die Fahnenweihe der National Garde in Marburg am 18ten September 1848" in: StLA, *Marburg Stadt*, K. 9, H. 134.

215 Vgl. PFEISINGER, Gerhard. „Meje revolucije. Revolucija leta 1848 na Štajerskem, Slovenci in Dunajska oktobrska revolucija", in: *Zgodovinski časopis*. Jg. 50, 4, Ljubljana 1996, 545–556 und CERWINKA, „Steiermark im Revolutionsjahr", 17 und sehr ausführlich zu Graz: PFEISINGER, Gerhard. *Die Revolution von 1848 in Graz*. Wien 1986 und ders. „Die ‚Slowenische Frage' in der Revolution von 1848 in Graz", in: TISCHLER-HOFER, Ulrike /ZEDINGER, Renate (Hg.). *Kuppeln – Korn – Kanonen. Unerkannte und unbekannte Spuren in Südosteuropa von der Aufklärung bis in die Gegenwart*. Innsbruck/Wien 2010, 293–310.

216 Živkov [Josip Muršec], „Die drückenden Sprache- und damit verknüpften Lebensverhältnissen der steirischen Slovenen", in vier Teilen erschienen: *Gratzer Zeitung*, ab Nr. 61 vom 17. 4. 1848.

Einspieler später Muršec mitgeteilt haben soll, „dass gerade diese Artikel ihn für das Slowenentum erweckt haben".[217]

Aber auch in Marburg nahm man Anteil an den politischen Umwälzungen und schloss sich begeistert der Nationalgarde an. Presse-, Versammlungs- und Vereinsfreiheit, freie Wahlen, Redefreiheit und alle anderen Ideale der bürgerlichen Revolution erfreuten sich in Marburg großer Beliebtheit. Die Begeisterung galt allerdings nicht so sehr der Revolution selbst, sondern in erster Linie dem Monarchen. Die neuen konstitutionellen verbrieften Freiheiten sah man primär als Geschenk des Kaisers an seine Untertanen.[218] Auch die Idee einer großdeutschen Vereinigung fand in Marburg breiten Anklang, da man so eine Demokratisierung der Gesellschaft leichter erreichbar sah. Einer Föderalisierung Österreichs sollen die Bürger Marburgs skeptisch gegenübergestanden sein. Im Mai wurde in Marburg der *Verein zur Vermittlung der slavischen und deutschen Nationalität* gegründet, der sich für ein starkes Österreich mit völliger Gleichberechtigung aller Nationalitäten durch nationale Kurien einsetzte. Kurze Zeit später agierte der Verein vor allem für „die Neutralisierung der Aktionen für ein Vereintes Slowenien" – offenbar mit Erfolg, denn die Petition für Zedinjena Slovenija wurde in Marburg lediglich von 55 Personen (davon 52 Schüler des Gymnasiums) unterzeichnet.[219] An den Marburger Petitionsunterschriften fällt weiterhin noch auf, dass Unterschriften der slowenischen Geistlichen und Professoren fehlen; manche davon finden sich aber auf der Petitionsliste aus Graz, wo viele Geistliche unterschrieben haben z. B. Reich Mitija (der sich erst später Božidar Raič nannte) und Georg

217 Vgl. APIH, *Slovenci in 1848. leto,* 123ff. 1849 wurde die Grazer *Slovenija* in einen literarischen Verein umgewandelt und 1850 löste sie sich schließlich auf. Siehe: CERWINKA, „Steiermark im Revolutionsjahr", 45.

218 Vgl. CVIRN, „Narodnopolitične razmere v Mariboru", 266 und BAŠ, *Prispevki k zgodovini*, 146.

219 Vgl. CVIRN, „Narodnopolitične razmere v Mariboru", 270 und Čuček/Cvirn, in: FERLEŽ (Hg.), *Deutsche und Maribor,* 33. Über die Tätigkeit des Vereins lässt sich aber nichts finden; auch schon BAŠ konnte über die Arbeit der zwei laut Vereinsprogramm bestehenden Vorstände des Vereins nichts herausfinden. Vgl. *Prispevki k zgodovini,* 147. Siehe ausführlich zu den diversen Petitionen und Abdruck der Marburger Unterschriftsbögen: GRANDA, Stane. *Prva odločitev Slovencev za Slovenijo. Dokumenti z uvodno študijo in osnovnimi pojasnili.* Ljubljana 1999, 318–323.

Mathiaschitsch [Jurij Matjašič].[220]

Von der Begeisterung in Marburg (und andernorts) berichtet die *Gratzer Zeitung* am 25. März: „Aus allen Theilen des Landes kommen uns Briefe zu, welche die Freude, ja den enthusiastischesten Jubel schildern, mit denen die Concessionen des Monarchen aufgenommen wurden. Aus Hartberg, Cilli und Neucilli [Schloss Novo Celje, westlich von Celje], Neumarkt, Knittelfeld, Marburg, St. Peter ob Leoben und andere Orten liegen lange briefliche Mittheilungen vor uns, die in begeisterter Rede, die freudige Erhebung schildern [...]".[221] Detaillierter heißt es über den 18. März unter dem einleitenden Satz „Es werde Licht!" folgendermaßen:

> Tagelang wurde der hiesige Bahnhof von Hunderten in der gespanntesten Erwartung besucht, jede Nachricht des Telegraphen zuckte electrisch durch jede Brust – bis das große Wort – frei ist die Presse, unser Kaiser hat es gegeben! jedes Mißtrauen in Zuversicht, jede Beklommenheit in lauter Freude verwandelte. Viele von Marburgs Söhnen [...] tragen die ehrende Kokarde der Eintracht, die kräftige Wehr für Recht und Ordnung in der Kaiserstadt [Wien], Viele in der Hauptstadt der ältesten mit Oesterreich vereinten Provinz [Graz]. [...] In Marburg verschwistern sich das deutsche und das slavische Element, und gar herrlich zeigte sich der der neue Jubel hier als Ein freudiger Schlag in zwei Herzen. Kaum waren die Bürger gestern Nachmittags unter dem Vorsitze unseres Herrn Kreishauptmannes versammelt, um über die Bildung der Nationalgarde – die Garantie steter Sicherheit, Ordnung und Loyalität, in denen der Stolz unserer Marburger liegt, zu berathen. Kaum schimmerten an Jung und Alt die langersehnten Nationalfarben [...], an den öffentlichen Gebäuden, an vielen Privathäusern, am Kloster der Redemtoristen [sic] lustig die National-Fahnen flaggten, [...] in das Lebehoch für Einigkeit, Ordnung und Vortschritt [sic] unserer Nation und für das Heil unseres Monarchen, [...] das donnernde Šivijo [sic] unserer Wenden sich mischte; [...] reif ist unser Volk für freisinnige Verbesserungen, brüderlich

220 Vgl. GRANDA, *Prva odločitev*, 318–323 und 258–271. Dafür aber hat J[akob] Ploy [Ploj], der am Semmering dabei gewesen sein soll (siehe dazu im Folgenden die Schilderungen des Geschehens im Oktober 1848) und bei der Gründung der *Slovanska čitalnica* mitwirkte (siehe Kapitel 7) doppelt – einmal in Marburg und einmal in Graz unterschrieben. Siehe seine Biographie, Baš, Franjo, in: *Slovenski Biografski Leksikon*, online: http://nl.ijs.si/fedora/get/sbl:2144/VIEW/ Zwei der Gymnasiasten (Anton Haišek und Leopold Ledinegg) unterzeichneten später auch das Antwortschreiben an von Rast in der Gratzer Zeitung (von dem weiter unten in diesem Kapitel noch die Rede sein wird); die restlichen Unterschreibenden aus Marburg sind nicht weiter relevant, d. h. sie tauchen in keiner der untersuchten Quellen mehr auf.

221 Extrablatt zur *Gratzer Zeitung* am 25. März 1848, Nr. 3.

steht es für Einigkeit und Ordnung im Inneren, eisern gegen außen durch die Verbrüderung aller Stämme [...]

Von heute an liegt im Rathssaale des Magistrats vor dem Bilde unsers treugeliebten Kaisers, vor der alten erinnerungsreichen Fahne unserer Stadt das Protokoll Tag und Nacht offen zur Einzeichnung in die Reihen der Bürgerwehr. Dreihundert Namen aus allen Ständen zeigten seine Blätter in wenig Stunden. Ein herzliches Ständchen vom Männer-Gesangsvereine – einem der Würdigsten dargebracht, schloß freundlich den Vorabend vor dem Landesfeiertage [...][222]

Glaubt man diesem Bericht der *Gratzer Zeitung,* muss die Begeisterung für den revolutionären Umsturz in Marburg sehr groß gewesen sein. Der damals elfjährige Gymnasiast Kokoschinegg erinnert sich an diese „närrische Zeit" folgendermaßen:

Das Jahr 1848 steht noch mit seinen Aufregungen und Unbegreiflichkeiten in meiner lebhaften Erinnerung. Der beliebte Professor Dr. Rudolf Gustav Puff wurde zum Hauptmann der Studentenlegion, die sich aus Schülern der obersten Klassen (fünfte und sechste bei dem sechsklassigen Gymnasium) bildete. Da wurde am Exerzierplatz exerziert, daß es eine Freude war. Die Bürgergarde hatte Uniformen und Schleppsäbeln. Ich erinnere mich noch ganz genau, wie mein Vater stolz mit dem Säbel Arm in Arm mit der Mutter, ich gleich stolz zur Seite, durch die Burgallee ging. Auch erinnere ich mich noch der Katzenmusik, die den Redemptoristen [der Orden wurde gemeinhin als Vertreter der alten Ordnung aufgefasst] gebracht wurde und die wir von der Burgwohnung ganz genau hörten. Es war eine närrische Zeit! Unser Klassenlehrer Maly wurde zum Abgeordneten nach Frankfurt gewählt, und so ging er uns verloren, was uns Schülern sehr leid tat. Es ist unbegreiflich, wie die Aufregung und die Überreizung der Gemüter bis in die kleine Stadt drang und alle ruhige Erwähnung unterdrückte.[223]

---

222 D. P., in *Gratzer Zeitung* vom 24. März 1848, Nr. 48.

223 KOKOSCHINEGG, *Aus meinem Leben,* 21f.

4.1.1. Die Nationalgarde

In den stürmischen Märztagen wurden nach und nach in 67 steirischen Städten und Märkten Nationalgarden aufgestellt – jene „kräftigste Anstalt, wodurch die Bürger selbst die ihren eigenen Interessen nothwendige Ruhe, Ordnung und Sicherheit aufrecht zu erhalten vermögen“[224] –, zu der „alle Staatsbürger an ihrem bleibenden Wohnorte“ zwischen 19 und 50 Jahren (Dienstpersonal, Handwerksgesellen und Tagelöhner ausgenommen) verpflichtet wurden.[225] In einem Steiermarkvergleich sind die vielen Gardegründungen in der Untersteiermark auffällig, die zum einen auf die große Zahl von Marktorten im Cillier und Marburger Kreis zurückzuführen sind; Cerwinka spekuliert „andererseits aber auch auf nationalpolitische Motive (‚deutsche‘ Garden in den Städten und Märkten mit slowenischem Umland)“.[226]

Für das Verständnis der Nationalgarde ist es wohl wesentlich zu erwähnen, dass es sich dabei nicht um eine einheitliche, in einem ideologisch-nationalen einheitlichen Sinne agierende Entität handelte. In jeder Stadt und jedem Markt herrschten andere Verhältnisse, und die jeweilige Nationalgarde war meist Ausdruck dieser Umstände und der Ausrichtung des jeweiligen Bürgertums; dabei konnte ihre Ausrichtung von national-indifferent bis zu einem nationalen Lager zugeneigt sein.[227] Für Klagenfurt und Ljubljana (und man kann für Marburg ähnliche Umstände vermuten) konstatiert Grafenauer etwa, dass die Nationalgarden aus Angst vor den Bauern und Arbeitern gegründet worden sind: „In ihrem ersten Auftritt vereinigte sich das Bürgertum im slowenischen Gebiet also nicht zur Unterstützung der Revolution, sondern gegen sie und ihr Übergreifen auf die ländliche Bevölkerung, unter

---

224 „Aufruf von Gouverneur Graf Wickenburg an die Bewohner der Stadt Gratz vom 27. März 1848“, in: StLA, *Sammlung 1848*, K. 7, H. 513.

225 „Verlautbarung des k.k. steierm. Landes-Präsidiums“, StLA, *Sammlung 1848*, K7. H. 519. Die Nationalgarden unterlagen den zivilen Autoritäten und nicht den militärischen, waren Gemeindeangelegenheit und deshalb auch nach Gemeinden organisiert. Schon nach der Niederschlagung des Oktoberaufstandes 1848 war es mit den meisten örtlichen Garden bereits wieder geschehen (sie führten allenfalls noch ein Schattendasein und hielten gelegentliche Paraden ab); spätestens mit dem Patent vom 22. 8. 1851 wurden sie endgültig aufgelöst. Vgl. NIEDERMAYR, Otto. *Die Leobener Nationalgarde 1848/52*. Dissertation. Wien 1977, 7 und 67.

226 CERWINKA, „Steiermark im Revolutionsjahr 1848“, 9–78.

227 Vgl. APIH, *Slovenci in 1848 leto,* 51.

den Untertanen. Das zeigt sowohl der Moment, der für die Entstehung der Nationalgarde in unseren Städten entscheidend ist, als auch die Teilnahme des Adels an erster Stelle in ihren Reihen."[228]

Die Nationalgarde Marburgs bestand aus vier Kompanien plus ein Studentencorps [etwa 60 Gymnasiasten], mit insgesamt etwa 400 Mann. Bataillonskommandant war Ferdinand Freiherr von Rast, unter den Hauptleuten befand sich neben den Herren Stampfel, Kirchner, Meditsch und Leirer noch Rösler, und jener des Studentencorps war Dr. Puff.[229] „Die gewählten Hauptmänner der fünf Nationalgardetruppen zeigen die Klassenstruktur des revolutionären Marburgs: ein romantischer Professor, ein Eisenwarenhändler, ein Gerber, ein Großgrundbesitzer und ein Gastwirt, denen sich organisch ein aus Deutschland zugereister Industrieller als Kommandant des Ganzen anschloss."[230]

Rudolf Gustav Puff beschreibt die Garde und Marburg retrospektiv folgendermaßen:

> Marburg hat kein Prolätariat, hat beinahe keinen Begriff dafür, die Garden, die sich selbst eiligst ausgerüstet hatten, waren meist Hausväter, Männer von Gewerbe, Besitz und Familie, achtungswerth in ihrem Rufe und Berufe, und durch die tägliche Berührung mit den nach Italien durchziehenden Heldentruppen – zu deren Erquikung mit Jubel seit Jahren sälbst der Ärmste in Marburg sein Schärflein beiträgt, treue Freunde, Bewunderer und Brüder der gefeierten Armee [...][231]

Revolutionäre Ausschreitungen dürfte es in Marburg – von Katzenmusik für die Redemptoristen u. a., die als Vertreter der alten Ordnung galten, abgesehen – so gut wie keine gegeben haben. In einem gedruckten Tagesbefehl der Nationalgarde heißt es, dass am Sonntag, den 26. 3. „einige bedaurungs-

---

228 GRAFENAUER, „Slovenski kmet v letu 1848", 17f.

229 Niedermayr nennt diese 6 [?] Hauptleute. vgl. NIEDERMAYR, *Die Leobener Nationalgarde*, 75 und „Von den austretenden Mitgliedern des Marburger Studentencorps an den Herrn Commandanten Freiherrn von Rast und an die löbl. hiesige Nationalgarde", in *Gratzer Zeitung*, Nr. 103 vom 30. Juni 1848.

230 BAŠ, *Prispevki k zgodovini*, 146.

231 „Ein Ausmarsch und seine Folgen (aus meinem größeren Manuscripte: Beiträge zur Geschichte der Oktobertage 1848 in den Provinzen von Dr. R. G. P.)", in: StLA, *Marburg, Stadt*, K. 9, H. 134.

werthe Excesse von Uebelgesinnten in der Stadt verübt worden" sind. „Da, was den Einen heute trifft, eben so gut morgen den Andern wiederfahren [sic] kann, wenn die Leidenschaften und Privat-Gehässigkeiten an die Stelle der Ordnung und des gesetzmäßigen Handelns treten",[232] wurde am 27. 3. eine Nachtpatrouille eingeführt, doch bereits am 4. April wieder aufgehoben, da „die Ruhe der Stadtbewohner bisher durch keine böswilligen Handlungen gestört" wurde; nur noch von Sonntag auf Montag und den Tagen, auf die Feiertage folgen, sollte es noch Patrouillen geben. Die Ausschreitungen können demnach nicht so schlimm gewesen sein – und es gibt auch keine Hinweise auf einen möglichen nationalen Hintergrund. Wenn man zwischen den Zeilen von Ferdinand von Rast lesen möchte, könnten „Privat-Gehässigkeiten" eine gute Gelegenheit gefunden haben, ausgetragen zu werden.[233]

Katzenmusik wurde üblicherweise als reaktionär bekannten Persönlichkeiten gehalten. Ein solcher Zwischenfall mit Sachschaden erhitzte die Gemüter in Marburg im August/September 1848 und fand Niederschlag in der Grazer Presse: Katzenmusik gegen den Deputierten des Marburger Bürgerstandes zum steirischen Landtag Franz von Gasteiger. Daran sollen sich neben Handwerkern, Tagelöhnern und Knechten – also Bauern – auch das entstehende Marburger Proletariat, das sich für eine Besserung seiner Lebensbedingungen, Lohnerhöhungen etc. aussprach, und auch Individuen der Marburger Nationalgarde beteiligt haben bzw. die Garde selbst untätig gewesen sein.[234] Die *Celske Novine* beschreiben, dass „Schwachköpfe" [bedaki] sich mit Fackeln vor Gasteigers Haus begeben und Katzenmusik veranstaltet haben. Als er sich dafür „bedankte", drangen sie ins Haus ein und verursachten großen Schaden und sollen versucht haben, seinen Obstvorrat auszuleeren. Einer soll auch eine Fackel auf den Boden geworfen haben; doch gottlob

232 „5. Tagesbefehl der National-Garde zu Marburg" vom 28. März 1848, in: StLA, *Marburg Stadt*, K. 9, H. 135.

233 Vgl. ebda. und „Tages-Befehl Protokolle der National Garde zu Marburg", in StLA, *Marburg Stadt*, K. 9, H. 133.

234 Julius Gretschnigg in: *Blätter der Freiheit und des Fortschrittes*. Nr. 50 vom 17. 8. 1848, 199f.

brach kein Feuer aus.[235] Gasteiger hatte den Groll seiner Landsleute (bzw. der Bauern und auch einiger Bürger) auf sich gezogen, weil er im steirischen Landtag mit der Mehrheit dafür gestimmt hatte, die Frage, ob die Bauern ohne Entschädigungszahlungen aus ihrer Grunduntertänigkeit zu entlassen sind, gänzlich dem Wiener Reichstag zu überlassen.[236] Dabei ging es also offensichtlich um eine soziale und nicht um eine nationale Frage. Auch in der Nationalgarde soll eine Minderheit (v. a. junge Radikale unter den Gymnasiasten) diese Demonstration gutgeheißen haben, weshalb von Rast aus Protest kurzfristig sein Amt niedergelegt haben soll, bis jene wieder auf die Mehrheitsmeinung einschwenkten.[237]

In einer Gegen- und Richtigstellung verteidigte Rudolf Puff Marburg gegen die „Verunglimpfung seiner [Gasteigers] allgeachteten Stadtgemeinde". Katzenmusik, „ein Ereignis, für welches in Wien, Gratz, Brünn, Linz etc. die Behörden unseres Wissens noch Niemanden zur Verantwortung zogen, hat uns Marburgern das Prädicat ‚Verbrecher,' [...] und unserer Stadt den Titel ‚Krähwinkel' gebracht". Puff schließt mit einer Lobpreisung seiner Stadt: „Marburg gehörte nie zu den Städten des Pöbels, gehörte auch nie zu den frömmelnden neujesuitischen Mukergemeinden [...].[238] Baš datiert mit diesem Zwischenfall den Beginn der Kehrtwende des Marburger Besitzbürgertums, da es aus Angst um seinen eigenen Besitz, durch die Radikalisierung der Jugend und den Streit in der Nationalgarde verunsichert, begann, sich von „der Revolution zu entfernen und der Bürokratie anzunähern", was Puffs Artikel bestätigt.[239]

---

235 *Celske novine,* Nr. 6, vom 2. 8. 1848, 21f.

236 Vgl. GRAFENAUER, „Slovenski kmet v letz 1848", 42; BAŠ, *Prispevki k zgodovini,* 153 und CVIRN. „Narodnopolitične razmere v Mariboru", 267.

237 BAŠ, *Prispevki k zgodovini,* 156.

238 PUFF in: *Der Freisinnige,* Nr. 53 vom 19. 9. 1848, 210f.

239 BAŠ, *Prispevki k zgodovini,* 156f.

Ein weiterer Vorfall aus dem Juli 1848 sei erwähnt, der einige Nationalgardisten aus Graz so erbost haben dürfte, dass sie einen vierseitigen großformatigen Drucktext dazu herausgaben: Wiener Nationalgardisten waren auf dem Weg von Celje nach Wien für einen kurzen Stopp in Marburg auf einen Besuch eingekehrt und wurden spontan aufs Herzlichste mit Wein bewirtet; als der Kommandant [von Rast] dazukam, erließ er den Befehl, ins Bräuhaus weiterzuziehen. Viele wollten Wein nicht gegen Bier tauschen und ein gewisser Josef Graber meldete sich zu Wort, „[H]ier hat der Commandant Nichts zu befehlen!“. Diesen Ungehorsam soll der Kommandant in einem scheindemokratischen Gerichtsverfahren bestraft und den Gardisten Graber von der Nationalgarde ausgeschlossen haben. Er stellte dessen Verhalten in einem Tagesbefehl als anarchischen Ungehorsam hin, da seine gesamte Autorität und die Notwendigkeit eines Kommandanten überhaupt infrage gestellt worden sei, und ließ in einer Kampfabstimmung zwischen sich und Graber abstimmen. Durch eine erzwungene Unterschriftenliste ließ er die Gardisten bestätigen, was er ohnehin schon beschlossen hatte, und ohne die Anwesenheit des Angeklagten oder einer Verteidigung desselben wurde Graber ausgeschlossen.[240] Dieses undemokratische und reaktionäre Vorgehen des Kommandanten rief offenbar Unmut hervor. Man verliere hierbei nicht aus den Augen, dass sich die eigentliche Frage um Bewirtung mit Wein oder Bier gedreht hatte. Vošnjak schreibt in seinen Memoiren über einen Ausflug der Schönsteiner Nationalgarde bezeichnenderweise: Dort „war es ein richtiger Spaß, der Wein ist geflossen und das war die Hauptsache bei der Nationalgarde“.[241] Dieser Zwischenfall ist ein weiteres Indiz dafür, dass bei Auseinandersetzungen nationale Motive keine Rolle spielten.

240 „Ein merkwürdiges Ehrengerichts-Verfahren der Marburger Nationalgarde“, vierseitige Druckschrift vom Juli 1848, Graz, in: StLA, *Marburg, Stadt*, K. 9, H. 134.

241 VOŠNJAK, *spomini*, 30.

4.1.2. Wie revolutionär war Marburg wirklich?

Als die Kunde von den Ereignissen in Wien Anfang Oktober die Steiermark erreichte, drängten die Demokraten in Graz den Gouverneur dazu, ein Landsturmaufgebot nach Wien zu schicken. Emissäre wurden aufs Land hinausgeschickt, wo sie aber auf wenig Resonanz bzw. sogar auf Ablehnung stießen.[242] Da am 7. 9. bereits die Grunduntertänigkeit der Bauern aufgehoben worden war, hatten diese – ansonsten ohnehin kaisertreu – verständlicherweise kein Interesse mehr am weiteren Fortgang der Revolution. Über Vertrauensmänner kam am 11. 10. die Nachricht nach Marburg, dass eine Landesverteidigung organisiert werden solle. Marburger Nationalgardisten versuchten im Umland ihr Glück: Aus Limbuš, westlich von Marburg, ist überliefert, dass sie den Pfarrer dazu nötigten, mitten in der Nacht die Glocken zu läuten. Als einige Bauern kamen und sich überzeugt hatten, dass kein Feuer ausgebrochen war, gingen sie wieder schlafen.[243] Insgesamt schlossen sich nur 85 Marburger Nationalgardisten dem Aufruf an. Am 21. 10. kam etwas verspätet erst eine offizielle Weisung aus dem Innenministerium, die Landtage sollen auf keinen Fall ein Landesaufgebot zusammenstellen und niemanden mehr nach Wien lassen.[244]

Unter dem Kommando des Generalmajors der steirischen Nationalgarden Vinzenz von Pürker fuhr das „Grazer Hilfskontingent", eine sehr inhomogene Truppe von etwa 600 Mann, per Zug nach Wien.[245] In einem handgeschriebenen und offenbar niemals publizierten Manuskript, das offensichtlich nachträglich in neoabsolutistischer Zeit verfasst worden war, beschreibt Rudolf Gustav Puff diese Ereignisse: Als „der Aufruf des Minister Kraus [Philipp Freiherr von Kraus, Finanzminister, der Letzte, der noch in Wien ausharrte], den ermüdeten Wiener Garden zur Erleichterung ihres Wachtdienstes zu Hülfe zu ziehen in den Provinzen erschall, beeilten sich auch die Garden der steirischen Stadt Marburg selben Folge zu leisten".[246]

---

242 KASER, Kurt. *Steiermark im Jahre 1848*. Graz 1913, 32.

243 Vgl. PFEISINGER, „Die ‚slowenische Frage' in Graz", 308f.

244 Vgl. Pfeisinger, „Meje revolucije", 551f und CERWINKA, „Steiermark im Jahre 1848/48", 56ff.

245 Vgl. CERWINKA, „Steiermark im Jahre 1848/49", 56ff.

246 „Ein Ausmarsch und seine Folgen", in: StLA, *Marburg, Stadt*, K. 9, H. 134.

Abbildung 6: Rudolf Gustav Puff; Professor und Stadtschreiber in Marburg

Die erwähnten 85 Marburger zogen unter Hauptmann Rösler nach Graz und von dort mit anderen revolutionären Kontingenten nach Wien. In seiner nachträglichen ‚Rechtfertigungsschrift' meint Puff, es wäre diesen Marburgern um „das Heil der Monarchie" gegangen und darum, gegen die „Umsturzparthei in Wien", gegen „die elenden separatistischen Gelüste die selbst in Steiermark im verworrenen Sommer 1848 hier unter der nationallen, dort unter der administrativen, da unter der religiösen Maske auftratten" zu kämpfen. Man kann jedoch eher eine prorevolutionäre und prodemokratische Einstellung dieser wenigen mitgezogenen Marburger Nationalgardisten und des gesamten „Hilfskontingents" vermuten. Die Informationen dazu, was im Oktober 1848 auf dem Weg nach Wien genau passiert ist, sind widersprüchlich. Puff schildert es in seinem *Manuscript* folgendermaßen: Unter den nach Wien-Reisenden befanden sich im selben Zuge Grazer Gesellen

(„185 Proletarier, derer sich Gratz zu Gunsten??!! Wiens entledigte"). Den Marburgern soll diese Zwangsgemeinschaft überhaupt nicht recht gewesen sein, die Grazer „Proletarier" sollen Pürker im Zug als reaktionär beschimpft haben („Der ist schwarzgelb, der ist kaiserlich, der verrathet uns, der muß daran!"), weshalb Rösler diese in Mürzzuschlag festhalten ließ.[247] Ein Teil der steirischen Truppen hatte es zuvor noch ins bereits umlagerte Wien geschafft, ein Teil – darunter auch die Marburger – mussten umkehren. Rösler und seine Männer sollen laut Puff in Schottwien auf Pürker getroffen sein, der sie anhielt, umzukehren, weil es nicht mehr möglich wäre, ins bereits umzingelte Wien zu gelangen („weil er [ein Zuzug für Wien] ohne Conflict mit dem bei [Wiener] Neustadt etc. gastirten Militär nicht leicht ausführbar wäre"). Puff lobt Rösler, da dieser mit der Festhaltung der revolutionstrunkenen und rabiaten Arbeiter ein Attentat auf Pürkner verhindert und sich damit um die Steiermark und die Monarchie verdient gemacht habe. Die Marburger machten kehrt und waren am 12. 10. wieder in Graz.

Baš erzählt die Geschichte anders, nämlich dass die revolutionsbegeisterten Jünglinge nur „bis zum Semmering gekommen sind, wo sie [...] Jelačić' Granitscharen [d. h. zumeist serbische Soldaten der kroatisch-slawonischen Militärgrenze] gefangen nahmen, sie mit 25 Schläge auf die Fußsohlen bestraft und dann nach Hause geschickt haben"[!].[248] Es gibt also mehrere Versionen darüber, was damals am Semmering geschehen ist. Offensichtlich nahm die Obrigkeit aber zu Recht umstürzlerische, revolutionäre Absichten an, was man am Umstand erkennen kann, dass Rösler und Pürkner nach der Revolution aus der Armee entlassen und nicht mehr eingestellt wurden. „Rößler bewirbt sich vergebens, um eine Wiederanstellung in der Armee [...] und muß mehr denn ein Mahl von Mislibigen – den schnöden Vorwurf hören ja der Zug mit der

247 Ebda.

248 So sei es „laut Überzeugung des Beteiligten [und späteren Ptujer *rodoljub*] J. Ploj" gewesen. Siehe BAŠ, *Prispevki k zgodovini*, 148. Auch Kovačič und Cvirn (in Berufung auf Baš) erzählen diese Episode so. Vgl. KOVAČIČ, Fran. *Slovenska Štajerska in Prekmurje. Zgodovinski opis*. Ljubljana 1926, 347 und CVIRN, „Narodnopolitične razmere", 268.

Garde zum Semmering wird halt anders ausgelegt, als er gemeint war".[249]

Puffs Schilderung versucht die Handlung und die dahinterliegenden Intentionen Pürkers, Röslers und der Marburger Gardisten nachträglich zu erklären und zu verteidigen, weshalb ich dieses Manuskript zuvor bereits als ‚Rechtfertigungsschrift' bezeichnet habe. Es ist jedoch die Vermutung zulässig, dass die Obrigkeit schon gewisse Gründe für die Entlassung von Rösler, von der Puff selbst berichtet, hatte. Aus dieser Quelle wird demnach ersichtlich, dass 1.) der genaue Sachverhalt, wer im Laufe des Revolutionsjahres, wofür, gegen wen, wann, mit wem gekämpft hat, komplex und oft schwer zu ermitteln ist, 2.) im Nachhinein uminterpretiert wurde, dass 3.) das (Marburger) Bürgertum im Oktober bereits in Konfrontation mit den „Proletariern", der „Umsturzparthei" stand und dass 4.) im revolutionären Geschehen die Bruchlinien vor allem zwischen den einzelnen *sozialen* Schichten und dem kaiserlichen Militär, und nicht zwischen *nationalen* Gruppen verliefen. Das restliche Marburger Bürgertum soll der Oktoberrevolution und den 85 Nationalgardisten, die daran teilnehmen wollten, sehr skeptisch gegenübergestanden sein.[250]

Ein Artikel in der *Gratzer Zeitung* vom Oktober 1848 bestätigt – je nach Lesart – die ohnehin immer schon bestehende Kaisertreue oder die plötzliche Kehrtwende der revolutionären Ereignisse in Wien. Jelačić selbst zog mit seinen Truppen nach Gefechten gegen die revolutionären Ungarn nach Wien, um dem Kaiser zu helfen, sandte aber zur Sicherung Kroatiens eine Abteilung seines Korps, etwa 14 000 Mann, unter dem Kommando des Feldmarschall-Leutnants Theodorović entlang der steirischen Grenze zurück nach Hause. Am 18. Oktober „erreichten die Landsturmtruppen des Banus Jelachich [etwa 17 000 Mann] auf dem Rückmarsche aus Ungarn in ihre Heimat unsere Stadt [Marburg] und übernachteten im Feldlager zwischen der Magdalena-Vorstadt und dem Tesenwalde".[251] Der Korrespondent der *Grazer*

249 „Ein Ausmarsch und seine Folgen", in: StLA, *Marburg, Stadt*, K. 9, H. 134.

250 CVIRN, „Narodnopolitične razmere v Mariboru", 268.

251 *Gratzer Zeitung* vom 23. 10. 1848.

Zeitung rühmt die „slavische Gastfreundschaft" der Stadt Marburg, die „zur Erquickung des hungrigen, durch Wetter und 17 Nachtlager unter freiem Himmel hart hergenommenen Waffenvolk 18,000 Laib Brot, 9000 Pfund Fleisch, 40 Klafter Holz" zur Verfügung stellte. Gelobt wurde nicht nur das „lobenswherteste Benehmen" der serbischen Grenzsoldaten, sondern auch die Stadt Marburg selbst, die noch kurz zuvor „ein halbes Hundert ihrer Gardisten den bedrängten Bürgerbrüdern in Wien zu Hilfe geschickt" hatte. Anders als andere Städte, die „sich eben so gut mit den Wienern in lustigen Tagen verbrüdert hatten", nun aber Wien im Stich ließen, würde Marburg immer noch Unterstützung bereithalten. Bemerkenswert ist also, dass der Auszug der 85 Nationalgardisten als edle Hilfe für den Kaiser und nicht als wilde Abenteuertour junger Revolutionäre dargestellt wird (so wie es auch Puff in der zuvor dargestellten Quelle gemacht hat). Der Korrespondent fasst die Gesinnung der Marburger zusammen, indem er schreibt:

> Deutscher Sinn zur Unterstützung Aller, die es ehrlich meinen mit Oesterreich – slavische Gastfreundschaft für alle Bedrängten jeder Partei ist und bleibt unser politischer Wahlspruch.[252]

Allerdings gibt der Korrespondent auch zu, dass die gerade stattfindende Weinlese die meisten Weingartenbesitzer fern hielt und auch die übliche Weinspende an die Truppen entfiel. Möglich ist also durchaus, dass die Lese, von jenen, die revolutionär eingestellt waren und die reaktionären Truppen Jelačić' nicht bewirten wollten, als Vorwand benutzt wurde, um nicht mitzuhelfen.

252 Ebda.

4.2. Farben sind kein Puppenspiel

Die Farben an Hut und Rock,
die Farben an den Fahnen sind kein Spielzeug,
sie sind kein Ausdruck allgemeiner Sympathien mehr,
sind ein strenges Parteizeichen geworden.[253]

Farben sind nunmehr kein leeres Puppenspiel;
sie sind der treueste Dolmetsch
der politischen Richtung eines Volkes [...][254]

In der symbolischen Wichtigkeit der omnipräsenten Fahnen und ihrer Bedeutung waren sich im Revolutionsjahr offensichtlich alle einig. Allerdings kamen den spezifischen Farben nicht nur nationale Bedeutungen zu, vielmehr wurden sie auch mit anderen ideologischen Inhalten verknüpft. Zu Beginn der Revolution trug man in Wien, und von dort dann über die Provinz weiterverteilt, weiße Bänder über der Brust, als „Zeichen der Freude", oder „neutrale weiß-rote Bänder, Fahnen und Kokarden".[255] Die deutsche Trikolore Schwarz-Rot-Gold als Zeichen der neuen staatsordnenden demokratischen Prinzipien trat kurze Zeit später auf den Plan. Das habsburgische Schwarz-Gold galt demnach manchem als Zeichen der alten undemokratischen Ordnung. Auch innerhalb des deutschen Lagers beschränkte sich die Farbenfrage – Schwarz-Gelb für das Haus Habsburg oder auf Schwarz-Rot-Gold als Bekenntnis zu den liberalen Ideen der Revolution nicht so sehr auf ein Zeichen nationaler Zugehörigkeit. Die beiden nationalen Konzepte, für die die beiden Flaggen dann aber gemeinhin standen – deutsches Österreichertum vs. deutsche Gesamtnation – waren allerdings auch unklar gehalten und verschwommen und machten diese Identitäts- und Zugehörigkeitsfrage für viele schwierig.[256] Neben der deutschen Trikolore konnte man in den slowenischen Gebieten (und damit auch in Marburg) ab April öfters

253 Moritz Schreiner, „Schwarz-Roth-Gold" in: *Gratzer Zeitung* vom 2. Mai 1848, Nr. 70.

254 N. N. „Was bedeutet die österreichische Fahne mit slavischen Bändern?", in *Gratzer Zeitung* vom 9. Mai 1848, Nr. 74.

255 Vgl. APIH, *Slovenci in 1848 leto,* 49 und 111.

256 Vgl. URBANITSCH, „Die Deutschen", in: WANDRUSZKA/URBANITSCH, III/1, 175.

schwarz-goldene Fahnen und Bänder mit den slawischen Farben sehen.

Apih zufolge wurden schon in den Märztagen in Wien die slowenischen Farben festgelegt, und zwar vom slowenischen Verein in Wien (*slovensko društvo*; gemeint ist wohl der Verein *Slovenija*), der sich auf die Farben des Krainer Wappens (Weiß-Blau-Rot) festlegte. „Die Farben des slowenischen Landes Krain wurden auf einmal die Farben aller Slowenen, wurden der Ausdruck eines allslowenischen Programms, auch ein Zeichen der gewünschten Vereinigung aller Slowenen."[257] Debatten über die Frankfurter Nationalversammlung und die Beschickung mit Abgeordneten und auch die Petition des *Vereinten Sloweniens* haben zu einem ersten hitzigen Aufwallen der nationalen Frage beigetragen. Die große Mehrheit der Marburger Bürger war der Frankfurter Nationalversammlung gegenüber sicherlich positiv eingestellt und wählte aus ihrer Mitte den Gymnasialprofessor Georg Mally zum Abgeordneten.[258] Es entbrannte ein hitziger ‚Farbenstreit' um die damit in Zusammenhang gebrachten Inhalte, welcher in der Menge an Artikeln zu diesem Thema in der *Gratzer Zeitung* u. a. Grazer Zeitungen im Mai 1848 ablesbar ist und den Ausbruch eines solches Farbenstreits in den Studentencorps der Grazer Nationalgarde dokumentiert.[259] Aber auch in Marburg war diese Frage brisant.

---

257 Vgl. APIH, *Slovenci in 1848 leto,* 48 und 112. Dem gingen noch Streitigkeiten darüber voraus, welche denn die originalen Krainer Landesfarben seien. Die Feldfarbe des Wappens hatte nämlich im Lauf der Zeit einmal von Weiß/Silber auf Gelb/Gold gewechselt. Siehe dazu: ders. 111–118.

258 Vgl. CVIRN, „Narodnopolitične razmere v Mariboru", 269.

259 Vgl. dazu den Schlagabtausch in Grazer Zeitungen, wie z. B. *Gratzer Zeitung* vom 15. Mai 1848, Nr. 77, *Blätter der Freiheit und des Fortschrittes*. Nr. 12 vom 20. 5. 1848, 47 und Schlichtungsversuche der Universitätsleitung, wie: „An die akademische Legion der k.k. Franz-Carl-Universität in Graz" am 10. Mai 1848. StLA, *Sammlung 1848*, K. 9., H. 660 und PFEISINGER, „Die ‚slowenische Frage' in Graz", 301–304.

4.2.1. Die Marburger Nationalgarde und ihre Farben

Die weiß und grünen Schärpen – Reinheit und Kraft der steirischen Gesinnung – die an Form und Farbe ziemlich gleichen Gehröke und Beinkleider gaben nebst den grünen Mützen mit der weißen Cocarde dem gegen 500 Mann starken aus den edelsten Elementen der Bevölkerung gebildeten in wenig Tagen in der Einübung weit weitvorgeschrittenen Corps ein sehr gefälliges Äußeres.[260]

Über die Nationalgarde in Marburg konnten im Steiermärkischen Landesarchiv einige wertvolle Quellen ausgemacht werden, die die Basis für vorliegenden Abschnitt darstellen. Eine davon sind die handschriftlichen „Tagesbefehl-Protokolle" von Ferdinand Freiherr von Rast, dem Kommandanten der Marburger Nationalgarde. Dieses ‚Tagebuch' der Nationalgarde über die ersten drei Revolutionsmonate beginnt mit ihrer Formierung am 23. März, enthält zu Beginn tägliche, später etwa jeden zweiten oder dritten Tag verfasste Einträge und endet mit 29. Mai 1849. Diese Protokolle geben einen sehr schönen Einblick über die Geschehnisse in Marburg in den ersten Revolutionsmonaten und bestätigen dass es 1.) sehr ‚beschaulich' zuging (die Sorgen, die die Nationalgarde beschäftigten, waren z. B. Paraden, Exerzierübungen, einheitliche Uniformierung, ihre Finanzierung, die Bewaffnung und „Zutheilung von Tambours und Trommlern für jede Companie") und 2.) dass die Revolutionsbegeisterung im liberalen Marburger Bürgertum anfänglich eine große gewesen sein muss.

Den Kommandanten beschäftigte offensichtlich das einheitliche Erscheinungsbild der Nationalgarde. Da offensichtlich „Einzelne, welche nicht der National-Garde eingereiht sind, Garde-Kappen" getragen hatten,

260 Aus dem unsignierten und undatierten Bericht „Nationalgarde" (siehe detaillierter weiter unten): StLA, *Marburg Stadt*, K. 9 H. 135. Eine kleine Vorblende auf das Jahr 1918 sei an dieser Stelle erlaubt: Auch noch siebzig Jahre später boten die steirischen Farben und der Landespatriotismus offensichtlich noch eine gewisse Kohäsionskraft: Am 3. November wurde eine Marburger Schutzwehr aufgestellt, um die Stadt vor den Massen an demoralisierten und plündernden Soldaten, die von der Front heimzogen, zu schützen. Ihre Farben waren wiederum die steirischen Landesfarben Weiß-Grün, weshalb sie auch „Grüne Garde" genannt wurde. Bereits am 23. November wurde sie aber von General Maister aufgelöst. Vgl. GRIESSER-PEČAR, *Maribor*, 220ff.

sollten die Gardisten sicherstellen, dass niemand, der nicht dazu berechtigt war, also kein Nicht-Gardist die weiße Armbinde am linken Arm [in späteren Quellen heißt es am rechten Arm] trug, „damit Handlungen, vor denen jeder Bessergesinnte erröthet, nicht mit dem Abzeichen der Garde verübt werden können".[261]

Im einheitlichen Erscheinungsbild taucht in den Niederschriften im Eintrag vom 20. 4. ein Buchsbaum(-ästchen) auf:

> Dienstag den 25 wird die Parade zur Feier des Geburtsfestes Sr. Majestät abgehalten werden, das N. G. [Nationalgarde] Bataillon hat seine Aufstellung wie bei der letzten Kirchenparade zu nehmen, die Herrn Comp. Comandanten führen ihre Compagnien auf den Kirchplatz, der älteste Garde Hauptmann comandirt die Garde, die Garde erscheint hiezu mit weißen Armbinden, Schärpen, auf der Kappe ein Buchsbaum-Feldzeichen.[262]

Am 25. April wird präzisiert, „[b]eim Exerciren so wie bei allen Ausrükungen, haben solange die grünen Kappen mit weißer Cocarde getragen zu werden, bis durch einen eigenen Befehl hierin eine Abänderung erfolgt." Am 28. April soll feierlich die Verfassung vom Balkon des Rathauses deklariert werden, wozu wiederum die Nationalgarde um ihre Anwesenheit ersucht wird; wieder mit weißer Armbinde am rechten Arm und Schärpen.[263] Dies ändert sich erst laut Tagesbefehl vom 10. Mai, als „Montur und Bewaffnung der N.G. für Wien" als Vorbild genannt werden und nun binnen einer dreimonatigen Frist alle Gardisten wie die Wiener Kameraden uniformiert sein sollen, „mit der Abänderung, daß [...] in den Chakos und Lagermützen an Rosen das rothe Feld mit den grünen ebenso bei den Feldbinden der Herrn G. Offiziere, die grüne Zeichnung mit der rothen zu verwechseln sei."[264] Für die ersten Revolutionstage belegen diese Quellen für Marburg demnach nichts anderes als die steirischen Landesfarben Weiß-Grün.

---

261 „Tages-Befehls Protokoll der National Garde zu Marburg", in: StLA, *Marburg Stadt*, K. 9, H. 133.

262 Ebda. Tagesbefehl vom 20. April 1848.

263 Ebda. Tagesbefehl vom 27. April 1848.

264 Ebda. Tagesbefehl vom 10. Mai 1848.

Dennoch war auch in Marburg die Revolution deutsch gefärbt. Ein Bericht über die Nationalgarde in Marburg bezeugt die deutsche Gesinnung (zumindest des Autors), die deutsche Trikolore an verschiedenen wichtigen Orten Marburgs und personalisiert die Flagge:

> Rasch, wie unsre Eisenbahn in den Verkehr des fisischen und geistigen Lebens griff war auch hier am 7ten [wahrscheinlich April] die jedem Biedren geheiligte teutsche Fahne die Union flagge vom Belt bis zu den Alpen im Bahnhofe aufgestellt worden – während ein entsprechendes Panier dieser Art seit längeren Tagen zweifelte, ob es am Rathhause oder auf dem Stadtpfarrthurm – der von dieser Flaggen vor drei Jahrhunderten die Türken und ihre mitgetriebenen Zinshorden weichen sah – wehen – ja ob es überhaupt in der Feier erscheinen dürfe, welche dem Vertretter menschliche Bildung gegen orientalische Thierheit durch ein halbes Jahrhundert gebührt. [...]
>
> Endlich seit dem 9ten [wahrscheinlich April] Mittags weht die teutsche Kaiserfahne von der Kuppel unsres Stadtpfarrthurmes. Da ertönte vom Männergesangsvereine [Ernst Moritz] Arn[d]ts echtes Bundes lied: Was ist des teutschen Vaterland, [...] da bewies die Volkshymne laut und offen, daß der steirische Wende edlerer Art zum Separatismus – zum Sünden bekentnisse, ich bin nicht werth der teutschen Völkerfamilie – das ihm böser Wille so gerne durch das Gericht: einzelne wollten sich lossagen vom teutschen Bunde, unterschieben will – durchaus weder Beruf noch Neigung fühle. [...] Wer unser friedliches Städtchen vor Jahren sah, kennt es kaum mehr seit Eröffnung der Eisenbahn, wer aber Marburg seit dem Ides [sic] des März besucht, dem beweist jeder Tag, daß die Worte teutscher Sinn, teutsche Vaterlandsliebe, Begeisterung für Ferdinand den Ersten und Einzigen kein eitles Schimmern seien, im echten Golde von Recht und Freiheit, das nun den Ring um alle Herzen bildet.[265]

Die Ideale der Revolution wurden, wie diese Quelle zeigt, vielfach als ‚deutsch' wahrgenommen – die der hier „orientalisch" genannten Rückstän-

---

265 Leider undatiert und unsigniert. Der vierseitige Bericht trägt nur die Überschrift „Nationalgarde" und beschreibt Ereignisse der ersten Revolutionsmonate und dürfte jedenfalls nach der Spendensammlung für eine neue Fahne (Anfang April) und vor der Fahnenweihe im September verfasst worden sein. Da eine Feier am Hauptplatz und der Balkon des Rathauses erwähnt wird, lässt sich nach Abgleich mit den Tagesberichten von Rast schließen, dass die Publikation der Verfassung am 28. 4. beschrieben wird. Der Autor bemüht sich, das Jahr 1848 in die allgemeine Geschichte der Region einzubetten und erwähnt mehrmals die Türken, „Kral Matia", Illyrien, die Italiener und die Nähe zu Deutschland. Siehe: „Nationalgarde", in: StLA, *Marburg Stadt*, K. 9 H-132–140, H. 134. [ungewöhnliche Orthographie und fehlende Interpunktion im Original].

digkeit entgegensteht. Eine Verbindung des deutschen Kulturraumes und die damit verbundene und vorgebrachte Forderung nach einem gesamtdeutschen Staat wird durch die intertextuellen Verweise auf die Lieder „Des Deutschen Vaterland“ und „Lied der Deutschen“ deutlich. Der Text will eine historische Kontinuität konstruieren, wenn er behauptet, schon vor drei Jahrhunderten wären die Türken der deutschen Flagge gewichen [sic] und betont die positiven Veränderungen in Marburg: Zum einen seien diese mit der Eisenbahn ‚eingerollt‘, zum anderen sei der „teutsche Sinn“ mit der Revolution eingezogen.

4.2.2. Beschwörung der Einheit

„[...] denn nicht die Nationalität–,
die Gesinnung adelt den Menschen“[266]

Deutsches Denken und der Glaube an die Einigkeit aller – deutschen als auch slowenischen – Steirer scheinen einander nicht ausgeschlossen zu haben. In der Schülerstaffel der Nationalgarde dürften dennoch Spannungen zwischen deutscher und slowenischer Nationalität wegen der Frage entstanden zu sein, welche ‚Nationalflaggen' getragen werden sollten. Sowohl der damalige Gymnasiallehrer Puff,[267] den wir bereits als den ersten Stadtgeschichte-Schreiber kennengelernt haben, als auch der Kommandant Freiherr von Rast[268] haben auf diesen Streit diplomatisch und deeskalierend gewirkt, indem sie den deutschen Schülern die deutsche, den Slowenen die slowenische Trikolore untersagten und stattdessen allen die weiß-grünen steirischen Farben verordneten.[269] Dass sowohl Rast als auch Puff die Einheit betonten und nationale Strebungen von beiden Seiten zu unterdrücken versuchten, sollen an dieser Stelle Quellenbeispiele belegen.

Die bereits vorhin erwähnten Tagesbefehl-Protokolle enden am 29. Mai mit einem Aufruf Rasts „An die Studierenden der National-Garde zu Marburg“, welcher dokumentiert, dass unter den Studierenden (d. h. die Gymnasiasten des Marburger Gymnasiums) offensichtlich ein ‚Farbenstreit' entbrannt ist: „Mit innigem Bedauern vernehme ich, daß seit einiger Zeit diese höhere Kameradschaft unter ihnen gestört ist durch Partheiungen, welche – dem deutschen oder slawischen Elemente huldigend – antipathisch auf einander wirken“. Rast versuchte mit diesem Aufruf deeskalierend zu wirken. Er als gewählter Führer habe als solcher die „Pflicht auf Gleichheit der äußeren

---

266 Ferdinand von Rast. „An die Studierenden der Marburger Nationalgarde“, in StLA, *Marburg Stadt*, K. 9 H-132-140, H. 133.

267 Vgl. BAŠ, *Prispevki k zgodovini*, 147 und CVIRN „Narodnopolitične razmere v Mariboru“, 269.

268 Vgl. APIH, *Slovenci in 1848 leto*, 132.

269 Zwar nicht aus Marburg, aber ein ähnliches Erlebnis aus der Schülerperspektive beschreibt Vošnjak: „Ich kaufte mir ein seidenes slowenisches Band und steckte es an meine Kappe und trug es auch einige Zeit, bis der Gymnasiallehrer es streng verbot, irgendwelche politischen Abzeichen zu tragen.“ vgl. *Spomini*, 31.

Form, als den Kennzeichen unsrer Verbrüderung zu sehen: Suchen Sie hierin allein, und nicht in einem Zunahetretten irgend einer Nationalität meinerseits, den Grund meines Begehrens – die blaue mit der weiß und grünen Kokarde zu verwechseln und jene Einheit nach Außen zu erzwecken die nicht nur dem Auge wohlgefällig; – sondern auch das Simbol geistiger Einigung ist." In seinem Appell fasst er zusammen, worin die Gefahr des Nationalismus liegt und wieso die Jugend so leicht damit verführbar ist:

> [...] denn dieses glühend leicht anfachbare Gefühl [des Jünglings] für die Geschicke unseres Monarchen ist es, was oft der kalte-selbstische, alle politischen Schattirungen tragende Wühler an den socialen Verhältnißen, Demagoge oder Comunist, zu seinen schlechten Tendenzen ausbeutet, indem er unter dem Paladium einer unterdrückten Volksthümlichkeit Euere heiligsten Empfindungen zu seinen Werkzeugen macht, Recht und Ordnung, Sicherheit an Person und Eigenthum, für seine schlau berechneten Vortheile zu untergraben; [...] – so verschließet Eure jugendlichen Herzen derlei Einflüsterungen, von welcher Seite und in welcher Gestalt sie sich Euer bemächtigen wollen.
>
> Haltet vielmehr an der Überzeugung fest, daß jedem denkenden Menschen die Nationalität seines Mitbürgers ein unantastbares Heiligthum ist, und daß in einem Staaten-Conglomerate, wie ihn unser herrliches Österreich bildet, jede Nation ihre solche ja höchste Bedeutung hat, wie dem phisischem Menschen jedes Organ seines Körpers und daß in jenem wie in diesem nur in der Gesammtheit Kraft und Vollendung liegen. –
>
> Deshalb unterdrückt alle Partheiungen unter Euch, ehrt den Mann im Manne –, Herz und Gesinnungskraft faßt ins Auge – und Ihr werdet allenthalben, – ob Deutscher ob Slawe –, Brüder – Freunde treffen, denn nicht die Nationalität–, die Gesinnung adelt den Menschen; – streicht die engherzige Ansicht ab, die Schismen unter Euch bildet, und umarmt Euch [...][270]

Die adressierten Studierenden antworteten dem Freiherrn von Rast in einer Replik in der *Gratzer Zeitung* vom 30. Juni. Einige „slovenische und deutsche Kameraden" des Marburger Studentencorps sind ausgetreten – in ihrem Namen unterzeichneten sieben –, wobei mit diesem „Austritt" wohl nur gemeint ist, dass sie fürs Studium nach Graz oder Wien gezogen und sich wohl

270 Ferdinand von Rast. „An die Studierenden der Marburger Nationalgarde", in StLA, *Marburg Stadt*, K. 9 H-132–140, H. 133.

dort den Studentencorps angeschlossen haben: Wie aus dem Text hervorgeht, sprechen sie ihre Empfindungen „so spät erst aus" (rund einen Monat nach Rasts Appell), weil sie „erst jetzt vom Verbande des Gymnasiums frei" seien und nun „als Mitglieder akademischer Legionen [...] nach Gratz und Wien zueilen" und ihre „Ansichten in diesen Zeilen und in Deutschlands zwangbefreiten Blättern zugleich das erste Mal frei und offen aussprechen dürfen". Sie danken Herrn von Rast dafür, dass er sie („sechzig jugendfrische Herzen") so gut verstanden und geführt hat: „In unseren Herzen leben als lichte Flammenschrift die Worte, mit denen Sie uns Kameraden slavischen und deutschen Stammes zu Brüdern – zwei Herzen zu Einem Schlage verbanden." Er solle auch in Zukunft darauf achten, „daß dieser Funke [„die kriegerische Begeisterung für die Verfassung und den sie schirmenden Kaiser", der wie „ein electrischer Schlag durch alle Pulse der österreichischen Jugend" zuckt] nie in die verderblichen Zacken der Theilung sich zersplittere".[271] Die Quelle ist sprachlich schwülstig und unpräzise, was den sogenannten Austritt aus der Nationalgarde angeht. Lässt man den pathetischen Ton einer damaligen Rede oder Anschreibung beiseite, erscheint es – angesichts der Tatsache, dass slowenische und deutsche Gymnasiasten den Brief gemeinsam verfasst haben – nicht, als hätte in dem Marburger Studentencorps ein großes – gar *nationales* – Zerwürfnis stattgefunden. Sie scheinen auch nicht wegen einem Zerwürfnis mit von Rast die Marburger Garde verlassen zu haben, sondern lediglich zum Studium nach Wien und Graz zu gehen. Sowohl von oben (durch von Rast) als offensichtlich auch von unten (gemeinsam unterschreibende slowenische und deutsche Studenten des Studentencorps) gab es Beteuerungen und die Beschwörung, die Einheit und den Glauben an die gemeinsame Sache vor spaltende nationale Kämpfe zu stellen.

Auch über Rudolf Puffs politische Gesinnung geben die Quellen Auskunft: Er sei ein Anhänger der demokratischen Veränderungen (seine von

271 „Von den austretenden Mitgliedern des Marburger Studentencorps an den Herrn Commandanten Freiherrn von Rast und an die löbl. hiesige Nationalgarde", in *Gratzer Zeitung*, Nr. 103 vom 30. Juni 1848. Der Brief ist unterzeichnet von Anton Haišek, Davorin Sotlar, Leopold Ledinegg, Jakob Muršec, Koller Alois, Gottschütz Josef und Sucher Josef.

Gratzer Zeitung.

Verantwortlicher Redacteur: Dr. Gust. Fr. Schreiner,
ordentlicher öffentlicher Professor der Staatswissenschaften.

№ 103. Freitag den 30. Juni 1848.

Deutschland.

Kaiserthum Oesterreich. Wien, 28. Juni. Der Ausschuß der Bürger, Nationalgarde und Studenten hat an das Ministerium das Gesuch gerichtet, daß Fürst Windischgrätz gehalten werden solle, dem Ausschusse für die schmähliche Behandlung, welche die nach Prag von ihm entsendete Deputation erlitten, Genugthuung zu geben, und die ihnen weggenommenen Waffen zurückzustellen. Ferner, daß der Graf Thun und der Fürst Windischgrätz von ihrem Amte entfernt, die Garnison in Prag gewechselt, und zur Untersuchung eine aus Ministerialbeamten und Ausschußmitgliedern bestehende Commission abgeschickt, das Urtheil aber durch ein vom Reichstage ernanntes Geschwornengericht gefällt werde. (Oesterr. deutsche Ztg.)

Von den austretenden Mitgliedern des Marburger Studentencorps an den Herrn Commandanten Freiherrn von Rast und an die löbl. hiesige Nationalgarde.

Herr Commandant!

In unseren Herzen leben als lichte Flammenschrift die Worte, mit denen Sie uns Kameraden slavischen und deutschen Stammes zu Brüdern — zwei Herzen zu Einem Schlage verbanden. Sie haben — wie es nur Wenigen gelang — den Slaven als Das erfaßt, als was er noch in der Weltgeschichte steht — als heiß aufstrebender Jüngling; Sie haben sein Gefühl nicht mit dem kalten Tastsinne des zergliedernden Verstandes berührt, sondern mit dem warmen Hauche Ihres

der Hutten Marburgs — dem seine Feder erst auswärts Namen und Geltung verlieh — zu bleiben, theilen Sie die Versicherung unserer höchsten Achtung und Liebe ferner mit den Vorbildern echt österreichischen loyalen kriegerischen Bürgerthumes, den unvergeßlichen Herren Hauptleuten Gruber, Bosio, Bitterl und Franz; den Herren Lieutenants Koß, Pachner, Albensberg und Leyrer, unserem verdienstvollen Exercirmeister H. Verona, endlich allen hochgeachteten Mitgliedern der Nationalgarde, denen wir und unser Wohlwollen von Bedeutung sind. Rechnen Sie in Noth und Tod auf unser Herz und unsern Arm, rechnen Sie Alle, die uns Beweise inniger Theilnahme gegeben, auf das freie Lob der akademischen Jugend, das nun als neuer Apostel einer neuen Zeit von Tausenden zu Tausenden geht.

Behalten Sie im freundlichen Andenken die slovenischen und deutschen Kameraden des Studentencorps, in deren Namen sich unterzeichnen:

Anton Haišek.
Daverin Sotlar.
Leopold Ledinegg.
Jakob Muršec.
Koller Alois.
Gottschütz Josef.
Sucher Josef.

Böhmen. Prag, 26. Juni. Aus Privatnachrichten erfahren wir, daß in der am 18. d. M. zu Außig gehaltenen Versammlung böhmischer und sächsischer Grenznachbarn nebst der schon bekannten Adresse

Abbildung 7: Replik der Marburger Studenten an Rast; Ausschnitt

ihm angeführten Studenten nannten ihn einen „nie zu ermüdenden, durch kein Zopfthum zu beugenden Companie-Commandanten"[272]) und sicherlich kaisertreu und als Bürger dem ‚Proletariat' skeptisch gegenüber eingestellt. Nach der Niederschlagung der Revolution relativiert er seine anfängliche Revolutionsbegeisterung in der zuvor schon zitierten Rechtfertigungsschrift über den Vorfall am Semmering offensichtlich etwas. Sicherlich aber war er kein (Deutsch-)Nationalist, sondern ein (gesamt-)steirischer Patriot und in erster Linie ein echter Bildungsbürger (Stichworte: Abgrenzung vom Proletariat, gesellschaftlich wichtige Stellung und Aufstieg durch Bildung, Nahverhältnis zu Bildungsins-

272 „Von den austretenden Mitgliedern", in *Gratzer Zeitung*, Nr. 103 vom 30. Juni 1848.

titutionen, Bildung ein Anliegen, oft liberale Anschauungen[273]). Er hielt es sich zugute, 1848 seine Schüler in strenger Ordnung gehalten zu haben, so rühmt er sich, keiner seiner Studenten habe je an einem Exzess oder einer Ausschreitung in Marburg teilgenommen. Puff soll mit seinem Schülerchorps auch Katzenmusik gegen den Religionslehrer Matjašič verhindert haben.[274] Anlässlich eines Übungsmarsches dichtete er folgende Zeilen:

> [...] Da rufet ihn [den Bürger] vorwärts sein treues Panier
> Der silberne Farr hell im Grünen,
> Die Eintracht und Liebe als der Bänder Zier
> Für Volk und dem Kaiser ihm dienen,
> Als Sohn uns'rer Marchburg ruft er beim Wein :
> So herzlich soll es allüberall sein
> Reicht Deutschland und Slavien sich treulich die Hand
> Bleibt groß und ewig das Vaterland!
>
> Es schweigt die Musik, die Büchse knallt,
> Die Plänkler sind vorwärts gedrungen
>
> Reserve nach, wo der Jubel schallt
> Der Angriff sei glücklich gelungen!
> Wir ziehen als muntere Eroberer ein :
> Hoch Frauen und Mädchen Glückauf beim Wein,
> Durch Freiheit für Oesterreich und Ferdinand stark,
> Durch Freiheit für Marburg und Steiermark.[275]

Zum einen lässt sich aus den Appellen an Eintracht und Frieden im Umkehrschluss folgern, dass es keine selbstverständliche Eintracht mehr gab – Wieso sonst müsste man so an sie appellieren? – zum anderen kann aus der dürftigen Quellenlage für Marburg nun aber dennoch nicht gefolgert werden, dass es großartige nationale Spannungen oder gar schon Nationalitätenkonflikte

---

273 Vgl. die Beschreibung des Bildungsbürgertums, in: ENGELBRECHT, *Geschichte des österreichischen Bildungswesens* 4, 23f.

274 Vgl. CVIRN, „Narodnopolitične razmere v Mariboru", 269.

275 PUFF, Rudolf. „Lied für die Marburger Bürgerwehr beim Uebungsmarsch nach Herrn Medisch's Besitzungen in Maria Rast", in: *Der Freisinnige*, Nr. 43 vom 26. 8. 1848 172.

gegeben hat. Jene Konflikte, die im 1848er-Jahr ausgetragen wurden, waren sozialer und nicht nationaler Natur.

4.2.3. Die Fahnenweihe

Am 18. September war der Höhepunkt der revolutionären Begeisterung erreicht, als die Fahnen der Nationalgarde am Hauptplatz in einer großen Feier gesegnet wurden, woran auch Nationalgarden aus anderen steirischen Städten teilnahmen.[276] Ebenso hielten andere steirische Städte im September ihre Fahnenweihe ab, so z. B. Mürzzuschlag, Bruck, Judenburg, Celje usw. wozu üblicherweise Gäste aus verschiedenen Orten eingeladen wurden.[277] Es soll ein strahlend schöner Tag gewesen sein und die Besucher aus anderen steirischen Orten, die dortigen jeweiligen Nationalgarden (Schwanberg, Arnfels, Graz, Ptuj, Feistritz, Kötsch [Hoče], Schleinitz [Slivnica], Kranichfeld, Ehrenhausen, Straß) und offensichtlich sogar Gäste aus dem bayerischen Alzengau reisten an. Ausführlich berichtet ein sechsseitiger, handschriftlicher, nicht signierter Bericht über „das schönste Fest [...] welches je unsre Stadt erfreute".[278] Der Autor – offensichtlich ein junger Marburger, der zuvor in Italien gekämpft hatte, war „heimgekommen zu Feste meiner Kameraden und [geht] mit dem Bewußtsein in die Residenz doppelt stolz zu sein meinen Marburgern anzugehören". Es wurden Böller geschossen, die „erst vor wenig Tagen in das Leben gerufen bis 40 Mitglieder starke Musikbande der Garde" spielte eine *Reveille*, einen militärischen Weckruf, und von 8 bis 9 Uhr zog die Garde in Uniform vom Kirchplatz auf den Hauptplatz:

> Vor der Mariensäule des Platzes erhob sich die Kapelle ihr zur Linken in den östreichischen Hausfarben [d. i. Schwarz-Gelb] das Zelt für die Dicasterien zur Rechten jenes für die Fahnenmutter und die Fahnenfräulein. An allen Fenstern flaggten Fahnen und wehten Festons und Kränze zwischen denen als schöne Blumensträuße Frauen und Mädchen zum Feste sich sammelten. Außer dem Rathause auf dessen Balkon die teutsche Fahne [Schwarz-Gold-Rot] das Geschenk der Wiener an die Marburger zwischen der alten Kaiser und der steirischen Herzogsfahne flatterten thaten sich besonders durch Ausschmü-

---

276 Vgl. BAŠ, *Prispevki k zgodovini*, 147 und 149 und Dankworte „der Nationalgarden von Marburg", in: *Intelligenzblatt zur Gratzer Zeitung*, Nr. 183 vom 26. 9. 1848.

277 Vgl. NIEDERMAYR, *Die Leobener Nationalgarde*, 199. Vošnjak beschreibt in seinen Memoiren, dass die Fahnenweihe in Celje sehr imposant war und dort „slowenische Flaggen flatterten, ohne dass jemand dagegen Einspruch erhoben hätte". Er erwähnt leider nicht, wie viele und welche anderen Flaggen ausgehängt waren. Vgl. Vošnjak, *Spomini*, 30.

278 „Die Fahnenweihe der National Garde in Marburg am 18ten September 1848", in: StLA, *Marburg, Stadt*, K. 9, H. 134.

kung das Haus des Kaufman Albersberg mit seiner Blumenterasse von den Landesfarben umzogen, die Wohnung des Freiherrn von Rast und jene des Ritter von Scherer durch sinnreichen Außenschmuk hervor. In den Fenstern der letzteren gewahrte man als allerliebste lebendige lebendige Standbilder drei Mädchen als Genien von Österreich, Teutschland und Steiermark weiß mit entsprechenden Farben in Panier und Schärpe.[279]

Wie zu jedem wichtigen Anlass zu dieser Zeit hatte Dr. Puff ein Gedicht verfasst; der Höhepunkt aber war die Weihe selbst:

> Dem feierlichen Hochamte dessen Haupttheile die Salven der Garde und jedes Mal s'Böllern begleiteten folgte die Weihe unserer weiß und grünen mit dem Stadtwappen der steirischen teutschen und slawischen Bändern geschmükten Fahnen – Geschenk der Frauen von Marburg, die Weihe der Prachtfahnen durch den würdigen H. Kreisdechant Pichler.[280]

„Um 12 Uhr wurde defilirt und aufgeschwenkt und die Fahne auf der Hauptwache aufgestellt", und die einzelnen Grüppchen verteilten sich zum Mittagessen. „[E]ine Compagnie der Nationalgarde und zahlreiche heimische und fremde campirten zum heiteren Schmauß bei dem allbeliebten H. Trepplagg Pfarrer Magdalena-Vorstadt zu Marburg", dem slowenischen Pfarrer, der ebenso bei der Feier anwesend war.[281] Diese Quelle bestätigt, dass also alle Farben – vor allem die grün-weiß steirische, die schwarz-goldene Kaiserflagge, die deutsche als auch die slowenische Trikolore – anlässlich dieses großen Festtages geschwenkt wurden und sich bedeutende Persönlichkeiten – sowohl deutsche als auch slowenische (Baš nennt neben Pfarrer Treplak auch einen gewissen Gardekaplan Knuplež[282]) – daran beteiligt haben, was auch die schon bestehende Literatur bestätigt.

---

279 Ebda. [Fehlende Interpunktion und Wortwiederholungen i. Org.]

280 Ebda.

281 Ebda.

282 Vgl. BAŠ, *Prispevki k zgodovini*, 147. Josef Treplak war seit 1833 Lokalkurat und ab 1863 Vorstadtpfarrer der Pfarre St. Magdalena. Vgl. OROŽEN, Ignaz. *Das Bisthum und die Diözese Lavant. Theil 1. Das Bisthum, das Domkapitel und die Dekanate. Beigabe zum Lavanter Schematismus 1868-1875*. Marburg 1875, 33.

Es wird bis in die Morgenstunden gefeiert, „[m]it dem Feuerwerke begann der Ball im Sommersallon“, es war „ein Tanzfest würdig der Garde aller Stände umfassend ohne Prüderie, ohnc kleinstädtisches fünfsechzehntel Kastengeist bekundendes Naserümpfen wie es einst gang und gebe, sondern frisch und froh werth der Gegenwart“; „die rauschende Musik unter Leitung des Kapelmeister Hohl dessen Volkscopositionen [sic] feurig in die Füsse gingen: höchstens manchmal unterbrochen durch die donnernden Toaste vom Buvet herüber die erst mit der Mitternacht endeten, während der junge Tag beinahe noch auf den Schwingen der Tanzmusik über Marburg heraufzog“. Die Marburger verstanden es offensichtlich zu feiern. Nur ein kleiner Nebensatz macht stutzig:

> In fröhlichster Stimmung sammelten sich gegen Abend heimische und Fremde – letztere wohl nicht mehr fremd seit heute sondern nahe und treue Brüder in Tappeiners Garten, dessen Umrainung durch Militär und Gardeposten gegen jede Störung gesichert war.[283]

War es nötig, den Garten zu sichern, hat nicht ganz Marburg gefeiert und gejubelt? Wer hätte diese Feier stören wollen?

283 „Die Fahnenweihe“, in: StLA, *Marburg, Stadt*, K. 9, H. 134. [Fehlende Interpunktion, Rechtschreibung und Wortwiederholungen i. Org.] Gemeint ist der Brauereibesitzer Andreas Tappeiner (1810–1868), der zwischen 1861 und 1867 Bürgermeister von Marburg und liberal orientiert war und sich für ein friedliches Zusammenleben von Deutschen und Slowenen einsetzte. Vgl. Čuček/Ferlež, FERLEŽ (Hg.), *Deutsche und Maribor*, 109 und sein Nachruf: N. N. *Andreas Tappeiner in seinem Leben und Wirken*. Marburg 1868, 4f.

4.2.4. Frauen und Fahnen

Interessant ist die Fahnenweihe und das Farben- und Fahnenthema auch deshalb, weil es eine seltene Quelle ist, in der auch explizit von Frauen und Mädchen Rede ist bzw. jene auch bewusst zur Mitwirkung an der Feier bzw. zu jeglicher Beteiligung an der Ausstattung und Beflaggung ihrer Männer und ihrer Stadt aufgefordert wurden. Es gab bei der Fahnenweihe offensichtlich das Ehrenamt der „Fahnenmutter“ – womit die Fahne ja auf merkwürdige Art personalisiert wird, als würde es sich bei ihr um ein zu taufendes Kind handeln – das war „die älteste und heitereste unserer Bürgerinnen Frau Regina Vogel“, die von „zwölf Fahnenfräulein“ begleitet wurde:

> Zum Schmuke der Jugend und Schönheit [der Fahnenfräulein] standen gar herlich das einfache weiße Kleid mit der grünen Schärpe standen noch sinnreicher die flatternden Bänder – das teutsche bei dem einen das slavische bei dem andern Theile der Jungfrauen.[284]

Allerdings ist dies nicht das erste Mal, dass auch Frauen eine Rolle spielten. Zwei gedruckte Aufrufe aus dem April 1848 sprechen auch bereits die Frauen Marburgs an: Im ersteren spricht Bataillonskommandant Rösler die Frauen an, zur Unterstützung ihrer Männer und Söhne, sollen auch sie „die nationale Kokarde“ [die steirischen Farben!] tragen:

> Warum trägt ihr noch immer nicht Alle die Kokarde weiß und grün an Eurer Brust, [...] warum zaudert Ihr [...] zu beweisen, daß Ihr Steierinen [sic] seid mit Herz und Geist. Ihr scheint nicht Theil zu nehmen, daß Eure Männer, Eure Brüder, daß jene Jünglinge, die Euren Herzen theuer, sie auf die Brust geheftet zum Zeichen, daß sie bereit sind, für die Bedeutung derselben zu streiten, zu sterben; Ihr lächelt vielleicht, daß Männer und Jünglinge, ungewohnt der Waffe, sich dieselbe umgegürtet haben! Glaubet nicht, daß dies leeres Spiel sei, Eitelkeit, Prunksucht; sie stehen da, alle Männer, denn ein Tag hat auch den Jüngling dazu gereift, und ihr Jubelruf ist Vaterland! Constitution![285]

Dieser Aufruf bestätigt 1.) die zu Beginn aufgestellte These, dass Nationalismus und vor allem die frühe Nationalisierung ‚Männersache‘ gewesen ist und zeigt 2.), dass zu Beginn der Revolution ‚national‘ noch gar nicht klar

284 „Die Fahnenweihe“, in: StLA, *Marburg, Stadt*, K. 9, H. 134 [Fehlende Interpunktion und mangelhafte Rechtschreibung i. Org.].

285 „Die nationale Kokarde. An Marburgs Frauen und Mädchen“ [undatiert, aber wohl vor 2. 4. 1848], in: StLA, *Marburg, Stadt*, K. 9, H. 135.

Die nationale Kokarde.

An Marburgs Frauen und Mädchen.

Warum trägt ihr noch immer nicht Alle die Kokarde weiß und grün an Eurer Brust, warum scheint Ihr keinen Theil zu nehmen an der Gegenwart, an der Zukunft unseres Vaterlandes, warum zaudert Ihr es durch Wort, durch That zu beweisen, daß Ihr Steierinen seid mit Herz und Geist. Ihr scheint nicht Theil zu nehmen, daß Eure Männer, Eure Brüder, daß jene Jünglinge, die Euren Herzen theuer, sie auf die Brust geheftet zum Zeichen, daß sie bereit sind, für die Bedeutung derselben zu streiten, zu sterben; Ihr lächelt vielleicht, daß Männer und Jünglinge, ungewohnt der Waffe, sich dieselbe umgürtet haben! Glaubet nicht, daß dies leeres Spiel sei, Eitelkeit, Prunksucht; sie stehen da, alle Männer, denn ein Tag hat auch den Jüngling dazu gereift, und ihr Jubelruf ist Vaterland! Constitution!

Wir wollen unsern Jubel wiederholt wissen in Eurer Brust, wir wollen wissen, daß Ihr Euren Söhnen, daß Ihr Euren Männern, daß Ihr denen, die Euch werth sind, wenn was Gott verhüthe, der entscheidende Augenblick käme die Waffe entschlossen reichen werdet.

Muß nicht der Mann doppelt jenes Zeichen wiedererlangter Freiheit achten, wenn er es sieht auf der Brust seines treuen Weibes? wird es nicht der Stolz des Sohnes sein, wenn er sieht, daß seine Mutter es trägt, wird es nicht, wie ein Talismann für den Jüngling sein, wenn er es empfängt von geliebter Hand und weiß, daß es auch auf geliebten Herzen ruht?

F. Rößler.

Abbildung 8: Aufruf an die Marburgerinnen, Flugblatt

Abbildung 9: Alexander Freiherr von Bach; Lithographie von Kriehuber, 1849

definiert war; Rösler will die „nationalen" steirischen [!] Farben am Busen der Marburgerinnen sehen. Am 2. April 1848 bedankt sich die Nationalgarde bei den Marburgerinnen in Reimen für „die reichen Spenden zur Fahne der hiesigen Nationalgarde":

> [...] Fürs Vaterland, für Steiermark
> Durch Freiheit für den Kaiser stark;
> Hoch auf Panier in treuen Händen
> Du herrlichste der Frauen Spenden![286]

Die Frauen standen demnach auch bei der Marburger Fahnenweihe, wie es 1854 Gustav Klemm in seinen „culturgeschichtlichen Schilderungen" über

286 „Dank an Marburgs Frauen und Töchter, für die reichen Spenden zur Fahne der hiesigen Nationalgarde" vom 2. 4. 1848, in: StLA, *Marburg, Stadt*, K. 9, H. 135.

die Frauen allgemein schreibt, „in jeder Beziehung dem Manne ergänzend zur Seite". Weiter erzählt diese zeitgenössische Stimme, dass „[i]m Staate wie in der Kirche [...] die Frau keine entscheidende Stimme von Rechtswegen" hat und dass „[d]ie eigentliche Heimat des Weibes [...] das Haus der Eltern oder des Gatten [ist], während der Mann auf eine weitere Thätigkeit außerhalb des Hauses angewiesen ist".[287] Wieso hätte dies also bei den beginnenden Nationalisierungsprozessen, die ja in der öffentlichen Sphäre vonstattengingen, anders sein sollen? Die typische genderspezifische nationalistische Rhetorik von den Frauen als den Hüterinnen des Nachwuchses und damit des Volkes – gepaart mit der Schreckensvorstellung, das eigene Volk könnte aussterben und Aufrufe an die Frauen, dies zu verhindern – fehlt in diesen Aufrufen noch (obgleich jene männliche Heldenrhetorik, von den Männern, „die bereit sind zu sterben", bereits da ist). Das Fehlen dieser genderspezifischen nationalen Rhetorik über bzw. an Frauen kann folglich auch als Symptom eines (noch) fehlenden herauskristallisierten Nationalismus gedeutet werden.[288]

287 KLEMM, Gustav. *Die Frauen. Culturgeschichtliche Schilderungen des Zustandes und Einflusses der Frauen in den verschiedenen Zonen und Zeitaltern*. Dresden 1854, 2, 5 und 8.

288 Vgl. zur Schreckensvorstellung über das Aussterben des eigenen Volkes und die Rolle der Frauen, JURIĆ PAHOR, Marija. *Narod, identiteta, spol*. Trieste 2000, 43–49 und zu „Pro patria mori", dies., 143–155. Gerade der Aufruf für die Idee der Nation, diesen neuen *corpus mysticum* zu sterben bereit zu sein, wurde im Nationalismus zur ‚heiligen Sache' und damit in religiöse Höhen hochstilisiert,153.

5. Die nationale Frage im Neoabsolutismus (1851–1860)

Nachdem auch die Revolution in Ungarn niedergeschlagen werden konnte und das Silvesterpatent 1851 erlassen, damit die Märzverfassung abgeschafft und die Zensur wiedereingeführt worden war, war der Absolutismus wieder etabliert. Karl Freiherr von Kübeck, der zunächst noch mit Franz Graf Stadion die Verfassung von 1849 ausgearbeitete hatte und dem liberalen Lager zuzuordnen gewesen war, wandelte sich zum Vertreter einer konservativ-absolutistischen Reichsauffassung und bewog den Kaiser dazu, die Märzverfassung wieder aufzuheben, womit er die treibende Kraft war, dem Neoabsolutismus den Weg zu ebnen. Die andere tragende Persönlichkeit des Neoabsolutismus, und in den Augen der Öffentlichkeit dessen Gesicht, war der von 1849–1859 im Amt des Justizministers befindliche Alexander Freiherr von Bach, den Kaiser Franz Joseph I. 1852 mit der Umgestaltung der Monarchie in diesem Sinne betraute und der der eigentliche Leiter der Regierung war („Ministerium Bach").[289]

Das Silvesterpatent hatte alle Errungenschaften der Revolution – außer der Gleichheit aller Staatsangehörigen vor dem Gesetz und die Abschaffung der Grunduntertänigkeit – wieder zurückgenommen. Was den postulierten Grundsatz der Gleichberechtigung aller Volksstämme angeht, so wurde ab 1850 auch hiervon kontinuierlich wieder abgerückt.[290] Das Prinzip der Gleichberechtigung der Völker rutschte in eine erhebliche Schieflage, indem der deutschen Sprache aus Motiven gesamtstaatlicher Zweckmäßigkeit eindeutig (z. B. in Verwaltung und als Unterrichtssprache) der Vorzug gegeben und den nichtdeutschen Nationalitäten der Monarchie die in Kremsier zuerkannte Mitsprache wieder aberkannt wurde. Nur im mündlichen Verkehr mit deutschunkundigen slowenischen Parteien wurde Slowenisch gestattet.[291] 1852 wurde das Erscheinen der Reichsgesetzblätter in allen anderen Sprachen

289 Vgl. URBANITSCH, „Die Deutschen", in: WANDRUSZKA/URBANITSCH, III/1,179ff und „Bach, Alexander Freiherr von", in: AUSTRIA-FORUM, *aeiou-Lexikon* http://www.aeiou.at/aeiou.encyclop.b/b005296.htm und WEINZIERL-FISCHER, Erika. *Die österreichischen Konkordate von 1855 und 1933*. Wien 1960, 82.

290 Vgl. STOURZH, „Gleichberechtigung", in: WANDRUSZKA/URBANITSCH, III/2, 999.

291 Vgl. PLETERSKI, „Slowenen", WANDRUSZKA/URBANITSCH III/2, 805.

außer der deutschen wieder eingestellt; es galt ab sofort nur noch der deutsche Text. Stourzh fasst zusammen: „Der nunmehr allenthalben festzustellende Primat der deutschen Sprache in der Ära des Neoabsolutismus ist allerdings in erster Linie als Funktion des Strebens nach der Großmachtstellung und der Einheit der Monarchie zu verstehen, und nicht im Sinne nationalpolitisch motivierter Germanisierungstendenzen".[292] Dessen ungeachtet wurde, „[o]bgleich zahlreiche Erlässe auf die Pflege der nichtdeutschen Sprachen ausgerichtet waren, [...] der allgemeine Zwang, die deutsche Sprache zu erlernen [...] von den Nationalitäten als ‚Germanisierungsversuch' empfunden und vehement abgelehnt. Der hohe Gebrauchswert der deutschen Sprache wurde als Argument für die durchgeführte Bildungspolitik nicht anerkannt, die Bemühungen der Regierung um die Schaffung der Voraussetzungen für einen breiten muttersprachlichen nichtdeutschen Unterricht – die forcierte Heranbildung von Lehrkräften und das Verfassen von geeigneten Lehrbehelfen – nicht gewürdigt.[293] Das liberale Deutschtum sah sich mit dem Vorwurf konfrontiert, es handle als Werkzeug des Neoabsolutismus, um den deutschen Machtanspruch zu sichern. Dieser Zusammenhang trug zu einer Verschärfung der Nationalitätenfrage bei. Rumpler diagnostiziert ihn folgendermaßen:

> So gab es also, stimuliert von den allgemeinen Ideen der 1848er Revolution, zwar erste Anzeichen der nationalen Besitzstandssicherung seitens der Deutschen, aber noch keine gravierenderen Formen eines Volkstumskampfes im Sinne der Zurückdrängung des bodenständigen Slowenentums in den mehrheitlich deutschen oder von einer deutsch bestimmten Oberschicht kulturell geprägten und politisch beherrschten Ländern.[294]

Dass es eine staatliche Germanisierungspolitik im 19. Jahrhundert gab, die das „für beide Seiten fruchtbare und letztlich vorteilhafte Verhältnis eines friedlichen Miteinanders" aufzulösen begann, sieht selbst Rumpler so. In der

292 Vgl. STOURZH, „Gleichberechtigung", in: WANDRUSZKA/URBANITSCH, III/2, 1000.

293 ENGELBRECHT, *Geschichte des österreichischen Schulwesens* 4, 28.

294 RUMPLER, Helmut. „Zentralistische Reichspolitik oder Germanisierung? Zum nationalpolitischen Gehalt der Politik der Wiener Regierung gegenüber Illyrien-Krain von der Revolution 1848 zum Neoabsolutismus", in: RUMPLER/SUPPAN (Hg.), 63–84, hier 69.

Frage des genauen Zeitpunktes, der Qualität und des Ausmaßes gehen aber die Meinungen der Historiker auseinander. In der Zeit des Neoabsolutismus getroffene Verwaltungsmaßnahmen – die Rückkehr zum Prinzip der historischen Kronländer und die Auflösung der Verwaltungseinheit des Königreich Illyriens, in dem die Mehrheit der Slowenen bis 1848 geeint war, wirkten jedenfalls nachteilig für die Repräsentation der Slowenen: Ob allerdings dem Neoabsolutismus ein nationalpolitisches Programm zugrunde lag, ist in der Forschung „eine letztlich nicht entschiedene Frage", ob „Germanisierung im Sinne gezielter Entnationalisierung die richtige Interpretationskategorie darstellt, muß doch eher fragwürdig bleiben".[295] Es wird wohl tatsächlich so gewesen sein, „daß man in Wien überhaupt keine Ursache sah, die slowenische Volksgruppe als künftige politische Bewegung fürchten zu müssen" und im kulturellen Nationalismus der Slowenen eher „ein Mittel [sah], den russischen Panslawismus zu bekämpfen".[296]

Der junge Kaiser stützte seine Macht im Wesentlichen auf drei Säulen: die Armee, die Beamtenschaft und die katholische Kirche. Das Bündnis mit der Kirche, das schon im Vormärz erfolgreich gewirkt hatte, wurde mit dem Konkordat von 1855 mit Papst Pius IX. erneuert (und blieb bis 1870 in Kraft, als es von der liberalen Regierung einseitig aufgekündigt werden sollte, mehr dazu in Kapitel 5.1.1). Entscheidende Fortschritte gelangen in der Zeit des Neoabsolutismus hingegen in der Wirtschaft: In diese Zeit fallen viele große Bauprojekte, etwa der Ausbau Wiens entlang der Ringstraße. Ebenso hatten die Bauernbefreiung und die verbesserten Transport- und Reisemöglichkeiten ihre positiven Auswirkungen. Die Unzufriedenheit der Bevölkerung, besonders des Bürgerstandes blieb allerdings erhalten und entlud sich 1853 mit dem Attentat auf Kaiser Franz Joseph, das dieser aber nur leicht verletzt überlebte. Die außenpolitische Lage war äußerst labil; am Krimkrieg (1853–56) nahm die Monarchie zwar nicht auf der Seite der Westmächte teil (womit

295 Vgl. RUMPLER, „Zentralistische Reichspolitik oder Germanisierung?", in: RUMPLER/SUPPAN 66–71.

296 CERWINKA, „Steiermark im Revolutionsjahr", 38.

sie diese verstimmte), ging aber auf Konfrontationskurs mit Russland, womit sie sich diesen einstigen Verbündeten zum Feinde machte. Die pressierenden Fragen blieben außerdem die italienische und die deutsche Einigung, deren Haupthindernis jeweils die Habsburgermonarchie war. 1859 führte dies zum Krieg Sardinien-Piemonts mit der Unterstützung Frankreichs gegen Österreich um die Lombardei und Venetien. Nachdem Kaiser Franz Joseph die beiden Schlachten von Magenta und Solferino verlor, musste die Lombardei abgegeben werden. Durch diese außenpolitischen Niederlagen und die hohen Kosten des Krieges geschwächt, war der Kaiser zu innenpolitischen Konzessionen an die liberalen Kräfte und die Verfassungsbefürworter gezwungen. Dies läutete das Ende des Neoabsolutismus ein.[297]

Das Bürgertum in Marburg verbrachte – wie auch anderswo – die Zeit des Neoabsolutismus in politischer Hinsicht in einer inneren Emigration und war nach der Zurücknahme der revolutionären Errungenschaften, wie z. B. der Auflösung des Parlaments, mit der politischen Lage unzufrieden. Cvirn zitiert dazu einige amüsante Beispiele von Bespitzelungsprotokollen, über die sich die Statthalterei in Graz über die Stimmungslage in der Bevölkerung berichten ließ. Demzufolge war Marburg nach der Erneuerung des absolutistischen Regimes ein „richtiges republikanisches Nest". Man war gegenüber den Säulen des Absolutismus – Kirche, Beamtentum und Armee – skeptisch eingestellt, und so konnte man in Marburg Beschimpfungen des jungen Kaisers, der geistlichen und weltlichen Würdenträger etc. hören. Insgesamt würde sich der Kreis der Ruhestörer aber auf etwa 30 Individuen („junge Marburger") beschränken, die sich in gewissen Gasthäusern treffen würden und nicht viel Strahlwirkung auf die restliche Bevölkerung hätten. Ab Ende 1853 versiegten die Berichte über solche Unliebsamen.[298] Man kann vermuten, dass es zum einen den Autoritäten offensichtlich gelungen war, die Störenfriede ruhigzustellen und zum anderen die Leute bei der Bekundung ihrer politischen Meinung im öffentlichen Raum aus Angst vor Spitzeln vor-

297 Vgl. VOCELKA, *Geschichte Österreichs*, 206–211 und WEINZIERL-FISCHER, *Konkordate*, 82.
298 Vgl. CVIRN, „Narodnopolitične razmere v Mariboru", 272–279.

sichtiger geworden waren. Die Unzufriedenheit brodelte wohl unterschwellig weiter, dennoch beruhigte sich die Lage etwas, wohl auch deshalb, weil einige Reformen der Schwarzenberg-Regierung (Einführung der Gemeinden, Neuziehung der Kreisgrenzen) sich sehr positiv auf die Marburger Wirtschaft auswirkten.[299]

In folgenden Unterkapiteln soll nun anhand von Quellenmaterial beleuchtet werden, wie und in welchem Ausmaß nationale Fragen in Marburg überhaupt virulent waren. Die Rolle der Kirche, insbesondere ab dem Konkordat 1855 und nachdem Marburg 1859 Bischofssitz wurde, muss dazu besprochen werden. Die Frage der Kirche führt weiter zur Frage der Schulpolitik und den Debatten zur Unterrichtssprache. Abschließend sollen noch einige Quellenbeispiele über das gesellschaftliche Leben und die sprachliche Situation in dieser Zeit Aufschluss geben.

299 Ebda. Über den Beginn der Gemeinden, die damit verbundenen Schwierigkeiten und die Gemeindefrage als Zankapfel zwischen Liberalen und Konservativen, siehe: STUDEN, „Liberalcem so kmetje španska vas“, 36–64, hier: 37–41.

5.1. Die nationale Frage und die Kirche

5.1.1. Das Konkordat von 1855

Kaiser Franz Joseph I. sah in der Kirche zu Recht eine Grundfeste seiner Herrschaft und war im Gegenzug für ihre Unterstützung bereit, sich vom josephinischen Erbe zu verabschieden und der Kirche im Konkordat von 1855 weitreichende Zugeständnisse zu machen. Durch das Konkordat wurde der Kirche die volle Gerichtsbarkeit in Ehesachen überantwortet, und der Staat verpflichtete sich, nicht mehr ins Ordenswesen einzugreifen und neue Ordensniederlassungen zu gestatten. Durch Artikel VII und VIII wurde die Schule wieder völlig der Obhut der Kirche unterstellt, deren Hauptanliegen „naturgemäß nicht in erster Linie die Verbreitung von Bildung [war], sondern die Erziehung der Schüler zu treuen Kindern der Kirche und zu folgsamen Untertanen".[300] Die Kirche beaufsichtigte damit alle Schulen und Lehrer; in Artikel IX verpflichtete sich der Staat außerdem, die Verbreitung der von der Kirche verbotenen Bücher zu verhindern. Die größten Widerstände gegen das Konkordat kamen vonseiten der (im josephinischen Geiste ausgebildeten) Beamtenschaft und des liberal gesinnten Bürgertums. Vor allem den jahrelangen Angriffen der Liberalen sollte das Konkordat als unzeitgemäßes Korsett, das mehr wie ein geistiges Kind des 15. als des 19. Jahrhunderts anmutete, schließlich auch zum Opfer fallen. Zum Schulwesen, das Thema des nächsten Kapitels sein wird, sei hierzu noch erwähnt, dass trotz des Umstandes, dass die liberalen Stimmen jahrelang gegen das Konkordat im Allgemeinen Sturm liefen, die konkreten Angriffe auf dem Gebiet des Unterrichtswesen eher selten waren, da „[D]ie Ergebnisse der Thunschen Hochschulreform [...] anerkanntermaßen so positiv" waren.[301] Eine außenpolitische Auswirkung des Konkordats war dessen negative Wirkung auf Österreichs Rolle in der deutschen Frage, da das Konkordat in Deutschland eine sehr negative Bewertung fand.[302] Auch das Marburger Bürgertum soll das Konkordat sehr ein-

300 FROMMELT, *Unterrichtswesen*, 37.

301 WEINZIERL-FISCHER, *Konkordate*, 80f und 97.

302 „Verkehrt Ihr mit Moder und Schimmel, Mit Konkordat und Glaubensgericht, Gewinnt Ihr die erste Stelle im Himmel, Aber in Deutschland nicht", zitiert Weinzierl-Fischer dazu Franz Grillparzer, in: *Konkordate*, 102.

hellig und inbrünstig abgelehnt haben, was aber nichts mit der Tätigkeit des heimischen Klerus zu tun hatte. Auf lokaler Ebene kann kein ‚Kulturkampf' konstatiert werden; die Bischofssitzverlegung nach Marburg wurde – wie wir gleich sehen werden – frenetisch gefeiert.

5.1.2. In welcher Sprache wurde gepredigt?

Die Frage der Predigtsprache korreliert mit der sonstigen Zahlen- und Einflussstärke des Deutschen und den eindeutig deutschen Hausbesitzerzunamen in einer Stadt. Demnach darf es für die Stadt Marburg nicht überraschen, dass dort dem Slowenischen nur die Rolle einer Minderheitensprache zukam. Schon 1540 zeigten sich die Bürger ob nur einer Predigt auf Deutsch neben einer auf Slowenisch unzufrieden und forderten den früheren Zustand zurück, nämlich zwei deutsche zu einer slowenischen Predigt. Slowenische Predigten verschwanden zunehmend aus den Stadtkirchen und wurden in die Vorstadtpfarren verlegt.[303]

1764 wurden die slowenischen Predigten aus der Stadtpfarrkirche in die vorstädtische Filialkirche in der Magdalena-Vorstadt verlegt, wobei bis dato in beiden Sprachen gleichzeitig gepredigt worden war: in der Kirche auf Deutsch, auf dem Friedhof bzw. im Winter in der Spitalskirche nebenan auf Slowenisch. Die Gottesdienste wurden von der Bevölkerung gemeinsam besucht, und lediglich die Predigt wurde getrennt gehört. Diese Verlegung kam durch Beschwerden zustande, die slowenische Predigt störe die gleichzeitig ablaufende deutsche. Die erwähnte physische Trennung der Bevölkerung zog „zwangsläufig ein äußeres soziales Merkmal nach sich".[304]

Damit war die Predigtsprache in der inneren Marburger Stadt offensichtlich bis 1859 nur die deutsche, bis es im Zuge der Bischofssitzverlegung zu einer Neuregelung kam. Aufgrund von Priestermangel, „konnte man das

303 Vgl. GOLEC, „Was bedeutet", 51–54.

304 Vgl. GOLEC, „Wandel im ethnischen Gefüge", 78.

Wort Gottes nicht so reichlich verkünden, wie es für die 8.000 Stadtbewohner und die ausgedehnten Vorstädte notwendig wäre, vor allem weil Slowenen und Deutsche kreuzundquer vermischt sind". 1859 wurde verkündet, dass in Zukunft „[i]n der so genannten Windischen Vorstadtpfarre, gegenüber der Eisenbahn liegend, [...] künftig um 11 Uhr sonn- und feiertags auch eine deutsche Predigt und dann eine stille Messe stattfinden, in der Vorstadtpfarre Magdalena genau zu dieser Zeit eine slowenische Predigt gehalten werden wird [...]. Weil es in der Stadt so viele slowenische Dienstboten und Handwerker gibt, wird künftig in der Priesterseminarkirche Hl. Alois [am Hauptplatz] sonn- und feiertags um 5 Uhr morgens die Hl. Messe und dann eine slowenische Predigt stattfinden, nachmittags um 4 Uhr noch die Christenlehre und der Hl. Segen auf Slowenisch."[305] Offensichtlich waren also die Pfarren der Vorstädte durchaus utraquistisch, d. h. zweisprachig – die Stadt hingegen auch in der Kirche deutsch geprägt – was man an der einzigen slowenischen Predigt zu einer ungünstigen Uhrzeit ersehen kann. Dennoch ist diese 5-Uhr-Predigt offensichtlich ein Fortschritt im Vergleich zum vorherigen Zustande gewesen, so meinte ein unter dem Pseudonym Sekolovski publizierender Autor in den *Novice*: „Mein Gott, das war auch notwendig wie dem Fisch das klare Wasser!"[306]

305 *Zgodnja danica. Katolišk cerkven list.* Jg. 12, Nr. 19 vom 15. 9. 1859, 130.
306 Sekolovski, in *Novice*, Jg. 17, Nr. 38 vom 21. 9. 1859, 300.

5.1.3. Die neuen Diözesangrenzen und die Verlegung des Bischofsitzes

„Die Verlegung des Bischofssitzes brachte
mehr patriotische Geistliche in die Marburger Stadt,
das Priesterseminar war auch das Seminar glühender Patrioten,
und im öffentlichen wie im privaten Leben
zeigte sich in Marburg erstmals das Slowenentum."[307]

Bereits der Lavanter Bischof Leopold Maximilian Graf von Firmian (1766–1831) setzte sich vehement für die Verlegung des Lavanter Bischofssitzes nach Marburg ein; verwirklicht wurde dies aber erst unter Bischof Anton Martin Slomšek. Die Diözesangrenzen deckten sich zuvor nicht mit den Länder- oder etwaigen Sprachgrenzen: Drei Länder (Kärnten, Steiermark und Krain) waren durch vier Diözesen (Gurk, Lavant, Seckau und Laibach) abgedeckt. Bereits im Frühjahr 1848 hatten Slowenen in der Seckauer Diözese Unterschriften gesammelt und eine Petition an den Salzburger Kardinal Schwarzenberg geschickt, die zehn mehrheitlich slowenischsprachigen Dekanate doch der Diözese Lavant einzugliedern. Diese Forderung wurde 1848 noch zurückgewiesen. Ab 1851 hatte Slomšek die Unterstützung des neuen Salzburger Bischofs Maximilian Joseph von Tarnóczy; 1856 stimmte endlich auch der Kaiser zu, und 1857 bestätigte Rom die neue Grenzziehung zwischen den Diözesen.[308] Der Marburger Kreis wurde an das Bistum Lavant abgetreten, welches wiederum sein Völkermarkter Gebiet an die Diözese Gurk abtrat. Damit umfasste die Diözese Gurk nun das Land Kärnten. Die Diözese Seckau gab einige (slowenischsprachige) Diözesen im Süden an Lavant ab und umfasste nun die (in den heutigen Grenzen österreichische) Steiermark und war überwiegend deutschsprachig; dennoch verblieb ein großer Anteil Deutschsprachiger in gemischtsprachigen Diözesen. Die Lavanter/Marburger Diözese war nun mehrheitlich slowenischsprachiges Gebiet. Diese Anpassung an Landes- und Kreisgrenzen, um der „nationalen Verteilung" Rechnung zu tragen, blieb die letzte in der Monarchie und wurde auch

---

307 TRSTENJAK, Davorin. „Prineski k zgodovini dušnega prerojenja Slovencev na Štajerskem, IV. Matija Prelog" in: *Zora*, Nr. 4 und 5, 1872, 65.

308 Vgl. GRAFENAUER, Bogo. „Etnična vprašanja ob preureditvi lavantinske škofije na Štajerskem", in: *Acta Ecclesiastica Sloveniae* I, Ljubljana 1979, 107–136.

Abbildung 10: Domplatz mit Domkirche; Darstellung auf Postkarte um 1900

nicht vollständig oder konsequent ausgeführt, wohl deswegen, weil sich die offizielle katholische Kirche immer vehement gegen nationale Aufspaltung und Vereinnahmung gesträubt hatte und in spannungsgeladenen Zeiten eher bemüht war, das gesamtstaatliche österreichische (und ihr eigenes universalistisches) Interesse über nationale Partikularinteressen zu stellen.[309]

Am 22. September 1858 wurde endgültig entschieden, den Bischofssitz von St. Andrä im Lavanttal nach Marburg zu verlegen – was auch durch den finanziellen Einsatz der Marburger Bürger, der Stadtkommune und des Klerus für den Bau einer neuen Residenz zustande kam – denn es waren auch andere untersteirische Städte wie Celje, Ptuj und Slovenska Bistrica als möglicher Bischofssitz im Gespräch. Erst 1859 wurde dann übersiedelt und am

309 DOLINAR, France M. „Cerkvena organzicaija ob današnji slovensko-avstrijski meji od jožefinskih reform do danes", in: *Zgodovinski časopis*, Jg. 46/4. Ljubljana 1992, 429–435, hier: 429–43; URBANITSCH, „Die Deutschen", in WANDRUSZKA/URBANITSCH III/1, 64–66 und GRAFENAUER, „Etnična vprašanja", 134.

4. September schließlich die Einnahme des neuen Bischofsitzes durch Slomšek gefeiert. (Der Name aber wurde überhaupt erst 1962 von Diözese Lavant in Diözese Marburg geändert.) Marburg war – trotz kritischer Stimmen gegen das Konkordat – samt und sonders für diese Verlegung, schließlich bedeutete dies eine große Aufwertung der Stadt; doch „[n]ichts ist davon überliefert, daß ‚Slowenen' die Translation stärker gewünscht hätten als ‚Deutsche'".[310]

310 HÖSLER, *Von Krain zu Slowenien, 177.*

5.1.4. „[…] seit Marburg steht, hat es noch keine solche Feierlichkeit erlebt“[311]

„Was die steirischen Slowenen sich schon so lange gewünscht, und worum sie schon so viele Male so herzlich gebeten hatten“, hatte sich endlich erfüllt, als Slomšek am Sonntag, den 4. September feierlich den neuen Bischofssitz einnahm. Schon am Samstag zuvor wurden zwischen 6 und 7 Uhr alle Kirchenglocken geläutet. Um 9 Uhr abends gab es einen Fackelzug durch die Gassen, und „man sang für den neuen Bischof zur Begrüßung“. Herzlich wurde der scheidende Hirte der Seckauer Diözese verabschiedet, „aber mit nicht geringerer Freue wurden ihre Herzen erfüllt, als an diesem Abend die Glocken die Ankunft des neuen hohen Hirten verkündeten, der künftig in der slowenischen Sprache mit seinen geistigen Kindern sprechen kann, was der bisherige deutsche hohe Seckauer Hirte nicht vermochte“.[312] Bereits am Vorabend und dann am Sonntagmorgen waren aus vielen verschiedenen Orten Unmengen von Menschen herbeigeströmt, darunter auch 109 Geistliche, und natürlich war die ganze Prominenz der Stadt versammelt. Die Heilige Messe wurde um 8 Uhr morgens in der Kirche des Hl. Alois am Hauptplatz gefeiert. Eine vom Gymnasium gespendete neue Statue des hl. Alois wurde geweiht, die Bürger verliehen ihrer Freude Ausdruck, indem sie den Kranken des städtischen Krankenhauses eine besonders gute Mahlzeit spendeten[313], und der Abschluss des Gottesdienstes war erreicht, als Slomšek eine glühende Predigt hielt. „[…] Marburg hat sicherlich noch nie so viele Menschen auf den Straßen und Märkten gesehen wie an diesen beiden Tagen“, „die Menge kochte bereits seit dem frühen Morgen, so dass es fast nicht möglich war, durch die Straßen zu kommen“. Der Autor dieses Artikels kritisierte aber, dass man die Geistlichen in der Residenz bewirtete und einige im Priesterseminar, „wo man ohnehin n u r auf Deutsch gesoffen hat, obwohl es nur h e i m i s c h e Herrschaften [domači gospodje] waren; wofür wir uns fast ordentlich schämen müssten!“[314]

311 *Novice*, Jg. 17, Nr. 37 vom 14. 9. 1859, 292. [Auch im Original „kar *Marburg* stoji, take slovesnosti še ni doživel“ und „Iz *Marburga*“]

312 *Zgodnja danica. Katolišk cerkven list*. Jg. 12, Nr. 19 vom 15. 9. 1859, 130. In selber Ausgabe findet sich auf erster Seite ein Begrüßungswort Slomšeks an seine gläubigen Schäfchen.

313 Ebda.

314 Sekolovski, in *Novice*, Jg. 17, Nr. 38 vom 21. 9. 1859, 299f.

5.1.5. Der ‚Nationalbischof' Slomšek

Als Erstgeborener von acht Kindern einer relativ gut situierten Müllerfamilie aus Ponikl/Ponikva nahe Celje führte sein Bildungsweg Anton Martin Slomšek (1800–1862) über das Gymnasium in Celje, das Priesterseminar in Klagenfurt, die Priesterweihe 1824 zur Bischofsweihe 1846. 1859 wurde er nach der neuen Diözesangrenzziehung und der Verlegung des Bischofsitzes der erste Bischof der Diözese Lavant in Marburg, wo er noch im selben Jahr ein Priesterseminar gründete.[315] 1999 sollte er schließlich durch Papst Johannes Paul II. selig gesprochen werden. 1851 war auf seine Initiative hin der *Mohorjeva/Hermagoras-Verein* gegründet worden, woraus der gleichnamige Verlag entwuchs, der sich zum Ziel setzte, preiswerte Publikationen in slowenischer Sprache unter die Bevölkerung zu bringen und die Alphabetisierung voranzutreiben. Da diese Bücher in fast jedem Haushalt zu finden waren, gibt es die geflügelte Aussage, dass der Mohorjeva-Verein den Slowenen das Lesen beigebracht hat. 1846 begann Slomšek die Kirchenzeitung *Drobtinice* herauszugeben – neben den *Novice* von Janez Bleiweis in Ljubljana und der anderen Kirchenzeitung *Zgodnja danica* die einzige Zeitung in slowenischer Sprache, die auch in der Zeit des Neoabsolutismus erscheinen durfte und sich zum Ziel setzte, das Lesen in slowenischer Sprache zu fördern und natürlich die christliche Lehre zu forcieren.[316]

Ohne seine Verdienste um die slowenische Sprache und zur Unterstützung einer weitreichenden Alphabetisierung der Bevölkerung schmälern zu wollen, muss gleichzeitig gesagt werden, dass Slomšek in der slowenischen Meistererzählung retrospektiv stark national interpretiert und überhöht wurde. Zum einen wird er natürlich von der Kirche für seine Verdienste als Bischof gewürdigt, zum anderen – und in einem weit größeren Maße – aber wird er als „nationaler Erwecker", als „slowenischer Method des 19. Jahrhunderts", als „Nationalbischof" und „Vorkämpfer des slowenischen Volkes" ver-

---

315 Vgl. KOVAČIČ, *Slovenska Štajerska in Prekmurje*, 340–342 und ders. *Zgodovina Lavantinske škofije: 1228–1928. Ob 700letnici njene ustanovitve*. Maribor 1928 und N. N. „Anton Martin Slomšek", in: Austria-Forum: http://austria-forum.org/af/Wissenssammlungen /Biographien/ Slom%C5%A1ek%2C_ Anton_Martin

316 Vgl . Cvirn, in: CVIRN (Hg.). *Kronika XIX. stoletja*, 1. Bd., 275 und 410.

ehrt.[317] Slomšek sei nicht nur mit jedem Zoll ein Bischof gewesen, sondern auch „jeder Zoll ein slowenischer Patriot", so schon Trstenjak.[318] In solchen Darstellungen sei „der wesentliche Movens seines Handelns" die Stärkung des slowenischen Nationalbewusstseins und die nationale ‚Erweckung' der Slowenen, nicht die Missionierung und eine Stärkung der Kirche in der Gesellschaft gewesen. Dem ist mit Hösler zu widersprechen: „Die Gründung und Förderung von Bibliotheken, Schulen, Vereinen, Verlagen und Zeitschriften, die wie eine nationalbewußte Aktivität erscheinen mögen, waren ihm Mittel zum Zweck der Missionierung."[319] Er achtete darauf, dass in den gemischten Gebieten Predigten auf Slowenisch und auf Deutsch gehalten wurden und ließ folgerichtig Lieder- und Gebetsbücher immer zweisprachig drucken. Er war zur Einsicht gelangt, „daß der Seelsorger sich in *der* Sprache an die Menschen richten muß, die diese verstehen". Sprache war demnach das Mittel zum Zweck und Medium für die religiösen Lehren.[320]

317 Vgl. HÖSLER, *Von Krain zu Slowenien,* 174–181. zitiert dazu einige Vertreter der älteren slowenischen Historikergeneration wie Jože Pogačnik und Janko Prunk.

318 TRSTENJAK, „Prineski k zgodovini", 65.

319 .HÖSLER, *Von Krain zu Slowenien,* 177.

320 Belegt ist dieser Fokus auf christliche und nicht nationale Inhalte auch mit einem schnellen Blick in eine Ausgabe der *Drobtinice*: In der Jahresausgabe 1859/60 mit 280 Seiten finden sich zwar ein Gedicht mit nationalem Inhalt (*Slovenci smo mi*) und zwei Artikel über die slowenische Sprache, die große Masse handelt aber von christlichen Moralvorstellungen (Bsp. *Devištva čast in imenitnost, Dolžnost keršanske žene, Pijančevati nikar* usw.) der Verehrung von Jesus, der Mutter Gottes etc. Vgl. *Drobitinice za leto 1859 in 1860. Učiteljem in učencem, starišam in otrokam v poduk in kratek čas. XIV. letnik. (Lavant. semišcu v pomoč)* Graz 1860.

5.2. Die nationale Frage in der Schule

Die Frage der Schulbildung – wie nun auch immer konkret ein Schulwesen organisiert sei – war eine entscheidende, weil es „offensichtlich [ist], dass sich der Weg zur modernen Nation nie auftat, ehe nicht folgendes erreicht war: a) eine wesentliche Erweiterung des Schulnetzes und eine Intensivierung des Schulbesuchs, b) die Einbeziehung national relevanter Inhalte [z. B. ein nationaler Literaturkanon und auch Lieder] in den Unterricht – insbesondere in den höheren Schulen".[321] Und: „Unter den Trägern des nationalen Lebens standen zudem die Lehrer in der vordersten Linie."[322] Das ist der Grund, wieso ein Herzstück der vorliegenden Arbeit sich mit dem Thema Schule befasst. Das vorliegende mit vielen Quellenbeispielen durchzogene Unterkapitel soll ‚Nationalitätenkonflikte' im Schulwesen suchen und beleuchten, inwiefern das Deutsche und das Slowenische repräsentiert waren, (höhere) Schulbildung den Slowenen zugänglich war und sich nationale Fragen im Untersuchungszeitraum am Kampffeld Schule überhaupt (schon) stellten und wer die Träger, wer die Gegner einer Nationalisierung waren.

Zunächst aber folgt noch ein kleiner Einblick in das Schulwesen dieser Zeit: Das Schulwesen in der Habsburgermonarchie wies große regionale Unterschiede und eine Kluft zwischen theoretischem Anspruch und Realität auf (z. B. die Zahl der Schulfähigen, Schulpflichtigen gegenüber der Zahl der tatsächlichen Schulbesucher sowie die zwar schrumpfende, aber immer noch hohe Zahl an Analphabeten). Die Ausbildung und Besoldung der Lehrkräfte (die bis 1869 an den Kirchen- und Organistendienst gebunden war), insbesondere der Volksschullehrer, die auf Nebeneinkünfte angewiesen waren, und das Netz an Schulen sowie deren materielle Beschaffenheit ließen stark zu wünschen übrig. Auch wurde dem Schulbesuch zumindest in der ersten Hälfte des 19. Jh. in breiten Schichten noch kein hoher Stellenwert eingeräumt.[323] Die Schulordnung von 1774 führte die sechsjährige allgemeine Schulpflicht und drei Arten von Schulen ein, die im Gegensatz zu den

321 HROCH, *Europa der Nationen,*103.

322 ENGELBRECHT, *Geschichte des österreichischen Bildungswesens* 4, 295.

323 Vgl. FROMMELT, *Unterrichtswesen,* 36–42.

‚lateinischen' Gymnasien oftmals als ‚deutsche Schulen' (= niedere Schulen in der Muttersprache) bezeichnet wurden: die Trivialschulen auf dem Land (die ein- bis zweiklassig waren, auch Volksschulen, Pfarrschulen oder ‚Bauerschulen' [šole na kmetih] genannt), in kleineren Städten vierklassige Hauptschulen und in größeren Städten und Landeszentren die Normal- bzw. Musterschulen. Während Erstere nur elementare Kenntnisse in Lesen, Schreiben und Rechnen und Religionsunterricht vermittelten, sollten die Haupt- und Normalschulen tiefer schürfende Fach- und Sprachkenntnisse (Deutsch und Latein) vermitteln und damit auch den Sprung ans Gymnasium ermöglichen.[324] Außerdem gab es noch Ordensgymnasien, wobei bis 1848 überhaupt die Mehrzahl der Gymnasien in kirchlicher Hand war. Ihre Anzahl nahm zwar kontinuierlich ab, dennoch behielten sie ihren festen Platz im österreichischen Schul- und Bildungswesen.[325]

Den Hauptschulen war oftmals Sonntagsschulen (Sie wurden auch Wiederholungsschule genannt und sollten die Alphabetisierung und die religiöse Bildung der Bevölkerung vorantreiben) angegliedert – wobei Sonntagsschulen auf dem Land auch dort entstanden, wo es sonst keine Schule gab, weshalb sie für die Elementarbildung und die religiöse Belehrung der Bevölkerung in ihrer Muttersprache von entscheidender Bedeutung waren. Dementsprechend förderte sie auch der slowenische Klerus, wie u. a. Bischof Slomšek. Die erste Hauptschule in Marburg entstand Ende des 18. Jahrhunderts; ab 1814 war ihr auch eine Sonntagsschule, ab 1802 ein zunächst dreimonatiger, später einjähriger Präparandenkurs angeschlossen, von welchem später noch die Rede sein wird. Dieser Kurs war die Ausbildungsklasse für alle Volksschullehrer und Organisten und wurde 1862/63 in eine zweijährige Lehrerbildungsanstalt umgewandelt.[326] 1814 wurden per Dekret die Mädchen von den Jungen getrennt, was zur Gründung der ersten Mädchenschule führte. Die Haupt-

324 Vgl. OKOLIŠ, Stane. *Zgodovina šolstva na Slovenskem.* Ljubljana 2009, 58–63 und GRIESSER-PEČAR, *Maribor*, 120ff.

325 Vgl. URBANITSCH „Die Deutschen", in WANDRUSZKA/URBANITSCH, III/1 83–91 und FROMMELT, *Unterrichtswesen*, 40f.

326 Vgl. KOVAČIČ, *Slovenska Štajerska in Prekmurje*, 353.

schule bekam 1812 ein neues Gebäude auf dem heutigen *Slomškovem trgu* (ehemaliger Kirchenplatz), wo auch naturwissenschaftliche Fächer unterrichtet wurden, woraus sich dann die zweijährige Unterrealschule entwickelte.[327]

1758 wurde von den Jesuiten das erste Gymnasium[328] in Marburg gegründet, das bis zur Aufhebung des Jesuitenordens 1773 bestand und 1775 von der Stadtpfarre weitergeführt wurde. Besondere Aufgabe war die Sicherung des priesterlichen Nachwuchses für die Untersteiermark. 1850 wurde es zu einem klassischen Gymnasium im heutigen Sinne, als es im „Organisationsentwurf" radikal modernisiert wurde, achtklassig geführt, die Klassen deutlich verkleinert sowie die Matura eingeführt wurden, womit das Niveau deutlich stieg. Außerdem war es wie alle höheren Schulen den Buben vorbehalten, Mädchen stand nur der Schulbesuch in Volks- und Normalschulen offen.[329] In den folgenden Jahrzehnten sollte sich die Zahl der Schulen und Ausbildungseinrichtungen stark vergrößern, und es wurden kontinuierlich neue gegründet, darunter das Kadetteninstitut (1856), die Oberrealschule (1870), auch Berufsschulen wie die Obst- und Weinbauschule (1872) aber auch die Volksschule (1865) und die Frauen-Lehreranstalt (1888) der Schulschwestern.[330]

327 Vgl. BRAČIČ, Vladimir. „Razvoj šolstva in drugih izobraževalnih dejavnosti v Mariboru", in: CURK/HARTMAN/ KOROPEC (Hg.). *Maribor skozi stoletja. Razprave I*, 585–612, hier: 586f und GRIESSER-PEČAR, *Maribor*, 120ff.

328 Für die ehemals „niederen Studien" der Jesuiten wurde später der Name *Gymnasium*, für die „höheren Studien" der Name *Lyzeum* gebräuchlich. Vgl. OKOLIŠ, *Zgodovina šolstva*, 48.

329 Vgl. GRIESSER-PEČAR, *Maribor*, 120ff und FROMMELT, *Unterrichtswesen*, 63.

330 Vgl. GRIESSER-PEČAR, *Maribor*, 123–128.

5.2.1. Die Unterrichtssprache

Doch diese Zahl [der national gesinnten Slowenen in Marburg] war zu gering, als dass sich das Slowenentum im öffentlichen Leben Geltung verschaffen hätte können, Politisches gab es im Bach'schen Absolutismus ohnehin nichts, deshalb hat sich das ganze nationale Wirken nur auf die Ausbildung in der Muttersprache beschränkt.[331]

Da sich die slowenische Nationalbewegung „vor allem und fast ausschließlich auf die Tatsache der sprachlichen Gemeinschaft – der augenscheinlichsten ethnischen Gegebenheit" gründete, waren die Fragen der Volksbildung und der Kultur in der eigenen Sprache und damit die Frage der slowenischen Unterrichtssprache von außergewöhnlicher Bedeutung.[332]

Vor dem Jahr 1848 beschränkte sich der Unterricht in slowenischer Sprache im Wesentlichen auf die Sonntagsschule und auf den Religionsunterricht in den Grundschulen; vereinzelt kam er auch in anderen Lehrgegenständen vor. Generell galt im 19. Jahrhundert, je höher die Bildung und je größer die jeweilige Stadt, desto eher wurde auf Deutsch unterrichtet. Vor allem auf dem Land und in Krain setzte sich im Laufe des 19. Jahrhunderts aber nach und nach Slowenisch als Unterrichtsprache durch.[333]

Die primäre Schulbildung erfolgte in den Volks- bzw. ehemaligen Trivialschulen, von denen in den gemischtsprachigen Kronländern ein erheblicher Anteil utraquistisch geführt wurde und für die die Gemeinden verantwortlich waren. Einen Mischtyp stellten neben rein slowenischen oder rein deutschsprachigen Schulen die utraquistischen Schulen dar, in denen die Landessprache so lange eingesetzt und akzeptiert wurde, bis die Schüler ausreichend Deutsch beherrschten, damit der Unterricht auf Deutsch ablaufen konnte: „Dementsprechend bediente man sich des Slowenischen in der Schule als eines Mittels und nicht als eines der Ziele, in erster Linie

---

331 TRSTENJAK, „Prineski k zgodovini", 65.

332 Vgl. PLETERSKI, „Slowenen", in WANDRUSZKA/URBANITSCH, *III/2*, 818.

333 Vgl. OKOLIŠ, *Zgodovina šolstva*, 64f.

als Hilfssprache in den unteren Schulstufen. Dadurch war das Slowenische ohne Zweifel degradiert [...]".[334] Der Unterricht in den mehrheitlich slowenischen Marburger Vorstadtbezirken Grazer und Magdalena-Vorstadt wurde in den entsprechenden Vorstadtpfarrschulen utraquistisch geführt.[335] Gerade in gemischtsprachigen Gebieten schickten nichtdeutsche Eltern ihre Kinder gerne in solche Volksschulen, weil sie sich für ihr Kind später bessere berufliche Chancen erhofften, wenn dieses auch Deutsch lernte. Nationalbewusste slowenische Politiker hingegen bekämpften diesen Schultyp und sahen darin ein Mittel zur Assimilation. 1849 soll es in der Steiermark noch 289 solche Schulen (das waren hauptsächlich Volksschulen) gegeben haben; ihre Anzahl sinkt aber insgesamt ab den 1860er-Jahren. Die zweisprachigen Schulen wurden in einsprachige umgewandelt oder geteilt. 1870 gab es in der Untersteiermark noch 199 utraquistische (und 35 slowenische) Schulen, 1912/13 waren es hingegen nur noch 49 utraquistische und 230 slowenische Volksschulen.[336]

Die Mittelschulen, darunter vor allem die Berufsschulen und Gymnasien, hatten eindeutig ein stärker deutsches Gepräge. Dies trifft im starken Ausmaß auf die (1869 eingeführten) Bürgerschulen und höhere Fach- und Berufsschulen zu, da die Sozialstruktur der Deutschen viel mehr von Handel, Gewerbe und Industrie geprägt war als jene anderer Nationalitäten und in diesen Schulen der technisch versierte Nachwuchs für diese Branchen ausgebildet wurde. Urbanitsch nennt für das Jahr 1858 die Zahl von 115 Gymnasien und Realschulen in der Monarchie, von denen 82 (d. h. 71 %) eine deutsche Unterrichtssprache hatten und 23 utraquistisch bzw. national getrennt geführt worden waren.[337] Ein slowenisches Gymnasium oder eine Realschule mit slowenischer Unterrichtssprache gab es in der Monarchie und folglich auch in Marburg nicht. Selbiges gilt für die Universitäten: Obwohl im 19. Jahrhundert oftmals eine slowenische Universität gefordert wurde,

334 GOLEC; „Was bedeutet", 40.

335 Vgl. Maček, in, FERLEŽ (Hg.), *Deutsche und Maribor*, 121.

336 Vgl. URBANITSCH, „Die Deutschen", in WANDRUSZKA/URBANITSCH, III/1, 81f und ENGELBRECHT, *Geschichte des österreichischen Bildungswesens 4*, 312f.

337 Vgl. URBANITSCH, „Die Deutschen", in WANDRUSZKA/URBANITSCH, III/1 83–91.

entstand die erste in Ljubljana erst 1919. Der übliche Weg für eine akademische Bildung führte junge Slowenen daher nach Wien und Graz.[338] Die erste Lehrkanzel für slowenische Sprache wurde bereits 1811 am Lyzeum Graz eingerichtet, an der 1812 Janez Primic den Unterricht aufnahm. Vereinzelte Parallelvorlesungen gab es in den 1850er-Jahren in Graz auch auf Slowenisch: So etwa hielten Dr. Josef Krainz zum Zivilrecht (1850–54), Dr. Josip Mihael Skedl zum Strafrecht (1851–55) und Dr. Ivan Kopač (1851–1852) Vorlesungen. Dr. Matija Robič (1850–53) und Dr. Josip Tosi (1853–56) trugen hingegen auf der theologischen Fakultät slowenisch vor.[339] Laut Engelbrecht wurden diese slowenischen Vorlesungen aus Mangel an Hörern (da ohnehin alle slowenischen Studenten Deutsch beherrschten) wieder eingestellt,[340] laut Kovačič stellten sich ihnen vehement die Deutschen entgegen.[341]

Für den Betrachtungszeitraum ist die Kirche Hauptakteur und Betreiber des österreichischen Schulwesens, und gerade für die slowenische Nationalbewegung wird den Geistlichen eine wichtige Stellung eingeräumt. Über die Motivation des Klerus für seinen Einsatz im Schulwesen sollte man sich aber keine Illusionen machen bzw. nicht anachronistisch nach primär nationalen Motiven suchen: Nicht Nationalstolz oder die Reifung des Slowenischen zur Bildungs- und Wissenschaftssprache waren primär sein Anliegen, sondern die Erreichung der Masse der Bevölkerung mit religiösen Lehren. Vlado Schmidt stützt diese Aussage auf den Umstand, dass sich der slowenische Klerus, so etwa Slomšek, *nicht* für Slowenisch *in den Gymnasien* einsetzte, weil

338 Auffallendes Detail: die Studienwahl: Zwar erfreute sich der Studienzweig Rechtswissenschaften bei allen Nationalitäten sehr hoher Popularität, aber von den slowenischen Studenten wählten mehr als die Hälfte [!] aller Studenten dieses Studium; äußerst populär insbesondere unter den Slowenen war auch das Studium der Theologie. Angaben beziehen sich auf das Jahr 1910/11. Aus: URBANITSCH, „Die Deutschen", in: WANDRUSZKA/URBANITSCH, III/1, 94–98. Auch Kokoschinegg erwähnt, die „in die Theologie Abgehenden" seien [1854, am Ende seiner Gymnasialzeit] „meist Slowenen" gewesen. aus: KOKOSCHINEGG, *Aus meinem Leben,* 28.

339 Vgl. HÖSLER, *Von Krain zu Slowenien,* 160–173. Siehe: D. M. in: CVIRN (Hg.). *Kronika XIX. stoletja,* 1. Bd., 401 und ENGELBRECHT, *Geschichte des österreichischen Bildungswesens 4,* 314f und KOVAČIČ, *Slovenska Štajerska in Prekmurje,* 354.

340 Vgl. ENGELBRECHT, *Geschichte des österreichischen Bildungswesens 4,* 315.

341 Vgl. KOVAČIČ, *Slovenska Štajerska in Prekmurje,* 354.

dies für Belehrung des Volkes und für die Erreichung der Massen irrelevant war. Slowenisch in den Real- und Berufsschulen sowie in den Gymnasien war nicht Teil ihrer Agenda.[342] So soll Unterrichtsminister von Thun Bischof Slomšek bezüglich der Unterrichtssprache um Rat gefragt haben. Dieser habe geraten, in slowenischen Orten solle Slowenisch unterrichtet werden, in größeren Orten aber auch ab dem dritten Schuljahr Deutsch.[343] Es lassen sich auch beim Akteur Kirche die Absichten „nicht auf das Ziel reduzieren, eine Nation und ein Nationalbewußtsein zu begründen".[344] Auch finanziell half die Kirche (in eigenem Interesse) aus: Der 1850 in Celje sowie 1851 in Marburg gegründete und fast ausschließlich durch Spenden von Geistlichen der Diözese Lavant finanzierte *Unterstützungsverein für dürftige Gymnasialschüler* versuchte ärmeren Bauernsöhnen den Gymnasialbesuch zu ermöglichen – dafür mussten sich diese aber auch für den Priesterstand verpflichten.[345]

Die Revolution 1848 hatte langfristige Auswirkungen auf das Schulwesen und zog eine grundlegende Reform nach sich. Ziel wurde es nun, so viele Menschen wie möglich mit elementarer Schulbildung zu erreichen und den Übertritt von dieser zu höherer Bildung so unkompliziert wie möglich zu gestalten.[346] Es kam zunächst zu einer verstärkten Utraquisierung der Mittelschulen, zu einer verstärkten Förderung der nichtdeutschen Landessprachen als Unterrichtsfach – ganz im revolutionären Geist sollte in den Grundschulen der Unterricht in der Muttersprache der Kinder abgehalten werden – wohingegen Deutsch meist Unterrichtssprache in den höheren Schulen blieb. Betrachten wir dazu kurz die betreffenden Gesetzesstellen: Zur Unterrichtssprache heißt es 1849 im sogenannten ‚Organisationsentwurf' für die Gymnasien:

342 Vgl. SCHMIDT, Vlado. *Zgodovina šolstva in pedagogike na Slovenskem*. Ljubljana 1988, Band III, 77f.

343 KOVAČIČ, *Slovenska Štajerska in Prekmurje*, 342.

344 HÖSLER, *Von Krain zu Slowenien*, 339.

345 Vgl. SCHMIDT, *Zgodovina šolstva in pedagogike* III, 144.

346 Vgl. J. Cp., in: CVIRN (Hg.). *Kronika XIX. stoletja*, 1. Bd., 351 und ausführlich zur Sprachenfrage: BURGER, Hannelore. *Sprachenrecht und Sprachengerechtigkeit im österreichischen Unterrichtswesen 1867–1918*. Wien 1995, 32–36.

§17.
1. Jede Landessprache kann Unterrichtssprache an Gymnasien sein.
2. Die Wahl der Unterrichtssprache soll sich überall nach den Bedürfnissen der Bevölkerung richten, welche bei der Anstalt vorzugsweise betheiliget ist. Es wird dabei insbesondere auch dafür zu sorgen sein, daß da, wo die Bevölkerung eine gemischte ist, den Bedürfnissen aller Theile in dieser Beziehung Rechnung getragen werde. Um dieses Zweckes willen ist es zulässig, daß an einem Gymnasium auch zwei Unterrichtssprachen bestehen [...][347]

Maßnahmen zur Einführung nichtdeutscher Unterrichtssprachen, die 1848 beschlossen worden waren, bestanden bis in die 1850er-Jahre vielfach nur auf dem Papier und wurden erst allmählich verwirklicht. Durch die Aufhebung der Verfassung 1851 wurde aber nicht von der eingeleiteteten Schulpolitik abgewichen; insbesondere das höhere Schulwesen erlebte einen großen Aufschwung. Nur vom Grundprinzip der Gleichberechtigung der Nationalitäten rückte man ab.[348] Zwar konnte eine jede Landessprache Unterrichtssprache als auch Unterrichtsgegenstand werden, doch das Primat des Deutschen als Bildungssprache blieb vor allem in der höheren Schulbildung bestehen, wobei man sich immer auf die praktischen Gegebenheiten berief, da die Voraussetzungen – „die Sprachen der einzelnen Nationalitäten [waren] ungleich ausgebildet"[349] – für eine sprachliche Gleichberechtigung noch nicht gegeben schienen. So heißt es in der „Verordnung vom 16. Dezember 1854 betr. endgültige Einführung des Organisations-Entwurfs für die Gymnasien":

In Bezug auf die Unterrichtssprache hat als oberster Grundsatz zu gelten, daß der Unterricht immer und überall in der Sprache zu ertheilen ist, durch welche die Bildung der Schüler am besten gefördert werden kann, [...] auch da, wo [...] die deutsche Sprache nicht ausschließlich Unterrichtssprache sein kann, ist der Unterricht in allen Gymnasien [...], als es gründlicher Bildung dienlich ist, und daher jedenfalls in den höheren Klassen vorherrschend in deutscher Sprache zu ertheilen [...] Insoweit es mit diesen Grundsätzen vereinbar ist, können jedoch auch andere Landessprachen als Unterrichtssprachen gebraucht werden.[350]

---

347 Abdruck in FROMMELT, *Unterrichtswesen,* 163f.

348 ENGELBRECHT, *Geschichte des österreichischen Bildungswesens 4,* 10.

349 Ebda. 295.

350 Abdruck in FROMMELT, *Unterrichtswesen,* 190.

So wurde die rechtliche Grundlage für die Miteinbeziehung des Slowenischen in den Gymnasien geschaffen, dennoch aber blieb Deutsch auf den Gymnasien in den slowenischen Gebieten überall die vorherrschende Unterrichtssprache. Ein beliebter und gangbarer Weg war es in vielen Fällen, zunächst leichter zu unterrichtende Lehrgegenstände (Religion, Geografie, Geschichte) auf Slowenisch unterrichten zu lassen.[351] Zum einen hatte es praktische Gründe, da das Slowenische in Sachen Lehrpersonal, Lehrbücher, einheitliche Schrift und Grammatik, Terminologie etc. erheblichen Aufholbedarf hatte, was sich verständlicherweise in den höheren Schulen und an den Universitäten am frappantesten zeigte. Zum anderen sind manche slowenische Historiker der Ansicht, dass „es auch einen starken deutschen nationalistischen Druck" gab.[352] Dem Ministerium Thun nationale Germanisierungsabsichten zu unterstellen, scheint aber eindeutig überzogen: „Die Hauptsorge galt dem eigentlichen Zweck des Unterrichts, dem die Sprachenfrage untergeordnet war."[353] Engelbrecht stuft den Unterrichtsminister Leo Graf von Thun (1849–1860) sogar als „slawophil" ein:

> [ihm] schwebte bei seinen Entscheidungen ein multinationales, aber auf Integration angelegtes Schulwesen vor. Er wünschte, daß die Schüler sowohl ihre nichtdeutsche Muttersprache als auch die deutsche Sprache fehlerfrei mündlich und schriftlich gebrauchen lernen sollten. Er förderte deshalb die systematische sprachliche Ausbildung der Lehrkräfte und ließ die für den nichtdeutschen Unterricht notwendigen Lehrbücher verfassen. Er wollte die Schulen weder nationalisieren noch germanisieren.[354]

1859 wurde zwar nicht mit der bisherigen Sprachenpraxis gebrochen, aber doch ein neuer Weg eingeschlagen. Nach den verlorenen Schlachten von Solferino und Magenta wollte man den nichtdeutschen Nationalitäten Zugeständnisse machen und gab die Vorherrschaft des Deutschen in der Oberstufe auf. Es wird zwar immer noch am Ziel festgehalten, „nach Absolvierung des Gymnasiums der deutschen Sprache in Schrift und Rede mächtig zu sein",

351 Vgl. FROMMELT, *Unterrichtswesen*, 69.

352 OKOLIŠ, *Zgodovina šolstva*, 70.

353 Vgl. FROMMELT, *Unterrichtswesen*, 82.

354 ENGELBRECHT, *Geschichte des österreichischen Bildungswesens 4*, 296.

allerdings die Direktive geändert: Die Regierung will nicht „mit zwingenden Bestimmungen über das Maß der Anwendung der deutschen Unterrichtssprache" eingreifen, sondern gewährte den Landeschefs „in Beziehung auf die zu wählenden Mittel" einen freien „Spielraum", der „Landessprache beim Unterrichte eine größere Ausdehnung" zu geben.[355] Der Vorwurf, die Unterdrückung der Landessprache sei beabsichtigt gewesen, wird spätestens zu diesem Zeitpunkt entkräftet.[356]

Über die Hauptschule wird per Erlass vom 23. März 1855[357] – man könnte es eine pragmatische Kompromisslösung nennen – Folgendes bestimmt:

> Neben der Unterrichtssprache ist die zweite Landessprache nach Maßgabe des anerkannten Bedürfnisses und der dießfalls schon bestehenden oder noch zu erlassenden besonderen Anordnungen in den, für den Sprachunterricht festgesetzten Stunden derart zu lehren, daß sie allmälig wenigstens bei einzelnen Lehrgegenständen als Unterrichtssprache benützt werden könne.

Abbildung 11: Aus dem Reichsgesetzblatt vom 25. April 1855, § 4, 412.

In den Elementarschulen wiederum gab es seit dem Konkordat unter dem Einfluss der slowenischen Geistlichkeit weitestgehend muttersprachlichen Unterricht auf Slowenisch, weshalb „darin auch die nichtkonservativen Slowenen eine Besserung gegenüber den früheren Zuständen" sahen.[358] Insbesondere im slowenischen Diskurs konzentrierte sich alles immer auf die Bekämpfung der deutschen und die Forderungen nach der slowenischen Unterrichtssprache, obwohl diese Frage eigentlich nicht das einzig Wichtige für das Schicksal einer Nationalbewegung ist: Vielmehr war entscheidend, „dass Angehörige der nicht herrschenden ethnischen Gruppe ab einem gewissen Zeitpunkt höhere Schulbildung erlangen konnten, ohne sich dabei sprach-

355 Vgl. FROMMELT, *Unterrichtswesen,* 115f und Abdruck des kaiserlichen Erlasses 206f.

356 ENGELBRECHT, *Geschichte des österreichischen Bildungswesens 4*, 297.

357 Alle Gesetzestexte sind auch digital nachzulesen unter: ÖSTERREICHISCHE NATIONALBIBLIOTHEK. *ALEX. Historische Rechts- und Gesetzestexte online*, in: http://alex.onb.ac.at/tab_rgb.htm

358 Vgl. PLETERSKI, „Die Slowenen", in WANDRUSZKA/URBANITSCH, III/2, 805.

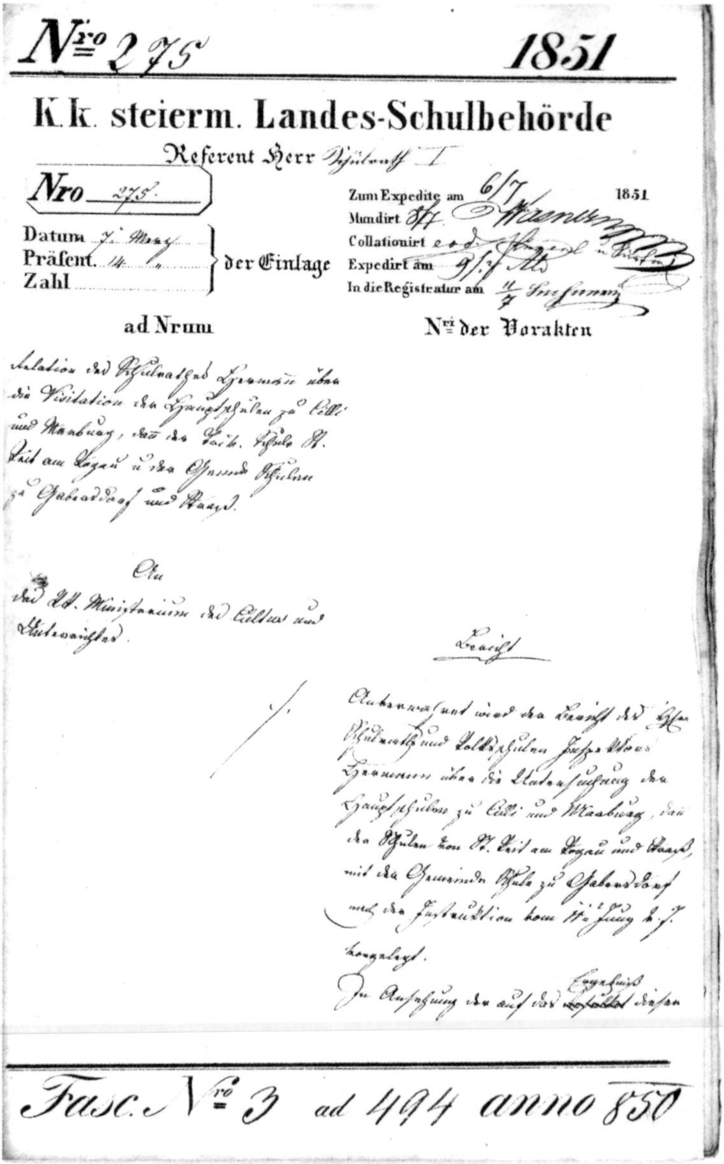

Nro 275 1851

K.k. steierm. Landes-Schulbehörde

Referent Herr Schulrath I

Nro 275

Datum 7. März
Präsent. 14. "
Zahl
der Einlage

Zum Expedite am 6/7 1851
Mundirt 8/7
Collationirt
Expedirt am 9/7
In die Registratur am 11/7

ad Nrum

Nri der Vorakten

Relation des Schulrathes Hermann über die Visitation der Hauptschulen zu Cilli und Marburg, dann der Pfarr. Schule St. Veit am Vogau u. der Gemeinde Schulen zu Gabersdorf und Haag.

An das hh. Ministerium des Cultus und Unterrichtes.

Bericht

Unterweisend wird der Bericht des hies. Schulraths und Volksschulen Inspektors Hermann über die Untersuchung der Hauptschulen zu Cilli und Marburg, dann der Schulen von St. Veit am Vogau und Haag, mit der Gemeinde Schule zu Gabersdorf nach der Instruktion vom 11. Juni d. J. vorgelegt.

In Ausführung der auf das Ergebniß dieser

Fasc. Nro 3 ad 494 anno 850

Abbildung 12: Visitationsbericht von Schulrat Hermann, 1851, StLA

lich völlig assimilieren und die Identität der Staatsnation anzunehmen."[359] Im Weiteren gehe ich demnach von der Behauptung aus, dass der Unterrichts-*gegenstand* Slowenisch zu dieser Zeit eine größere Bedeutung für die slowenische Nationalbewegung hatte als die Unterrichts*sprache* Slowenisch. Von dieser Idee geleitet wird ein Schwerpunkt der folgenden Ausführungen über das Marburger Schulwesen auf dem Gymnasium liegen.

5.2.2. Die Unterreal- und Hauptschule

Ein ausführliches, aus den Archivbeständen extrahiertes Beispiel für eine Betrachtung der Marburger Schulen ‚von oben' bzw. ‚außen' ist ein Bericht „über die Visitation der Hauptschulen zu Cilli und Marburg" (und anderer Schulen wie jener in St. Veit bei Vogau) des Schulrats Johann Hermann an das „Ministerium der Cultur und Unterrichtes" aus dem Jahr 1851.[360] Johann Hermann (1800–1890) war zwischen 1850 und 1854 der für die gesamte Steiermark zuständige k.Schulrat für die Grundschulen, dessen Zuständigkeitsbereich später von ‚Cultusminister' von Thun noch ausgeweitet wurde. Er hatte davor und danach weiterhin im Schulwesen gearbeitet, Schulen gegründet, geleitet und reformiert, Schulbücher geschrieben und sich sehr für Reformen und die Verbesserung der Unterrichtsmittel eingesetzt. Von 1863 bis 1867 gehörte er auch als einziger Elementarschullehrer dem von Staatsminister Anton von Schmerling einberufenen Unterrichtsrat an. Er erfand den sogenannten ‚Setzkasten', der zunächst für das Lesenlernen im Deutschunterricht im Elementarunterricht gedacht auf moderne Fremdsprachen ausgeweitet wurde und gilt als innovativer Didakt und Wegbereiter eines modernen Unterrichts.[361] Hermann „selbst [war] der windischen Sprache nicht

---

359 HROCH, *Europa der Nationen,* 103.

360 „Bericht über die Visitation [...]", in: StLA, *k. k. Landesschulbehörde 1850-54*, Faszikel 3, Stammzahl 494, Aktennummer 275.

361 Vgl. Neue Deutsche Biographie: http://bsbndb.bsb.lrz-muenchen.de/sfz35823.html und A. V., in: CVIRN (Hg.). *Kronika XIX stoletja,* 1. Bd., 370.

kündig",[362] ihr (und den anderen nichtdeutschen Landessprachen der Monarchie) gegenüber aber offensichtlich wohlwollend eingestellt. Die Marburger Hauptschule galt als „deutsch" (so wie auch jene in Ptuj und Klagenfurt im Vergleich zu anderen des slowenischen Sprachgebietes, die als mehrheitlich zweisprachig galten); Slowenisch war aber immerhin schon Lehrgegenstand.[363]

Dem doppelbogigen Visitationsakt von Hermann ist beigelegt: a.) seine mehrseitige, detaillierte Reisebeschreibung, b.) ein „Gutachten des administrativen Referenten betreffend den Bericht des hl. Schulrathes Hermann" und zu guter Letzt c.) die niedergeschriebenen Erlässe der Landesschulbehörde (wiederum von einer anderen Handschrift), die dieser Visitation entwachsen sollen, adressiert an die Seckauer und Lavanter Ordinariate. Eine weitere zuständige Person, erkennbar an der anderen Handschrift hat d.) zu guter Letzt noch einmal Verbesserungen und Änderungen in all den erwähnten Dokumenten vorgenommen. Wir sehen anhand dieses Beispiels also die Arbeitsweise der k. k. Bürokratie, da mit einer solchen Sache mindestens drei Beamte in der bzw. für die Landesschulbehörde befasst waren. Dabei war der Schulrat für didaktische und pädagogische Belange zuständig, während der administrative Referent für die „äußeren Schulangelegenheiten" verantwortlich war.[364] Worum ging es u. a.? Es ging vorwiegend um bauliche, finanzielle, personelle Fragen; nur einer der Punkte ist für vorliegendes Thema interessant. Schulrath Hermann hat

> über den Antrag, an den Hauptschulen zu Cilli und Marburg künftig nur solche Lehrer anzustellen, die der deutschen und slowenischen Sprache mächtig sind, mit den betreffenden Ordinariaten Rücksprache gepflogen, und dieselben aufgefo[r]dert, diesen doppelten Sprachunterricht in den Concurs-Ausschreibungen der Lehrerstellen für die benannten Hauptschulen zur Bedingung der Anstellung zu machen [...][365]

362 „Bericht über die Visitation ..."

363 Vgl. B. Š., in: CVIRN (Hg.). *Kronika XIX. stoletja*, 1. Bd., 400f.

364 Vgl. ENGELBRECHT, *Geschichte des österreichischen Bildungswesens 4*, 89.

365 „Bericht über die Visitation ..."

Der Schulrat empfiehlt, dass „die überfüllte Abteilung der Wiederholungs-Schule in 2 Lehrzimmer abgesondert, und jedes von einem eigenen Lehrer besorgt werden könne, wodurch auch dem Bedürfniße entsprochen wird, daß die slowenischen Schüler einen der slowenischen Sprache kündigen Lehrer erhalten."[366]

Im Gutachten des administrativen Referenten wird die wohlwollende Meinung des Schulrathes Hermann gegenüber dem Slowenischen zusammengefasst: „Der Herr Schulrath ist zu Cilli nur mit den Sitzungen des Elementarlehrer Krainz [der später in Marburg unterrichten wird] zufrieden, weil dieser den Unterricht slowenisch und deutsch ertheilt. So sollte es in allen Classen gehalten werden". Da „aber außer den Elementarlehrer Krainz kein einziger der übrigen Lehrer der slowenischen Sprache so viel mächtig, daß es dieselbe neben der deutschen in der Schule handhaben könnte" [...] „sey [dies] die Ursache des geringen Fortganges der Schüler überhaupt, insbesondere der slowenischen in der deutschen Sprache".[367] Hermann setzt sich also allein schon aus Interesse an einem erfolgreichen und effektiven Schulsystem für den Einsatz des Slowenischen ein.

Der Referent selbst hat offensichtlich eine etwas andere Meinung und stützt sich dabei auf das „competente Urtheil" des „hl. [hochlöblichen] Bezirkhauptmanns zu Cilli Johann Schmelzer", „daß die Kenntniß der slowenischen Sprache nur für den Elementarlehrer zu Cilli nothwendig ist, weil diese Klasse auch von den Kindern der eingeschulten Landgemeinde der Stadtpfarre Cilli besucht wird, und viele derselben anfangs nur ihrer Muttersprache kündig sind". In den höheren Klassen sei Slowenisch hingegen nicht mehr „unumgänglich nothwendig". Über Marburg fährt der Referent folgendermaßen fort:

> Was über das Vorherrschen der slowenischen Sprache bey den Schülern zu Cilli bemerkt wurde, gilt auch bey jenen zu Marburg umso mehr, da in letzterer Stadt die slowenische

366 Ebda.

367 Ebda. Beigelegtes Gutachten des administrativen Referenten NN. [Unterstreich. i. Org.].

Sprache nicht die Umgangssprache, und nicht so vorherrschend ist, als zu Cilli, es ist daher kaum begreiflich, daß Schüler der 4ten Klasse zu Marburg den Unterricht lange Zeit entweder gar nicht oder nicht hinreichend verstehen.[368]

Obwohl der Referent Slowenisch in der Marburger Hauptschule für unnötig hält – wobei doch offensichtlich eine Notwendigkeit besteht, wenn so viele Schüler den deutschen Unterricht „lange Zeit gar nicht oder nicht hinreichend verstehen" – zeigt er sich letzten Endes aber auch einverstanden, die Kenntnis beider Sprachen zur Bedingung der Einstellung zu machen. Auch in den daraus folgenden Erlässen findet dieser Beschluss seinen Niederschlag. Offensichtlich muss sich die Hauptschule positiv entwickelt haben, denn im Diözesanarchiv Maribor fand sich ein Schreiben der Landesschulbehörde aus dem Jahr 1854, in dem eine weitere Visitation Erwähnung findet: „[D]em Inspektionsberichte des Schulraths Hermann vom 28. März d. J. [wurde] mit Wohlgefallen entnommen, daß die Knabenhauptschule zu Marburg sich in mehreren Beziehungen vortheilhaft gehoben habe."[369]

Cvirn beschreibt die Haupt- und Unterrealschule noch in den Jahren 1855–57 als „ausschließlich deutsch",[370] was dem Bericht von Hermann zufolge am fehlenden geeigneten zweisprachigen Personal gelegen haben dürfte. 1851 hat man sich offensichtlich einen befähigten Lehrer vom Gymnasium ausgeliehen.[371] Sogar noch 1860 soll man sich den Lehrer für den Slowenischunterricht von der Haupt- in die Unterrealschule „ausgeliehen" haben, und viele Schüler der Hauptschule sollen noch in der vierten Klassen nicht slowenisch lesen gekonnt haben; was dann zu Komplikationen führte, wenn jene ins Gymnasium aufstiegen und dort der Slowenischunterricht deshalb für alle beim ABC beginnen müsste und dadurch den Fortschritt aller

368 Ebda.

369 NŠAM. *Dekanije. Fond škofijska pisarna*, F3, *šolske zadeve* (1850–1859). Der Akt selbst konnte nicht gefunden werden.

370 Vgl. CVIRN, Nachwort, in: SERNEC, *spomini*, 96.

371 „Bericht über die Visitation [...]". Wie im Folgenden ersichtlich wird, handelte es sich dabei um den Religionslehrer Davorin Trstenjak.

aufhalten würde.[372] Klar dürfte sein, dass die Hauptschule ganz sicher keine große Förderinstitution des Slowenischen war; klar scheint aber auch, dass dies nicht an den Empfehlungen von außen bzw. etwa an der Schulbehörde gelegen hat, die versucht hätte, dies zu verhindern – im Gegenteil, der Akt belegt vielmehr, dass die Zweisprachigkeit von dem Vertreter der Behörde, Schulrat Hermann, gefördert und gewünscht wurde. Jedenfalls entwickelte sich auch in der Hauptschule eine gewisse, schwache Zweisprachigkeit: 1860 wurde in der vierten Klasse eine Stunde Slowenisch gelehrt, in den zwei Klassen (für beide zusammengelegt) der Unterrealschule standen ebenfalls zwei Slowenisch-Wochenstunden (im Vergleich zu 4 bzw. 5 Deutschstunden) auf dem Plan.[373]

Am 2. Oktober 1860 wird ein Zustandsbericht des fürstbischöflichen Lavanter Consistoriums an die k. k. Statthalterei in Graz über die Hauptschule Marburg abgegeben. Besonders groß war die Unterrealschule zu Marburg offensichtlich nicht, da festgehalten wird, in Zukunft würden ob der niedrigen Schülerzahl ein technischer, ein grammatischer und ein Aushilfslehrer genügen (was damit zusammenhängt, dass bis dahin noch Präparandenklassen geführt wurden, 1860 aber eine eigene Lehrerbildungs-Anstalt gegründet wurde und die Lehrerausbildung damit nicht mehr in den Zuständigkeitsbereich der Haupt- und Unterrealschule fiel). Auch geht es um Besoldungsfragen; Anlassfall für diese Änderungen war überhaupt der Weggang des technischen Lehrers. Ersichtlich wird, dass die Lehrergehälter „die Marburger Stadtgemeinde aus Communalmitteln“ bestreiten musste. Folgender Absatz aus dem Bericht gibt Aufschluss über die Organisation des Slowenischunterrichts bzw. die bestehenden Mängel.

> Bei dem geringen Gehalte sucht hingegen jeder bessere Lehrer jede sich darbiethende Gelegenheit zu benutzen, um auf einen einträglicheren Dienstposten zu gelangen, wodurch außer dem nachtheiligen häufigen Lehrerwechsel noch der weitere Uebelstand für die

---

372 R[aič] B[ožidar]. „Potnikove misli in opazke hodé iz Maribora po ovinkih v Maribor“, in: *Kmetijske in rokodelske novice*. Ljubljana, neunteilig, ab: Jg. 18, Nr. 35., 1. 9. 1860, 352.

373 Vgl. *Einladung zur Öffentlichen Prüfung der Schüler an der kaiser. königl. Haupt- und Unterrealschule zu Marburg nach der zweiten Schul-Jahreshälfte 1860*. (Schulnachricht) tabell. Übersicht.

> Anstalt erwächst, daß immer nur Anfänger von derselben angestellt werden. Ferner muss an der hiesigen Unterrealschule auch die slowenische Sprache gelehrt werden. Nun ist aber bei Besetzungen der Lehrerstellen oft schwer, wie dies auch bei den letzten Besetzungen der Fall war, Lehrindividuen zu finden, welche nebst der übrigen Lehrbefähigung auch eine hinlängliche Kenntniß der slowenischen Sprache hätten, um in derselben Unterricht ertheilen zu können. Zu solchen Fällen muss dann, nicht zum Gedeihen des Unterrichts, ein anderer Hauptschullehrer die slowenische Sprache in der Unterrealschule lehren, während je ein Unterrealschullehrer in seiner Classe suppliren muss. Die slowenische Sprache nebst einigen andern leichteren Gegenständen z. B. das Schönschreiben, die Geographie könnten dann dem Aushilfslehrer überlassen werden, für welchen Posten immer eine genügende Auswahl an geeigneten Individuen vorhanden sein dürfte.[374]

Beigelegt sind dem Akt wieder die Bestätigung durch die Statthalterei in Graz und die Antwort des Ministeriums für Cultur und Unterricht, das die erlassenen Änderungen genehmigt (also der Weg durch die Instanzen vom Consistorium nach Graz zur Statthalterei bis nach Wien ins Ministerium). Man nahm sich nun auch in der Hauptschule der Angelegenheit des Slowenischunterrichts an; offensichtlich stellte es aber auch eine erhebliche Schwierigkeit dar, kompetente und im Slowenischen ausgebildete und fähige Lehrkräfte zu bekommen.

5.2.3. Die Volksschulen

Betrachten wir im Folgenden nun Quellenbeispiele zu den beiden Vorstadtpfarrschulen. Aus der Sekundärliteratur und Quellen lässt sich erschließen, dass der Unterricht in den mehrheitlich slowenischen Vorstadtbezirken Grazer und Magdalena-Vorstadt utraquistisch geführt wurde.[375] Schulrat Hermann besichtigte 1851 auch die Pfarrschule in St. Magdalena bei Marburg, was er ausführlich niedergeschrieben hat, allerdings geht es darin nur um bauliche Fragen (Bänke, Tafeln, neue Schulräume), die große Klassengröße und finanzielle und fachliche Probleme (so etwa beklagt er, die Schüler in

374 StLA, *Lavanttaler Schulakten*, K9. Unterreal- und Haupt- und Mädchenschule.

375 Vgl. Maček, in: FERLEŽ (Hg.), *Deutsche und Maribor*, 121.

Marburg hätten eine ungelenke Schrift, da jeder Lehrer in einer anderen „Schriftmanier" schreiben würde, und forderte, sie sollen sich auf eine einheitliche verständigen). Kein Wort verliert der Bericht hingegen in Bezug auf die Vorstadtschule über sprachliche oder nationale Fragen.[376] Quellenbeispiele zur nationalen Frage ließen sich erst gegen Ende des Betrachtungszeitraumes finden. Der *Correspondent für Untersteiermark* berichtet 1862[377] über die Jahresprüfung in der Windischen Vorstadtpfarre in der Grazer Vorstadt (wo nach damaliger Zählung „107 Schüler deutscher und 168 Schüler slovenischer Abstammung" gewesen sein sollen). Wieder handelt es sich hierbei um eine Einschätzung von „außen". Zwar lässt sich der „deutsche" Standpunkt des Autors leicht ideologisch zuordnen; doch man bekommt nichtsdestotrotz einen Einblick in eine utraquistische Schule:

> Wir freuen uns gegenüber den verschiedenen Gerüchten einer ausschließlichen Slovenisierung der Schulen aus eigener Überzeugung mit gutem Gewissen constatiren zu können, daß an der W.[indischen] Vorstadtschule dem nicht also der Fall, sondern beiden Nationalitäten in jeder Hinsicht vollkommen gleiche Rechnung getragen sei. Wir fanden die größtentheils trefflichen Schulbücher auf einer Seite mit deutschen und auf der anderen Seite mit slovenischen Texten gedruckt und hörten mit großem Vergnügen, wie deutsche Schüler das Slovenische und umgekehrt, die slovenischen das Deutsche mit ziemlicher Fertigkeit übersetzten. Auf diese Weise wird beiden Theilen eine große Wohlthat erwiesen und die deutschen Stadtkinder in die Lage gesetzt, mit der slovenischen Landbevölkerung seiner Zeit im Handel und Wandel ohne Dazwischenkunft eines Dolmetschers verkehren zu können, während sich die Slovenen durch die Erlernung der deutschen Sprache ihr besseres Fortkommen für die Zukunft sichern.[378]

Der Autor wundert sich auch darüber, dass die Schüler, die in der einen Sprache eine gute Note hätten, eine solche auch meist in der anderen haben, woraus er folgert, dass dies „die Fähigkeiten der Kinder zur Erlernung beider Idiome genugsam darthut". Nach den Prüfungen wurden deutsche und slowenische Lieder gesungen, „aus welchem Programme man zugleich ersehen

376 StLA, *k. k. Landesschulbehörde* 3, 494, 275.

377 Die leichte Übertretung meines Zeitrahmens 1848–1861 sei an dieser Stelle wegen der zum Thema passenden Textstelle verziehen.

378 *Correspondent für Untersteiermark*, Nr. 48 vom 11. 9. 1862.

kann, „daß auch in den Liedern die Gleichberechtigung der Nationalitäten mit viel Tact gehandhabt wurde“. Aus der Volksschule der Magdalena-Vorstadt hingegen wird berichtet, dass dort „das Deutsche nicht in dem Maße cultivirt [ist], als dies in der W. Vorstadtschule angetroffen wurde.“[379] Diese Bemerkung deckt sich mit einer anderen Beschreibung der Prüfungen am 19. August 1860 in der Magdalena-Vorstadtschule, dieses Mal von einem slowenischen Standpunkt aus. Nichtsdestotrotz sind sich beide Berichte über die schlechte Qualität des Unterrichts in der dortigen Schule einig:

> Nachdem ich schon viel Tadeliges über diese Schule gehört hatte, wollte ich mich bei Gelegenheit selbst davon überzeugen, ob es wirklich so unordentlich ist, wie man sagt. St. Magdalena ist die Kirche der Marburger Vorstadt am anderen Drauufer; der Gottesdienst ist immer nur slowenisch, weil die Vorstädter und Dorfbewohner die Einheimischen sind. Danach urteilend müsste man denken, dass die Schule dem entsprechend ist; aber hör zu! Als wir in die erste Klasse kamen und uns setzten, sprach der Herr Dekan einige Begrüßungsworte an die Kinder und dann betete man auf Deutsch, was zwei Drittel nicht verstand, weshalb sie einen Teil auch falsch aussprachen. Der Herr Pfarrer begann die christliche Lehre abzufragen und versuchte es zuerst bei den kleinen Mädchen [...] und zwar auf Deutsch; normalerweise bekam er nicht die richtige Antwort, außer von jenen, die in der Vorstadt zu Hause waren und auch Deutsch verstanden. Auf die Frage: „Wie viel Gott haben wir“ (sic), sagte nach langem Ausfragen eine kleine Schülerin schüchtern: „eins“. [...] Lange ging es in dieser Weise fort, was sicher nicht Gottes Willen entsprochen hat und auch den Leuten muss es wirklich merkwürdig vorgekommen sein, bis der Herr Dekan sagte: „Jetzt erzählt noch ein bisschen auf Slowenisch, ihr alle seid ja Slowenen, und lernt in unserer Sprache die christliche Lehre [...]“. Schlecht wurde nur geantwortet, weil sie es wohl nicht gelernt hatten, und überhaupt keine slowenischen Bücher hatten. So haben sich die lieben Kinder bemüht und sich ein Jahr oder länger unnötig gequält, und ich glaube nicht, dass sie eine klare Vorstellung davon hatten, was sie hätten lernen sollen, weil sie nur mit Hindernissen zu kämpfen hatten, ohne dass sie vernünftig die christliche Lehre gelernt hätten. Alles andere erledigte man mehrheitlich auf Deutsch [...] Kurzum: In der ganzen Klasse war alles, wie es nicht hätte sein dürfen, und nicht nur dieses Jahr, sondern sicher, seitdem der jetzige Herr Schullehrer hier ist. Das ist keine Lehrstätte, das ist eine Quälstätte.[380]

379 Ebda.

380 R. B. „Potnikove misli in opazke“, 345.

Um den Unterschied deutlich zu machen, beschreibt der Autor gleich im Anschluss auch noch die Verhältnisse in der Windischen Vorstadtschule in der Grazer Vorstadt, an der am selben Tag auch Prüfungen stattfanden. Jene sei eine wirklich vorbildliche Schule, was sich mit dem bereits zitierten Zeitungsbeitrag von 1862 deckt:

> Ein Drittel der Schüler ist aus der Vorstadt und einige sogar aus der Stadt, die anderen aus der Umgebung; die Schule in der ersten Klasse war wirklich gestopft voll, so dass die Jungen und Mädchen um die Bänke herum stehen mussten. Man fragte sie vernünftig aus, sie antworteten flüssig, schön nach den Büchern slowenisch-deutsch; jeder Schüler wusste dieselbe Aussage auf Slowenisch und auf Deutsch zu erzählen und ihre Bedeutung zu erklären, sei es ein Slowene oder ein Deutscher, ebenso tadellos verlief das Rechnen slowenisch bei den Slowenen und deutsch bei den Deutschen; auch das Singen hatte die Jugend wirklich schön geübt, die unschuldigen Kinderchen sangen wie Engelchen [...]
>
> Was ich beurteilen kann, ist der Unterricht so gut gestaltet, wie es sich nur denken lässt, und so sollte er in jeder Vorstadtschule unter den heutigen Umständen sein, daher sicherlich eine mustergültige Vorstadtschule. Da muss es nicht verwundern, wenn vernünftige deutsche Herren auch ihre Kinder in die Vorstadt schicken, damit sie Slowenisch lernen. [...] So sind die beiden Schulen eine dreiviertel Stunde auseinander beide in den Marburger Vorstädten gelegen, wie Tag und Nacht! Wir müssen uns sehr bemühen, dass unsere Schulen durch und durch nationale Bildungsstätten werden, niemals mehr Orte der Qual und der nationalen Entfremdung sind [narodne omikavnice, nikar več mučivnice in tujivnice].[381]

Offensichtlich dürfte diesen Quellen zufolge die utraquistische Vorstadtschule der Windischen Pfarre in der Grazer Vorstadt ein mustergültiges Exemplar und die Magdalena-Vorstadtschule hingegen ein abschreckendes Beispiel dieses Schultyps dargestellt haben. Die Gründe dafür lagen offensichtlich beim Lehrpersonal: Eine utraquistische Schule war stets nur so gut wie der entsprechende Lehrer.

---

381 Ebda. 352.

5.2.4. Slowenisch als Unterrichtsgegenstand am Gymnasium

Neben der Frage der Unterrichtssprache spielte auch die Frage des Slowenischen als Unterrichtsgegenstand eine entscheidende Rolle. Einigen Professoren des Gymnasiums kam eine besondere Rolle im Kampf für Slowenischunterricht am Gymnasium und damit indirekt für das slowenische Nationalbewusstsein zu, insbesondere den Religionslehrern. Der Pfarrer Jurij Matjašič [in den Akten Georg Mathiaschitsch] war der Erste, der schon ab 1848/49 – als durch die Revolution die Neuorganisation der Gymnasien schlagend wurde – kostenlosen Slowenischunterricht erteilte. Informellen Unterricht hielt er bereits in vorrevolutionärer Zeit in seiner Wohnung für slowenische Schüler ab. Aus diesen Treffen soll am Gymnasium ein *slowenischer Klub* entstanden sein, der laut Šedivý „nicht offiziell anerkannt, doch in der Marburger Öffentlichkeit bekannt war".[382] Die Schüler übten sich darin im Slowenischen, und der Klub gab jeden Mittwoch ein in fünf Exemplaren handgeschriebenes Schülerblatt, die *Sprotuletna vijolica* heraus. Einigen Deutschen soll diese Aktivität missfallen haben, weshalb sich Matjašič im Revolutionsjahr auch beinahe Katzenmusik ‚zugezogen' hätte. Als der Slowenischunterricht ab dem Schuljahr 1848/49 am Gymnasium abgehalten wurde, wurde er in deutscher Unterrichtssprache geführt, damit auch ‚Deutsche' daran teilnehmen konnten.[383] „Das war der erste Beginn, dass [...] die slowenischen Gymnasiasten Marburgs begannen Slowenisch zu lernen und die Sprache zu lieben."[384] Aufgrund des regen Interesses wurde im nächsten Schuljahr der Slowenischunterricht von zwei auf drei Wochenstunden erhöht. Als Davorin Trstenjak [in den Akten Martin Terstenjak] im September 1850 als zweiter Religionslehrer ans Marburger Gymnasium bestellt wurde, teilten sich die beiden den Slowenischunterricht auf. Matjašič übernahm zwei Kurse im Obergymnasium, Trstenjak zwei in der Unterstufe.[385] Zum Vergleich: Diesen zwei Wochenstunden für alle Klassen standen drei oder vier

382 Vgl. ŠEDIVÝ, „Profesoriji klasične gimnazije", 76 und 77.

383

384 Vgl. Trstenjak, „Prineski k zgodovini", 65 und ŠEDIVÝ, „Profesoriji klasične gimnazije", 76f.

385 Trstenjak, „Prineski k zgodovini", 65.

Wochenstunden Deutschunterricht gegenüber.[386] Die guten Schüler wurden mit Büchern als Prämien belohnt, eine Tradition, die Trstenjak von Matjašič übernahm und weiterführte. In dieser Anfangszeit gab es also durch Initiative und Engagement der beiden Religionslehrer – die dafür keine Bezahlung erhielten – die ersten Slowenischstunden.

Im September 1852 wurde ein weiterer Akt in der Landesschulbehörde angelegt, in dem die Gymnasialdirektion Marburg Bericht über die Fortführung des slowenischen Sprachunterrichtes im nächsten Studienjahr erstattet. „Die beiden Religionslehrer Georg Mathiaschitsch und Martin Terstenjak [haben denselben] bisher in der Religion ertheilt", würden dies auch weiterhin tun, bitten aber um eine angemessene Remunerationszahlung von 200 Gulden. Die Landesschulbehörde verweist auf den „Umstande, daß für die weit überwiegende Mehrzahl der Gymnasialschüler in Marburg das Slowenische als Muttersprache Obligatstudium ist und daher eines gesicherten und geregelten Bestandes bedarf". Sie schließt damit, „zu bemerken, daß, da kein anderer Lehrer des Gymnasiums zur Übernahme des slowenischen Unterrichtes die erforderliche Eignung besitzt" und daher „bis zur Ermittlung eines geeigneten Supplenten die Vorschläge der beiden Religionslehrer ausnahmsweise Berücksichtigung verdienen dürften".[387] Der Akt ist dick, der Briefwechsel ist ein langer und endet damit, dass die Geldforderung der beiden Religionslehrer – die beteuern, dass eine Remuneration sie, wie Mathiaschitsch schreibt, „den anderen Gymnasiallehrern, mit denen er gleiche Lasten trägt, auch in den Bezügen gleichstellen würde" – vom Ministerium nicht bewilligt wurde. Interimistisch erledigen die beiden noch ein Semester lang zusätzlich neben dem Religions- den Slowenisch- und den Geschichtsunterricht. Im Oktober 1852 wird eine Supplentenstelle bewilligt; im Februar 1853 ein geeigneter Kandidat vorgeschlagen: Von der Diözese Seckau kommt der Weltpriester Božidar Raič [in den Akten Matthias Reich], der als Supplent zum Unterricht für slowenische Sprache und Literatur am 3. März 1853 seinen Dienst

386 ŠEDIVÝ, „Profesoriji klasične gimnazije", 77.

387 StLA, *k. k. Landesschulbehörde 1850-54*, Faszikel 2 Stammzahl 923 in 48/850.

antritt. Trstenjak und Matjašič widmen sich nun wieder ausschließlich dem Religionsunterricht.[388] Dies ist ein eigentlich sehr bedeutender Wendepunkt im Marburger Gymnasium und im Marburger Schulwesen überhaupt: Der erste eigens dafür angestellte und entlohnte Lehrer für Slowenisch tritt am Marburger Gymnasium seinen Dienst an. Diese Angelegenheit kann als Bestätigung für folgende Erkenntnisse und Schlussfolgerungen dienen:

a) Bei Lehrereinstellungen waren ab den 1850er-Jahren tatsächlich auch die vorhandenen Slowenischkenntnisse und ein stattfindender Slowenischunterricht ein Faktor bzw. eine von der Behörde gewünschte Qualifikation (wie es ein Jahr zuvor der Schulrat schon für die Hauptschulen überhaupt als Bedingung gefordert hatte).

b) Ein neuer Supplent wurde für den Slowenischunterricht geholt und bezahlt, anstatt diesen weiterhin als (kostenlose) „Nebensache" von den Religionslehrern Matjašič und Trstenjak erledigen zu lassen. Demnach war es eigentlich ein Erfolg, dass dem Ansuchen von Matjašič und Trstenjak nicht entsprochen worden war – vielleicht nicht für ihre Geldbörse, aber für die Forderungen nach einem Slowenischunterricht, da damit auch der slowenische Personalstand des Gymnasiums um eine Person aufgestockt wurde.

c) Alle für den Slowenischunterricht bis Mitte der 1850er-Jahre auf dem Gymnasium zuständigen Lehrkräfte entstammten dem Priesterstand. Erst ab 1857 kam mit Johann Majciger, 1858 mit Victor Lipež und 1859 mit Josip Šuman nichtgeistliches slowenisches Lehrpersonal hinzu.[389]

Für die Zeit nach dem Konkordat konnte ich noch einen weiteren Zustandsbericht über das Marburger Gymnasium im Diözesanarchiv Maribor aufspüren: Der Religionslehrer Mathiaschitsch verfasste im Schuljahr 1856/57 auf Anfrage der Seckauer Diözese einen Bericht über „den Religionsunterricht,

---

388 Vgl. *Fünftes Programm des vollständigen k. k. Staatsgymnasiums in Marburg am Schlusse des Studienjahres 1855. Veröffentlicht von der Direction*, 9.

389 Vgl. ŠEDIVÝ, „Profesoriji klasične gimnazije", 91–102 und Šlebinger, Janko, in: *Slovenski biografski leksikon*: http://nl.ijs.si/fedora/get/sbl:1464/VIEW/

den sittlichen Zustand und die religiösen Uibungen“ am Marburger Gymnasium.[390] Dieser Bericht beweist anschaulich, wo der Fokus des Interesses der kirchlichen Schulaufsicht lag: nicht auf nationalen Fragen; es ging primär und ausschließlich um die Erziehung zu guten Christen.

Aber wechseln wir nun die Perspektive „von oben“ bzw. „außen“ gegen die Ansichten von „unten“. Wie man sich den Slowenischunterricht der damaligen Zeit vorstellen muss, beschreiben zwei ehemalige Schüler des Marburger Gymnasiums in ihren Erinnerungen. Zunächst Josip Sernec:

> Ich wurde, obwohl ich sagte, Slowenisch nur schlecht zu können, in die Slowenischstunden für Slowenen gesteckt, während die Deutschen, die Slowenisch lernten, eigene Stunden hatten.
>
> Meine Slowenischkenntnisse waren aber derart mangelhaft, dass es in der ersten Zeit bei den schriftlichen Aufgaben fast kein Wort gab, das nicht wegen Fehlern einmal, oder auch zweimal rot unterstrichen war, weil ich von der slowenischen Grammatik keine Ahnung hatte. Dennoch beurteilte mich Professor Majciger, und später nach ihm sein Nachfolger, im Slowenischen nicht nach meinem schlechten Wissen, sondern nur nach meinem Lernfortschritt, so dass ich schon im ersten Semester [...] ein „recht befriedigend“ bekam; und später bekam ich nie etwas Schlechteres, so dass ich trotzdem der Vorzugsschüler meiner Klasse blieb. Auf diese clevere Weise erreichten meine Professoren, dass ich gerne Slowenisch lernte und wirkten damit auch auf mein Denken in nationaler Hinsicht ein.[391]

Diese Beschreibung von Josip Sernec über die fehlenden Vorkenntnisse bei Eintritt ins Gymnasium – Slowenisch weder lesen noch schreiben zu können – bestätigt auch die Artikelserie des Wanderers nach Marburg.[392] Auch Anton Šantel, Sernec' Klassenkollege schildert es ähnlich und gibt Einblick in den Mangel an geeigneten slowenischen Schulbüchern:

> In meinem Klassenzug unterrichtete Majciger auch Slowenisch. Die Unterrichtssprache war auch in diesem Gegenstand deutsch. Im Unterschied dazu verwendete Božidar Raič

390 Georg Mathiaschitsch. *Über den Religionsunterricht, den sittlichen Zustand und die religiösen Uibungen vom k.k. Obergymnasium in Marburg im Schuljahr 1856/7*, in: NŠAM. *Dekanije. Fond škofijska pisarna*, F3, *šolske zadeve* (1850–1859).

391 SERNEC, *spomini*, 3.

392 R. B. „Potnikove misli in opazke“, 352.

> [...], der im ersten Klassenzug Slowenisch unterrichtete, zum größten Teil Slowenisch als Unterrichtssprache. Majciger begann den Unterricht mit einer Ansprache, aus der mir noch die Worte „Es ist eine schöne Sprache" in Erinnerung geblieben sind. Danach lernten wir genau wie im Lateinischen Substantive und Adjektive zu deklinieren. Bei mir war das durchaus am Platz, da ich vorher von einer slowenischen Grammatik noch nie etwas gehört hatte.
>
> Ein Lehrbuch gab es nicht. Als Lektüre waren die Bleiweis-Texte für die ersten vier Klassen üblich. In der fünften bis siebten Klasse las man Texte von Miklošič, und für die achte Klasse gab es überhaupt noch keine Lektüre. [...] Wie im Lateinunterricht übersetzten wir auch aus diesen Texten ins Deutsche, und das hatten wir alle nötig, weil auch die anderen in der Volksschule nicht so viel slowenisch gelernt hatten.[393]

Diese beiden Erinnerungen machen meines Erachtens deutlich, dass im Untersuchungszeitraum der Frage des Unterricht*gegenstandes* Slowenisch eine bedeutendere Rolle zukam als jene nach der Unterrichts*sprache* da, zugespitzt formuliert, eine ganze Generation junger Slowenen überhaupt erst slowenisch lesen und schreiben lernen musste. Auch verdeutlicht diese Anekdote, dass die entsprechenden Mittel und Voraussetzungen (z. B. Lehrbücher) für einen slowenischen Sprachunterricht noch nicht im ausreichenden Ausmaß gegeben waren; weder für Individuen noch für Verlage war es ertragreich, slowenische Schulbücher herauszugeben. Dieser Mangel wiederum behinderte einen breitgefächerten Unterricht auf Slowenisch. Im größeren Umfang begann überhaupt erst die *Slovenska matica* Schulbücher zu drucken.[394]

Das erwähnte von der k. k. Schulbücherverschleißadministration in Wien herausgegebene Schulbuch von Dr. Fran Miklošič wurde am 2. November 1853 als Schulbuch bestimmt und war in dieser Zeit eine seltene Ausnahme eines slowenischen Schulbuches für die Oberstufe: „Obgleich dasselbe zunächst nur für die fünfte Gymnasialklasse bestimmt ist, so ist dessen Gebrauch von der Hand auf alle Klassen des Obergymnasiums, wo die slo-

393 ŠANTEL, *Erinnerungen*, 139f.

394 Vgl. J. Cp., in: CVIRN (Hg.). *Kronika XIX. stoletja*, 1. Bd., 357.

wenische Sprache einen Lehrgegenstand bildet, auszudehnen."[395] Waren sich die Behörden gar des Mangels an geeigneten Schulbüchern bewusst, wie es scheint? Aufschlussreich ist es auch deshalb, weil gerade Schulbücher (insbesondere für höhere Klassen) in ihrer Zusammenstellung Auskunft über den Literatur-, Werte- und Themenkanon der Zeit geben. Es enthält erbauliche Texte im christlichen Sinne, einige davon von Bischof Slomšek, Gedichte Prešerens, von Miklošič selbst übersetzte Gedichte slawischer Dichter, Texte von sprachgewandten Herren wie dem für sein Wörterbuch bekannten Matej Cigale und dem für seine Grammatiken bekannten Franc Metelko sowie von Janez Bleiweis, Texte über die älteste Vergangenheit der Slowenen, z. B. von Janez Trdina, oder über das Haus Habsburg und Auszüge und Zusammenfassungen aus der Weltliteratur und von den wichtigsten slawischen und deutschen Schriftstellern.[396] Die Sprache des Lesebuchs ähnelt erstaunlich dem heutigen Standard, wenn man bedenkt, dass es 1853 erschien. Nachdem der Begründer der modernen Slawistik und ehemalige Marburger Gymnasiast (1826–30) Fran Miklošič, selbst von 1844 bis 1862 als Zensor („Skriptor") der Hofbibliothek tätig und von 1848 bis 1849 der Übersetzer des *Reichsgesetzblattes* ins Slowenische war,[397] verwundert die sprachliche Qualität, der Inhalt und die Genehmigung des Schulbuches nicht.

395 StLA, *k. k. Landesschulbehörde 1850–54*, Faszikel 2, Stammzahl 1282 in 65/850. Ganzer Karton befasst sich nur mit der Genehmigung von Schulbüchern für den Schulunterricht.

396 Vgl. Miklošič, Franc (Hg.) *Slovensko berilo za peti gimnazijalni razred*. Wien 1853.

397 Vgl. zu Miklošič: ÖBL und MÜLLER, Reinhard. „Franz Xaver von Miklosisch", in: *Die Arbeitslosen von Marienthal. Archiv für Geschichte der Soziologie in Österreich*, 2008. http://agso.uni-graz.at/marienthal/biografien/miklosich_franz_von.htm und Slovenski biografski leksikon: http://nl.ijs.si/fedora/get/sbl:1689/VIEW/ Zum Reichsgesetzblatt und seine Vorbildfunktion als Richtschnur für die slowenische Schreibweise in der Schule, siehe Fußnote 147.

5.2.5. (Nationales) Kampffeld Gymnasium?

Machen wir nun einen kleinen Zeitsprung zum Ende des Betrachtungszeitraumes: 1861 hing Trstenjak seinen Lehrposten an den Nagel und wurde Pfarrer in Šentjur nahe Celje. Anlass dafür soll ein Streit im Lehrerkollegium bei einer Abschlusskonferenz am 31. Juli 1860 zwischen deutschen und slowenischen Professoren gewesen sein, der ihn so verärgert haben soll, dass er die Aussage tätigte, er wolle unter solchen Kollegen keinen Dienst mehr versehen.[398] In einem Artikel meinte Trstenjak 1872 selbst, er (und Matjašič) sei(en) „der schweren Unterrichtstätigkeit müde gewesen".[399] Trstenjak erbat sich einen Krankenstand für das Schuljahr 1860/61 und kehrte auf seinen Posten nicht mehr zurück; Bischof Slomšek versetzte ihn stattdessen als Pfarrer nach Št. Jurij pri Celju.[400]

Es scheint, als wäre auf dieser besagten Lehrerkonferenz am 31. Juli 1860 wirklich ein (nationaler) Streit ausgebrochen. Hintergrund war der bereits erwähnte kaiserliche Erlass von August 1859, der den Erlass vom 9. Dezember 1854 revidierte, worin Deutsch als Unterrichtssprache an allen Gymnasien festgeschrieben worden war.[401] Das Marburger Gymnasium wurde vom Ministerium im Januar 1860 aufgefordert, nach böhmischem Vorbild einen Entwurf zu erarbeiten, wie in Zukunft der Deutsch- und der Slowenischunterricht am Gymnasium gestaltet werden solle. Raič, Lipež und Majciger setzten sich dafür ein, dass Slowenisch ein verpflichtender Lehrgegenstand für alle (auch die nichtslowenischen) Schüler werden und Slowenisch auch Unterrichtssprache in Religion, Geschichte, Geografie und Naturkunde im Niedergymnasium werden solle. Ein stürmischer Streit soll darüber losgebrochen sein, in dem sogar Direktor Lang laut geworden sein soll. Der Vorschlag der slowenischen Professoren wurde letzten Endes abgelehnt.[402] Boži-

398 Vgl. R. A. „Božidar Raič", in *Slovan*, Nr. 15, 1886, 226–231, hier: 231.

399 Trstenjak „Prineski k zgodovini", 65.

400 Vgl. ŠEDIVÝ, „Profesoriji klasične gimnazije", 82.

401 Erfreut zeigten sich ob dieses Erlasses auch die Bleiweis'schen *Novice*, die eine ganze Reihe „Stimmen über den kaiserlichen Befehl, der die Unterrichtssprache in den verschiedenen Ländern unseres Kaiserreiches festlegt" zu Wort kommen ließ, z. B. Matija Majer Ziljski am 19. 11. 1859, Jg. 17, Nr. 47, 370f.

402 Vgl. ŠEDIVÝ. „Profesoriji klasične gimnazije", 87f und R. A. „Božidar Raič", 231 und Božidar Raič, „Slovenščina in srednje učilišče v Mariboru", in: *Novice*, 14. 7. 1860, Jg. 18, Nr. 28, 228.

dar Raič und Viktor Lipež reisten danach nach Prekmurje. Als sie von ihrer Reise zurückkehrten, wartete ihre Entlassung auf sie. Der (angeblich) formale Vorwand dafür war gewesen, dass beide seit Jahren die eigentlich notwendige Lehrerprüfung für den slowenischen Sprachunterricht noch nicht gemacht hatten und immer noch Supplenten waren. Slomšek soll auf Druck der Regierung Raič entlassen haben müssen und versetzte ihn als Kaplan nach St. Barbara südlich von Ptuj. Lipež ging nach Wien, um die besagte Prüfung abzulegen und wurde später Lehrer an der Realschule in Zagreb.[403] Über diese hitzige Streitfrage verfasste Raič außerdem einen am 14. 7. 1860 in den *Novice* veröffentlichten Artikel, in dem er diese Schulfrage erörterte: Darin erboste er sich nicht nur darüber, dass bis 1853/54 sogar der Slowenischunterricht (zwei Stunden pro Woche) auf Deutsch geführt wurde, weil dies als Unterrichtssprache festgelegt war, sondern setzt sich auch dafür ein, dass der Slowenisch- und Deutschunterricht nur geschultem, gut ausgebildetem Personal überantwortet werden solle, „und nicht solchen, die sie [die Sprache] nur irgendwie verstehen oder irgendeinen anderen slawischen Dialekt sprechen, weil es sich hierbei um Bildung und Belehrung handle, und nicht darum, am Markt um Getreide feilschen zu können oder im Gasthaus vom Kellner ein Glas Wein" zu bekommen.[404]

Allerdings finden sich auch schnell Gegenbeispiele, die gegen einen vermeintlichen Nationalitätenkampf am Gymnasium sprechen. Das nächste Beispiel spricht dafür, dass dem Slowenischen sehr wohl sein Recht – allerdings hier nur auf einer symbolträchtigen Ebene – zugesprochen wurde. Šantel überliefert folgendermaßen:

---

403 Vgl. ŠEDIVÝ. „Profesoriji klasične gimnazije ", 84f. In anderen populärwissenschaftlichen Texten heißt es, Trstenjak sei nicht freiwillig gegangen, sondern gefeuert worden, was aber zu bezweifeln ist, da die „Rädelsführer" des Streits offensichtlich Raič und Lipež gewesen sein dürften. Insgesamt hat sich ab 1860/61 die Zahl der slowenischen Professoren im Lehrerkollegium damit reduziert, weil sich ein Jahr später auch Matjašič nach 16 Dienstjahren in den Pfarrdienst verabschiedete und nur noch Janez Majciger, Josip Šuman und der Supplent Anton Žnidarič übrig blieben.

404 Božidar Raič, „Slovenščina in srednje učilišče v Mariboru", in: *Novice*, 14. 7. 1860, Jg. 18, Nr. 28 und 29, 219–220 und 227–229, hier: 228.

Im ersten Halbjahr der vierten Klasse geschah noch etwas Wichtiges. In Österreich wurde die Februarverfassung von Schmerling [Februar 1861] wirksam. Anscheinend stand damit im Zusammenhang, daß sich die slowenischen Professoren in der Lehrerkonferenz dafür einsetzten, daß die Namen der slowenischen Schüler in slowenischer Orthographie geschrieben wurden, da sie bis dahin deutsch, also z. B. Wratschko, Wesiag, Kmetitsch usw. geschrieben wurden. Wie es scheint, gab es gegen diese Forderung keine größeren Widerstände, da der Direktor diesbezüglich eine Eingabe machte, die positiv entschieden wurde.[405]

Diese Aussage findet sich in den Schulberichten des Gymnasiums bestätigt; so findet sich der vorzügliche Schüler Šantel selbst im Schulbericht 1863 unter den Preisträgern für gute Leistungen.[406] Nur in offiziellen Namenslisten und Zeugnissen sollte hingegen der Name so geschrieben werden, wie er in der Taufurkunde steht, ansonsten durfte man seinen Namen auch slowenisch schreiben.[407] Durch den kaiserlichen Befehl, auch an niederen Gymnasien die zweite Landessprache stärker zu berücksichtigen, wurde die Forderung der korrekten Schreibweise offensichtlich ohne Probleme erhört, was wiederum dagegen spricht, dass die nationalen Gräben zwischen den Lehrern tief gewesen seien.

Zwei weitere Erinnerungsschriften geben Einsicht in die Perspektive der Schüler: Der später deutschnationale Gustav Kokoschinegg erwähnt keinen Gegensatz oder gar Nationalkampf zwischen Slowenen und Deutschen, wenn er sich an seine Gymnasialjahre in Marburg erinnert: Professor Puff habe es verstanden, „uns für die deutschen Klassiker zu interessieren, so daß wir deutsche Studenten im Gegensatze zu unseren slowenischen Kollegen, mit denen

---

405 ŠANTEL, *Erinnerungen*, 195.

406 Vgl. *Programm des kaiserl. königl. Gymnasiums in Marburg. Veröffentlicht von der Direction am Schlusse des Schuljahres 1863*, 52.

407 R. B. „Potnikove misli in opazke", 352. Vošnjak, der sich bis zu seiner Promotion 1859 Woschnak, laut Taufbuch auch Woschnagg oder Woschnagk schrieb, erzählt 1905, dass er „im Jahre 1859 begann [sich] freiwillig auf slowenisch [Vošnjak] zu unterschreiben" und wundert sich: „Merkwürdig, dass mir die Regierungsorgane wegen der geänderten Schreibweise keinerlei Unanehmlichkeiten bereiteten. Im 6. Jahrzehnt des vergangenen Jahrhunderts, als das geschah, waren sie noch nicht so streng bürokratisch und slowenenfeindlich wie später." Vošnjak, *spomini*, 18.

wir uns übrigens ganz gut vertrugen, eifrig die Klassiker [...] lasen".[408] Der nationalbewusste Slowene Sernec stimmt ihm zu und lobt den Direktor: „Im Gymnasium lebten wir Slowenen und Deutsche in allerbester Freundschaft miteinander, besonders in meiner Klasse. Wir hatten auch eine gemeinsame Abschiedsfeier nach der Matura. Und der Direktor Adolf Lang, ein Deutscher aus Wien, war zu allen Schülern väterlich liebenswürdig und hatte guten Einfluss auf den Auftritt und den Charakter der Schüler."[409] Dennoch änderte sich laut Sernec die Stimmung allmählich:

> In meiner Gymnasialzeit erwachte auch mein Bewusstsein für meine slowenische Nationalität. Von 1857 bis 1860, als ich im Untergymnasium war, gab es noch keine bedeutende nationale Bewegung unter den Schülern, aber oftmals, wenn die deutschen Schüler aus Überheblichkeit einen slowenischen bäuerlichen Kameraden verspotteten, habe ich mich stets entschlossen für ihn eingesetzt.[410]

Noch ein Beispiel vom Beginn der 1860er-Jahre spricht dafür, dass es noch keinen Nationalitätenkampf gegeben und die Situation gegenüber der zweiten Landessprache entspannt gewesen sein dürfte: Die Statistik von 1861 führt unter den freien Gegenständen „Slovenisch für Deutsche" auf, welchen 67 von 116 als Deutsche verzeichnete Schüler besucht haben, was bedeutet, dass mehr als die Hälfte der ‚deutschen' Schüler Slowenisch gelernt hat.[411] (1860 waren es hingegen erst 12.[412]) Diese Zahl hat sich laut der Schulstatistik des Jahres 1863 sogar noch erhöht: Da finden sich bei 114 Deutschen 84 Schüler, die den Freigegenstand „Slovenisch" besuchten.[413] Kann man sich eine solch hohe Zahl ‚Deutscher' im nicht obligatorischen Slowenischunter-

---

408 KOKOSCHINEGG, *Aus meinem Leben*, 25.

409 SERNEC, *spomini*, 5.

410 Ebda. 6f.

411 Vgl. *Programm des kaiserl. königl. Gymnasiums in Marburg. Veröffentlicht von der Direction am Schlusse des Schuljahres 1861*, 58.

412 Vgl. *Programm des k. k. Gymnasiums in Marburg. Veröffentlicht von der Direction am Schlusse des Schuljahres 1860*, 33.

413 Ich nehme an, dass es sich hierbei um denselben Freigegenstand handelt, da Slowenisch für die Slowenen Pflicht- und nicht Freigegenstand war. Vgl. *Programm des kaiserl. königl. Gymnasiums in Marburg. Veröffentlicht von der Direction am Schlusse des Schuljahres 1863*.

richt für die Jahrhundertwende oder etwa für die österreichischen Bundesländer Kärnten und Steiermark im 20. Jahrhundert vorstellen?

Ein weiteres denkwürdiges Ereignis aus dem Jahr 1860 waren die Feierlichkeiten des Gymnasiums in der Burg des Grafen Brandis[414] anlässlich des hundertjährigen Geburtstages von Friedrich Schiller. Schillerfeiern wurden in zahlreichen Städten Deutschlands und Österreichs abgehalten, und gleichzeitig wurde dem 10. Jahrestag der Revolution von 1848 gedacht. Professor Puff hatte einen Fest-Prolog verfasst, es folgten „eine Deklamation Schiller'scher Dichtungen im Originale und in slovenischen Uebersetzungen ausgeführt von den Schülern", „deutsche und slovenische Chorgesänge, darunter Schillers Hymnus ‚an die Freude', vorgetragen von dem Gymnasial-Sängerchor". Die Schüler waren aufgefordert gewesen, für diesen Feiertag „poetische Versuche" einzureichen; die zwei Sieger erhielten – einer für das beste deutsche, einer für das beste slowenische Gedicht – eine Gesamtausgabe der Schiller'schen Werke.[415] Die Feierlichkeit soll eine „Großdemonstration des Deutschtums" gewesen sein, wovon sich viele Slowenen provoziert fühlten.[416] Die *Novice* schrieben zu diesem Anlass über die entsprechenden Feierlichkeiten in Wien:

> Wie überall in deutschen Ländern und überall, wo Deutsche wohnen, so hat man auch hier unbeschreiblich feierlich das Schillerjubiläum begangen. Sollten Slawen den Jahresstag einer ihrer Meister feiern, und sei es auch nur ein Zehntel so groß, was für ein Lärm würde darüber ertönen und von allen Seiten würde man „Panslawismus, Panslawismus" schreien![417]

Ich vermute, dass die Wahrheit irgendwo in der Mitte liegt: Die Feierlichkeiten werden wohl zweifelsohne einen ‚deutschen' Charakter gehabt haben, man wird die deutsche Sprache und Kultur gewürdigt und verherrlicht haben;

414 Die Stadtburg/Mestni grad im Zentrum der Stadt beherbergt seit 1938 das *Pokrajinski muzej.*

415 Vgl. *Programm des k.k Gymnasiums in Marburg. Veröffentlicht von der Direction am Schlusse des Schuljahres 1860*, 39.

416 GRIESSER-PEČAR, *Maribor*, 162.

417 *Novice* vom 16. 11. 1859, Jg. XVII, Nr. 46, 365.

eine Großdemonstration gar mit nationalistisch-politischer Implikation wie in späteren Jahrzehnten erscheint allerdings nicht plausibel. Kann man es sich für spätere Jahrzehnte vorstellen, dass Slowenen gemeinsam mit Deutschen Schiller feiern würden? Kann man es sich für die späteren Jahrzehnte des erbitterten Nationalitätenkampfes vorstellen, dass die Deutschen Preise für tolle slowenische Übersetzungen und Gedichte ausschrieben?

5.2.6. Deutsch-slowenische Zahlenspiele

Das Gymnasium zu Marburg führte bereits in den 1850er-Jahren Listen seiner Schüler, in denen die Nationalität bzw. die Muttersprache vermerkt wurde – dies ist bemerkenswert, wenn man bedenkt, dass auf der Makroebene der Monarchie erstmals 1880 in einem Zensus nur die Kategorie „Umgangssprache" erhoben wurde. Betrachten wir hierzu einige Stichproben aus dem Marburger Gymnasium. In einer solchen Übersichtstabelle aus dem Jahr 1854 werden die Schüler nach „Nationalität" wie folgt unterteilt:[418]

Nach der Nationalität:	Slovenisch (87)	Deutsch (60)	Slovenisch-Deutsch (48)

Die Tabelle aus dem Jahr 1855 unterteilt hingegen nach „Sprache":[419]

Sprache:	Slovenen (75)	Deutsche (74)	Utraquisten (34)

In einer statistischen Übersicht der Schüler öffentlicher Schulen des Jahres 1860 gibt es schlicht zwei Kategorien (Utraquisten gibt es in dieser Jahreszählung nicht):[420]

Slovenen (195)	Deutsche (121)

In den Jahren 1861 und 1863 (und offensichtlich ab diesem Zeitpunkt weiter) unterscheiden die Statistiken ihre öffentlichen Schüler hingegen nach „Muttersprachen":[421]

1861	Der Muttersprache nach:	Deutsche (116)	Slovenen (222)	Utraquisten (14)
1863	Nach der Muttersprache:	Deutsche (114)	Slovenen (235)	Deutsch-Slovenen (10)

418 Vgl. *Viertes Programm des k. k . Staatsgymnasiums in Marburg am Schlusse des Schul-Jahres* 1854, 17.

419 Vgl. *Fünftes Programm des k. k. vollständigen Staatsgymnasiums zu Marburg am Schlusse des Studienjahres 1855*, 15.

420 Vgl. *Programm des k. k. Gymnasiums in Marburg. Veröffentlicht von der Direction am Schlusse des Schuljahres 1860*, 32.

421 Vgl. *Programm des kaiserl. königl. Gymnasiums in Marburg. Veröffentlicht von der Direction am Schlusse des Schuljahres 1861*, 58 und *Programm des kaiserl. königl. Gymnasiums in Marburg. Veröffentlicht von der Direction am Schlusse des Schuljahres 1863*.

Bemerkenswert an diesen Tabellen ist vor allem eines: Die *Utraquisten* bzw. *Deutsch-Slovenen* nehmen über die Jahre – statistisch – kontinuierlich ab. Zum einen kann dies als Beleg dafür gelten, dass langsam zwei einander entgegengesetzte Blöcke (die Dichotomie Deutsch/Slowenisch) im Entstehen begriffen sind, und die Zwischenkategorie zunehmend weniger eine Option darstellt. Fast dreißig Jahre später, 1886, erbost sich ein Autor in der Zeitschrift *Slovan* über genau diese Zwischenkategorie und meint zu diesen Marburger Gymnasialstatistiken:

> Es muss noch erwähnt werden, dass es zu jener Zeit wohl einigen Magnaten vorkam, es gäbe in Österreich zu wenig Völker, und sie sich deshalb eine neue Nationalität ausdachten: *Halblinge* [polovičarji], in den Mitteilungen des Marburger Gymnasiums nannte man diese Jahr um Jahr „Utraquisten", das sind jene im Gymnasium, die Slowenisch *und* Deutsch konnten.[422]

Nationalismus ist eben ein Entweder-oder, ein Schwarz oder Weiß, eine Zwischenkategorie stellte für einen national denkenden Menschen 30 Jahre später keine Option mehr da und empörte ihn. Diese statistischen Beispiele können aber zum anderen auch einfach als Beweis dafür verstanden werden, wie willkürlich solche Angaben darüber, wer denn ‚Slowene' und wer ‚Deutscher' ist, zustande gekommen sein dürften und dass solche Zahlenspiele niemals so leicht für bare Münze genommen werden dürfen. Dass diese Zuschreibungen recht willkürlich waren und spontan entstehen konnten, zeigt die unterschiedliche Terminologie dieser Statistiken zwischen den einzelnen Jahren (Nationalität/Sprache/Muttersprache). Diesen Verdacht bestätigt auch folgende Stelle aus Anton Šantels Erinnerungen an das Jahr 1861, der schildert, wie diese Listen zustande gekommen sind:

> Eines Tages kam Direktor Lang in unsere Klasse mit einem Haufen Papier und fragte jeden einzelnen in alphabetischer Reihenfolge nach seiner Muttersprache. (Bis dahin hatte es keine Menschenseele gekümmert, ob jemand Slowene oder Deutscher war, da die Existenz des Slowenischen einfach ignoriert wurde. [...]) Als ich an die Reihe kam, stotterte ich etwas davon, daß ich Deutsch und Slowenisch gleich gut beherrsche.

---

422 R. A. „Božidar Raič", 231.

> [Pavel] Turner, der neben mir saß, stieß mich unter der Bank an und flüsterte mir zu: „Du bist ein Slowene, du bist ein Slowene!"
> Dann fragte mich Direktor Lang: „In welcher Sprache haben Sie zuerst gebetet?"
> Darauf antwortete ich: Slowenisch", und so schrieb er es ein.[423]

Diese Statistiken sind ein weiterer Beleg für die These, dass im Schulwesen – als Spiegel für die gesamte Gesellschaft im Neoabsolutismus – nationale Fragen noch keine bzw. erst eine minimale Rolle gespielt haben dürften.

423 ŠANTEL, *Erinnerungen,* 195 [Datierung der Textstelle aus dem Kontext erschließbar].

5.2.7. Die zukünftigen Lehrer

Entscheidend für die allgemeine Qualität des Schulunterrichts und für einen etwaigen slowenischen Unterricht sind die Lehrer; insofern lohnt es sich, einen Blick auf die zukünftigen Lehrer bzw. auch auf deren Lehrer zu werfen. Im bereits aufgeführten Visitationsbericht des Schulraths Hermann von 1851 finden sich auch detaillierte Beschreibungen über die vorhandenen oder nicht vorhandenen Fähigkeiten einzelner Lehrer, was stark auf die Qualität des Unterrichts Einfluss nahm. Aus Marburg beschreibt Hermann ausführlich den slowenischen Religionslehrer Davorin Trstenjak, der ihn beeindruckt haben dürfte:

> Eine sehr angenehme Uiberraschung wurde mir in Marburg bei einer Vorlesung des die Religionslehrkanzel des Untergymnasium supplimierenden Professors Terstenjak, welche er bei den Präparanden aus der Psychologie hielt. Wie ich mir dachte, daß die Gegenstände mit den Präparanden behandelt werden sollen, nämlich immer mit Beziehung auf die Kinder sind mit Versetzen der Kandidaten in die Schule, so fand ich meine Idee durch diesen noch jungen Mann an der Psychologie ausgeführt. Dieser sollte nur zum Präparandenunterrichte verwendet werden; übergäbe man ihm fünf oder sechs Gegenstände, so würden aus seiner einjährigen Präparandenbildung weit bessere Lehrer hervorgehen, als aus anderen zweijährigen; und ich halte es daher für meine Amtspflicht, die löbliche Landesschulbehörde und das solche Unterrichtsministerium zu bitten, diesen Mann so viel möglich zur Bildung der slowenischen Präparanden zu benutzen. Für Deutsche eignet er sich nicht, weil seinem Deutsch ein ziemlich derber slowenischdeudscher [sic] Dialekt und im Fluße der Rede mancher, ein deutsches Ohr unangenehm berührender Sprachfehler anklebt. Trstenjak's Verdienst ist es auch, daß in Marburg so viele /: 15:/ Präparanden zusammengekommen sind; er schrieb dort- und dahin, und einem jungen Menschen für das Schulfach zu gewinnen und suchte Kosttage für die ärmeren Präparanden.[424]

Zu den Volksschullehreranwärtern selbst möchte ich zwei Aufzeichnungen – eine aus dem Jahr 1848, eine aus 1858 – vergleichen, und zwar zwei Verzeichnislisten der Präparanden, also der Grundschullehreranwärter. Das sind Notenlisten der Kandidaten, in die tabellarisch neben Namen, Herkunftsort und „Charakter", Sitte, Besuch des Unterrichts, Eintrittstag etc. die Noten in den erlernten Fächern bzw. den Fächern, die sie selbst in Zukunft unterrich-

424 „Bericht über die Visitation [...]" [Unterstreichung im Original].

Abbildung 13: Davorin Trstenjak

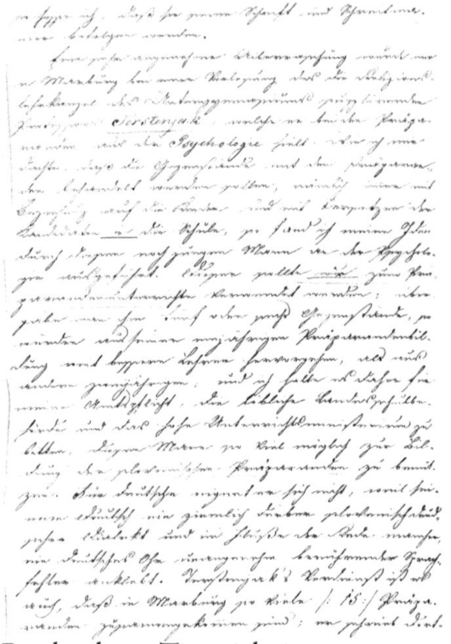

Beschreibung Trstenjaks im Schulvisitationsbericht von Hermann

ten werden müssen, eingetragen wurden. In der Tabelle des Jahres 1848 existiert hier noch kein Eintrag „Slowenisch", weder werden in einer Spalte die Sprachkenntnisse der Kandidaten vermerkt noch existiert es als Unterrichtsgegenstand; geführt werden Fächer wie Schönschreibung in Deutsch, Latein und *Kanzley*, Rechtschreibung, Aussprache und Sprachenlehre, Rechenkunst, Religion usw.[425] Von einer Schule vor 1848 durfte man nicht mehr erwarten; Vošnjak beschreibt eine Schule dieser Zeit (die Kreishauptschule Celje 1844) ähnlich: „Damals war gar keine Rede, weder von Realien, noch von Geographie, Geschichte, Physik usw. [...] an Slowenisch hat noch nicht einmal wer gedacht."[426]

425 „Verzeichnis der Lehramts-Candidaten, welche im Jahre 1848 dem Präparanden-Curse an der k. k Hauptschule zu Marburg beigewohnt haben, sammt der Classifikation derselben", in: NŠAM. *Dekanije. Fond škofijska pisarna,* F3, *šolske zadeve.*

426 VOŠNJAK, *spomini*, 18.

Zehn Jahre später (1858) werden die 26 Kandidaten, die zukünftigen Lehrer und ihre Unterrichtsfächer mit zusätzlichen Spalten klassifiziert und beschrieben. Mittlerweile vermerkt man den „Stand der Eltern", und der Fächerkanon hat sich verändert: Schönschreiben in der Kanzlei- und der Lateinschrift etwa wird nicht mehr gelehrt, dafür findet man mittlerweile Geometrie, „die allgemeinen Grundsätze des Unterrichtes und der Erziehung" – was sich nach einer pädagogischen Grundausbildung anhört – und die slowenische Sprache. Von den 25 aufgelisteten Präparanden haben in dieser Spalte acht keine Note (″) eingetragen – alle anderen ein gut (g) oder sehr gut (sg). Daraus lässt sich folgern, dass diese acht Kandidaten keinen Unterricht in Slowenisch erteilt bekommen haben und ihn folglich auch in Zukunft nicht selbst erteilt haben; wohl deshalb nicht, weil sie kein Slowenisch konnten. Folgt man diesem Schluss, dann bestätigt sich die Aussage, dass die Mehrheit der in Marburg ausgebildeten zukünftigen Volksschullehrer, konkret zwei Drittel, des Slowenischen mächtig waren. Definitiv bestätigen sich dadurch die Notwendigkeit dieser Kenntnis für Volksschullehrer und die Existenz des Slowenischen im Grundschulunterricht.[427]

Ein weiterer Beweis dafür findet sich 1861, als in Marburg für die Lehrerausbildung anstelle der bisherigen (zunächst nur dreimonatigen, später einjährigen) Präparandenklassen eine zweijährige Lehrerbildungs-Anstalt eingeführt wurde. Im „Statthalter-Entwurf für die zweijährige Lehrerbildungsanstalt in Marburg" wird in vielen Paragrafen festgelegt, wie die Ausbildung vonstattengehen, wer, worin ausgebildet werden soll etc. Wieder wird auch die sprachliche Qualifikation zum Kriterium gemacht:

> §10.
> Beim Sprachunterrichte soll vorerst darauf gesehen werden, daß die Präparanden selbst sowohl die slowenische als auch die deutsche Sprache rein und correkt reden und schreiben, daher sie im mündlichen und schriftlichen Gedankenausdruck fortgeübt werden sollen. Ferners sind beim Lehr- und Sprachunterrichte die Lehramtskandidaten zunächst

427 „Verzeichnis der Lehramts-Candidaten, welche an der k.k. Hauptschule zu Marburg den am 6. Oktober 1858 begonnen und am 28. Juli 1859 beendigten Präparanden-Kurse beiwohnten sammt der Klassifikation derselben", in: NŠAM. *Dekanije. Fond škofijska pisarna,* F3, *šolske zadeve.*

über das Wesen und den Nutzen der Lautier- und Buchstabier-Methode zu belehren, sodann mit dem nächsten Gebrauche der vorgeschriebenen Sprach- und Lesebücher unter Zuhandnahme derselben betraut zu machen und anzuleiten, wie sie Schritt für Schritt beim Lehrunterrichte vorzugehen, mit demselben die Rechtschreibung, die Sprachlehre und die Aufsatzübungen zweckmäßig zu verbinden, und dabei die slowenische und deutsche Sprache in zweckentsprechender Weise gleichzeitig zu behandeln haben. [...] Die Kandidaten müssen sich die Fähigkeit aneignen, die Lehrgegenstände in slowenischer und deutscher Sprache zu behandeln.[428]

428 StLA, Lavanttaler Schulakten, K. 9. *Marburg Stadt.*

5.2.8. Ausblick und Conclusio

Wie sollte es mit dem Schulwesen in Marburg und der Habsburgermonarchie weiter gehen? Durch die Maigesetze 1868 wurde das Schulwesen endgültig den Ländern und dem Staat unterstellt und der Oberhoheit der Kirche entzogen. Das Reichschulgesetz von 14. Mai 1869 legte den Grundstein für das Schulwesen im weiteren Zeitverlauf bis 1918. Die liberale Mehrheit im Reichsrat beschloss es gegen die Stimmen der nichtdeutschen Abgeordneten und trotz scharfer Proteste der slawisch-nationalen und föderalen Opposition, die eine obligatorische deutsche Unterrichtssprache auch in den nichtdeutschen Reichsteilen fürchteten. Abgestimmt wurde daher nicht ideologischen oder religiösen Überzeugungen entsprechend, sondern nur entlang der nationalen Gräben.[429] Das Gesetz sah vor, dass die Frage der Unterrichtssprache von den Landesschulräten getroffen werde, was natürlich die wirtschaftlich und finanziell einflussreicheren (deutschen) Schichten begünstigte. Damit wird das Unterrichtswesen nach 1869 einsprachiger und nationaler, was man auch in der Abnahme der utraquistischen Schulen ersehen kann. Auch in den Vorortgemeinden wurden vermehrt deutsche Schulen errichtet, insbesondere durch die Schulpolitik des Deutschen Schulvereins ab 1880. Rund um Marburg entstand „ein Ring von deutschen Schulen", und alle Schulen der Stadt wurden nun deutsch geführt (mit Ausnahme der Schulschwestern, die einen slowenischsprachigen Kindergarten und eine Mädchenvolksschule leiteten). Die Lehrerbildungsanstalt hatte eine Anfangsklasse auf Slowenisch, und am Gymnasium wurden die Slowenen erst ab 1889/90 wenigstens in den Gegenständen Religion, Latein und Muttersprache auf Slowenisch unterrichtet, und in der Unterstufe konnten slowenische Parallelklassen geschaffen werden.[430] Daraus kann man erkennen, dass die Periode des Neoabsolutismus keineswegs ein dunkles Zeitalter, sondern sogar eine entscheidende erste, positive Entwicklungsphase für das slowenische Schulwesen in Marburg darstellte.

---

429 Vgl. BURGER, Hanna. „Die Vertreibung der Mehrsprachigkeit am Beispiel Österreichs 1867–1918", in: HENTSCHEL, Gerd (Hg.). *Über Muttersprachen und Vaterländer.* Frankfurt/Wien 1997, 35–50.

430 Vgl. Maček, in: FERLEŽ. (Hg.) *Deutsche und Maribor*, 121 und ENGELBRECHT, *Geschichte des österreichischen Bildungswesens* 4, 314.

Trotz der für die Slowenen (v. a. in der Steiermark und Kärnten) sehr problematischen Bestimmung über die Unterrichtssprache trug das Reichsschulgesetz von 1869 zu einem allgemeinen Fortschritt und einem hohen Grad an Schreibkundigkeit unter die Bevölkerung bei. Außerdem verbesserte das Gesetz die Lage, Ausbildung und Bezahlung der Lehrer, gab Kompetenzen und finanzielle Lasten an die Gemeinden ab, erweiterte die Schulpflicht auf acht Jahre, und auch das Staatsmonopol auf Schulbücher wurde abgeschafft.[431] Es regelte die Volksschulen umfassend, entzog diese endgültig dem Einfluss der Kirche und verstärkte den Unterricht in den Naturwissenschaften, der vor allem in der neu gegründeten Realschule verwirklicht wurde. Außerdem zählt die Förderung der berufsbildenden Schulen und der vorschulischen Erziehung zu „den Glanzpunkten der liberalen Bildungspolitik".[432]

Beide Schulreformen, jene von 1849 und auch jene von 1869, finden im Allgemeinen eine positive Bewertung. So wurde es durch die Reform von 1849 erstmals auch einer ärmeren, bäuerlichen (und natürlich immer nur männlichen) Bevölkerung möglich, bei entsprechender Begabung ein Gymnasium zu besuchen, was vor 1848 schon allein die Standesdünkel verhindert hätten[433]. Und: „Die achtjährige Schulpflicht und das ausgedehnte, die Zustände in den Nachbarstaaten weitübertreffende Netz von Volks- und Bürgerschulen in der Muttersprache (wenigstens in den meisten Fällen) förderte nicht unwesentlich auch den sozialen und kulturellen Aufstieg der [...] Slowenen".[434]

Die vorgebrachten Beispiele haben verdeutlicht, dass es im Marburger Schulwesen zwischen 1848 und 1861 noch keine – zumindest keine tiefen – nationalen Gräben gegeben hat. Das Deutsche befand sich in einer privilegierten Vorsprungposition, das Slowenische machte aber in kurzer Zeit erhebliche Fortschritte – schließlich lernte erstmals ein großer Teil einer Generation

431 Vgl. CIPERLE/VOVKO, *Šolstvo na Slovenskem skozi stoletja*, 61–64 und PLETERSKI, „Die Slowenen", in WANDRUSZKA/URBANITSCH, *III/2*, 820.

432 ENGELBRECHT, *Geschichte des österreichischen Schulwesens* 4, 29.

433 Vgl. CIPERLE, Jože/VOVKO, Andrej. *Šolstvo na Slovenskem skozi stoletja*. Ljubljana1987, 143.

434 KOŘALKA, Jiři. „Deutschtum und Deutschnationalismus in Österreich vor 1918", 82.

junger Slowenen überhaupt erst slowenisch zu lesen und zu schreiben – d. h., dass die Bedingungen für eine höhere Bildung ohne völlige Assimilation überhaupt erst in diesem Zeitraum geschaffen wurden. Ansonsten kann nach diesen Quellenfunden noch mit einer Binsenweisheit resümiert werden: Die Qualität des Unterrichts insbesondere in dieser Zeit steht und fällt, wie wir gesehen haben, mit (vorhandener oder nicht vorhandener) Qualifikation des jeweiligen Lehrpersonals, der „Erfolg [hing] von der sprachlichen Befähigung und dem pädagogischen und philologischen Geschick des einzelnen Lehrers wesentlich ab".[435]

435 FROMMELT kam bereits diesbezüglich zum selben Schluss wie vorliegende Arbeit. Vgl. *Unterrichtswesen*, 81.

5.3. Die nationale Frage und Marburgs Bürger im Neoabsolutismus

Die Zahl der rodoljubi
[heimatliebenden, nationalbewusste Slowenen; Patrioten]
wuchs in der Zeit zwischen 1850 bis 1860
in Maribor auf etwa 12 Personen an [...][436]

In einem Nachruf auf den verstorbenen *Patrioten* Matija Prelog beschreibt Davorin Trstenjak 1872 ausführlich die nationalen Verhältnisse in Marburg vor 1861. Die Zahl der zwölf Patrioten in Trstenjaks Aussage bezieht sich wohl eher auf nationalbewusste Slowenen mit höherer Bildung, die für die ‚nationale Erweckung des Volkes' *aktiv* sind. Ähnlich sieht es Vošnjak, der in seinen Erinnerungen noch drastischer vermerkt: „Sehr selten waren die überzeugten *rodoljubi*. In der Steiermark konnte man sie an einer Hand abzählen: Dr. Kočevar [Celje], Trstenjak, Vodušek [Celje] – Raič war noch jung, Slomšek noch in Kärnten."[437]

Resümieren wir noch etwas die vorherrschende sprachliche Situation in Marburg bis 1861. Trstenjak schreibt:

> Das Deutsche nahm Maribor, der wunderschönen Stadt an den Ufern der Drau, schon früh seinen slowenischen Charakter. Ein slowenisches Wort hörte man nur in der Kirche, am Markt und in Privathäusern unter den Bediensteten; obwohl vor 40 Jahren [1832] noch jeder Marburger Bürger gut Slowenisch reden konnte. In einigen Vorstadthäusern wohnten auch noch richtige slowenische Familien, die sich des Slowenischen als Umgangssprache bedienten. Das Beamtentum und die Geistlichkeit verwendete in der Konversation Deutsch, Slowenisch wurde nur mit Parteien radegebrochen, aber niemand fühlte und dachte slowenisch [...][438]

Der *Spaziergänger durch Maribor* beschreibt 1860 die Situation als Ursache einer Assimilation und meint zum Topos der „Sprachinsel" Maribor:

436 TRSTENJAK, „Prineski k zgodovini", 65.
437 VOŠNJAK, *spomini,* 71.
438 Ebda.

Abbildung 15: Božidar Raič – der Spaziergänger durch Maribor

Wie ist das denn möglich, wo doch fast jeder heimische Bürger, obwohl seine Väter Zugereiste waren, Slowenisch versteht und mit dem gemeinen Volk [ljudstvo] spricht; geht man hier in irgendeinen Kaufladen, überall unterhalten sich die Verkäufer mit den einfachen Unsrigen in unserer heimischen Sprache [po domače]; samstags am Markt hört man nur wenig andere Worte als unsere; sogar die Fräuleins mit französischen Reifröcken und mit türkischen Schleiern plaudern mit den Butterverkäuferinnen, Milchfrauen etc. ganz geschmeidig auf Slowenisch; in der slowenischen Kirche zum Hl. Alois und zur Hl. Magdalena ist es ziemlich voll, wenn gerade in unserer Sprache Gottes Wort erklärt wird; im Dom sind bei der Morgenpredigt am meisten Menschen, die beide Sprachen sprechen; die Beamten sind mehrheitlich unsere Leute, daher verstehen sie unsere Rede, was sie auch können müssen. Wer bleibt da noch übrig? Lehrer an der Hauptschule und einige am Gymnasium, denen der römische Ausspruch: „Si es Romae" [Wenn du in Rom bist, verhalte dich wie die Römer] nicht behagt etc. – wie ein pensionierter Offizier, [u. a.], einige Knaben und Landstreicher, nach denen man nicht über die Bekanntheit der nationalen Sprechart für eine Stadt urteilen darf. Wenn wir aber mit Fremden und mit unseres Wortes Unkundigen nichtslowenisch sprechen, dann geschieht das aus Freundlichkeit [...][439]

439 R. B. „Potnikove misli in opazke", 275.

Dann beschreibt der Autor noch eine aufschlussreiche Szene zwischen drei Männern in Maribor:

Dieser Tage plauderten irgendwo zwei Herren in unserer Sprache: Ein Slowene und ein Deutscher aus einem weitentfernten deutschen Ort, der sehr gut Italienisch [laški] gelernt hatte. Ein dritter Herr daneben sitzend fragte Letzteren, was die beiden sprächen. Dieser fragte schlagartig: „Was, das verstehen Sie nicht, wo leben und dienen sie denn?" „Hier in Maribor". „Wie ist es denn möglich, dass sie kein Slowenisch verstehen? Hier muss man Slowenisch vor Italienisch und Französisch können; zumindest ich, aus dem entfernten Deutschland habe mich zuerst darum gekümmert, dass ich Slowenisch kann. So gehört es sich für einen ehrlichen Menschen, der nicht Dinge aus Unwissenheit geringschätzt".[440]

Derselbe Autor bekrittelt, dass offensichtlich insbesondere die Steirerinnen, die für die Feldarbeit in andere Gebiete gehen, dazu neigen, sich sprachlich zu assimilieren:

[...] Dabei habe ich nirgendswo beobachtet, dass sonst wer seine heimische Sprechart [domači govor] verheimlichen würden [...] wie die steirischen Sloweninnen; schämen sollen sie sich! wenn sie nur irgendwie unter nichtslowenischen Leuten sind. Dann dürfen sie sich nicht wundern, wenn sie die Einheimischen verachten, die Fremden aber lachen und sagen: „Das dumme Mädel ist im slowenischen Gebiet zu Hause, kann aber nicht einmal Slowenisch;", auch der christliche Glaube ist bei solchen Geschöpfen nicht die größte Stärke. So geschieht es also der Regel nach, dass wer seinem Volk [narod] abtrünnig wird, auch seine Pflicht gegenüber diesem vergisst, das uns Nationalität [narodnost] und Glauben geschenkt hat. Niemand muss sich dafür schämen, wenn er zwei oder mehr Sprachen spricht; rechtschaffende und ehrliche Leute schätzen solche stets mehr und haben sie lieber, schon zum Nutzen der Arbeit, warum sollten sich dann unsere Mädchen, die andernorts ihr Brot verdienen, dümmer stellen als sie sind![441]

Der Autor hat nicht nur eine schlechte Meinung über jene Steirerinnen, die in die Fremde ziehen, sondern offensichtlich auch über die gebürtigen Marburger Damen, die kein Slowenisch können:

Oft sah ich in Maribor am Markt, dass die Dienstmädchen und Mägde für ihre Damen, Frauenzimmer und Fräulein dolmetschen, die es verstehen stattlich auf dem Klavier zu

440 Ebda.

441 Ebda. 301.

spielen, mit Goldfäden zu nähen, die Quadrille tanzen, einige auch ein bisschen mit französischem Akzent sprechen können; wenn man ihnen aber sagt: Geh auf den Markt Lebensmittel kaufen, Kraut kochen, Sterz anrühren, Brot backen etc. verhalten sie sich wie ein Frosch mit einer Haselnuss. [...][442]

Eine weitere Beschreibung des Zusammenlebens bringt Šantel in folgender Beschreibung der Marburger Bürger, wenn er schreibt, dass es

> ... keinen Anlaß für nationale Spannungen zwischen Deutschen und Slowenen [gab], da es zwischen ihnen keinen Unterschied gab; ein Deutscher und ein Slowene kamen gar nicht darauf, daß sie nicht die gleiche Nationalität haben könnten. Es störte den Slowenen nicht, daß er mit dem Deutschen deutsch sprechen mußte, wo er doch sogar mit den Slowenen deutsch sprach. Die Marburger Bürger machten damals auch zwischen gebildeten Slowenen und Deutschen keinen Unterschied, waren sie doch selbst ein Gemisch aus beidem, ohne sich dessen bewusst zu sein. Sie machten also zwischen deutschen und slowenischen Schülern keinen Unterschied und unterstützten die Armen unter ihnen unabhängig von ihrer Nationalität. In vielen Bürgerhäusern gab es jahrelang für einen oder mehrere Schüler ein freies Mittagessen. Die reiche und fromme Frau Schmiderer, die Mutter des jetzigen Marburger Bürgermeisters und Anführers der dortigen Slawophoben [Ivan Schmiderer, Bürgermeister 1902-1919], verschaffte Tag für Tag einer ganzen Schar slowenischer Schüler ein freies Mittagessen.[443]

442 Ebda. 309.
443 ŠANTEL, *Erinnerungen,* 141.

5.3.1. Musik verbindet

Ein bemerkenswertes Zeugnis dafür, dass Musik verbindet und nationale Fragen noch keine so entscheidende, segregierende Wirkung hatten, legt Kokoschinegg in seinen Memoiren ab. Zwischen 1860 und 1862 lebte er erneut in Marburg und war dort, wie auch sonst Zeit seines Lebens, in Gesangsvereinen aktiv:

> Da der Männergesangsverein hoch im Ansehen stand, so wurde ich auch durch mein öfteres Auftreten als Liedersänger bekannt und beliebt. Im Hause des Advokaten Dr. Dominkusch waren schöne Unterhaltungen, zu denen ich geladen war. In diesen Kreisen erhielt ich durch eine Freundin der schönen Frau Dominkusch den Necknamen „das kindliche Gemüt".[444]

Wären nationale Fragen damals schon so entscheidend gewesen, hätten der später deutschnational politisch tätige Kokoschinegg und der ausgesprochene *rodoljub*, Patriot, Vorkämpfer, Anwalt und slowenische Landtagsabgeordnete Dominkuš wohl nicht freundschaftlich in denselben Kreisen verkehrt und im selben Männergesangsverein gesungen. Ein ähnliches Beispiel für die verbindende Kraft der Musik gibt Šantel in seinen Erinnerungen:

> Es war für die damalige Zeit [die 1850er, Šantels Gymnasialzeit] bezeichnend, daß wir alle, Slowenen wie Deutsche, mit Freude die Lieder der Burschenschaftler sangen. Ebenso bezeichnend war es aber auch, daß [Josef] Pommer [ein Mitschüler, der laut Šantel „später jahrelang als Abgeordneter des Stadtparlaments in Cilli sehr dumme antislowenische Reden hielt"] als Chorleiter ohne Zögern auch slowenische Lieder dirigierte. Damals kannte man noch keinen nationalen Hass.[445]

Der nationalbewusste *Wanderer durch Marburg* schilderte hingegen eine kleine merkwürdige nationalpolitisch motivierte Begebenheit: Im Kaffeehaus beim Theater lag immer eine *Novice* aus (in dieser Zeit neben Kirchenblättern die einzige slowenischsprachige Zeitung). Das Abonnement zahlte aber nicht der Kaffeehausbesitzer, sondern ein *domorodec,* ein slowenischer Patriot. „Letztens ist es passiert, dass jemand aus ihnen eine Seite herausgerissen hat [der erste Abschnitt der Artikelreihe „Gedanken und Beobachtungen

444 KOKOSCHINEGG, *Aus meinem Leben,* 66.
445 ŠANTEL, *Erinnerungen,* 123.

eines Wanderers" u. a.]; ein zweites Mal hat er das ganze Blatt weggetragen. Mit solchen Waffen kämpfen unsere Gegner oder eher unsere Unterdrücker gegen unsere heiligen Rechte [...]"[446] Solche kleinen gegenseitigen Angriffe sollten sich in den kommenden Jahrzehnten rapide verstärken. Die Wende zu den 1860ern brachte aus mehreren makro- und mikropolitischen Gründen einen ‚Klimawechsel'.

446 R. B. „Potnikove misli in opazke", 352.

6. Der Umschwung 1861

Für die Slowenen war diese Zeit [1861 bis 1870] eine wahre Wiedergeburt, das Erwachen aus einem langjährigen Schlummer und der Eintritt in die Reihe der anderen bereits (national-)bewussteren Völker.[447]

Der Umschwung wurde zu Beginn der 1860er-Jahre durch große Veränderungen in der Monarchie und der Außenpolitik eingeläutet. Wie bereits im vorangegangenen Kapitel kurz skizziert wurde, war Kaiser Franz Joseph wegen außenpolitischer Misserfolge zu innenpolitischen Zugeständnissen gezwungen und ließ 1860 eine Verfassung ausarbeiten. Um nicht sofort den liberalen Kräften im Reichsrat nachgeben zu müssen, ließ er zunächst einen Verfassungsentwurf von den Altkonservativen (besonders Ungarn und Slawen, v. a. Polen waren dabei stark vertreten) ausarbeiten, der föderalistische Züge trug und Oktoberdiplom genannt wurde. Dieser Entwurf wurde allerdings so schlecht aufgenommen, dass der polnische Regierungschef Agenor Gołuchowski bereits im Dezember zurücktreten musste. Nun wurden den Deutschliberalen die Regierungsgewalt im Reichsrat und die Ausarbeitung einer Verfassung überlassen, was im zentralistischen Februarpatent von 1861 mündete. Diese Verfassung ebnete den Weg für den Konstitutionalismus – indem die legislative Gewalt in die Hände des Kaisers und der zwei Kammern des Reichsrats gelegt wurde – und nahm den Dualismus ab 1867 bereits vorweg, indem sie nur Deutsche und Ungarn als Teilhabende an der Macht anerkannte. Nur im erweiterten Reichsrat, der Angelegenheiten der Gesamtmonarchie behandeln sollte, sollten auch die Ungarn teilnehmen; für ihre eigenen Belange sollte der ungarische Landtag selbstverantwortlich sein. Die Abgeordneten des Reichsrates wurden von den Landtagen entsandt. Staatsminister war bis 1865 der Liberale Anton Ritter von Schmerling. Widerstand und Ablehnung dieser Verfassung kam von vielen Seiten, vor allem aber von Ungarn (die zum erweiterten Reichstag nicht erschienen) und Slawen, was dazu führte, dass Schmerling gestürzt und die Verfassung 1865 sistiert d. h.

447 VOŠNJAK, *spomini*, 71. Den zweiten Teil seiner Erinnerungen, der mit 1861 beginnt, nannte Vošnjak sinnigerweise „Agitator".

ausgesetzt wurde. Dennoch diente sie 1867 in großen Teilen als Grundlage für die Verfassung Zisleithaniens, der Dezemberverfassung.[448]

Wenn wir in einem kurzen Ausblick noch weiter betrachten, wie es weitergeht, dann ist die Niederlage gegen Preußen in der Schlacht von Königsgrätz/Hradec Králové dafür entscheidend, dass Österreich endgültig aus dem Deutschen Bund ausschied und sich nun an eine Neuordnung der Monarchie machen musste. 1866 hätte Kaiser Franz Joseph I. nun noch einmal die Gelegenheit gehabt, die Monarchie in ein föderalistisches, übernationales Reich zu verwandeln, was der slawischen Bevölkerungsmehrheit Rechnung getragen und die nichtdeutschen Nationalitäten befriedet hätte, aber „er ist der Monarch der versäumten Gelegenheiten geblieben".[449] Der österreichisch-ungarische Ausgleich von 1867 verwandelte die Monarchie in eine Doppelmonarchie, worin die beiden führenden Nationen die Hegemonie hatten, in der österreichischen Reichshälfte die Deutschen, in der ungarischen die Ungarn. Die Slawen wurden nicht berücksichtigt, was dem Nationalitätenproblem in Zisleithanien neue Brisanz verlieh.

448 Vgl. BRAUNEDER, „Die Reichsverfassung 1861", in WANDRUSZKA/URBANITSCH, VII/1, 151–155; URBANITSCH, in dies. III/1, 182–187; VOCELKA. *Geschichte Österreichs*, 206–210 und „Februarpatent", in *aeiou. Österreich-Lexikon* und BRUNNER, OTTO. „Der österreichisch-ungarische Ausgleich von 1867 und seine geschichtlichen Grundlagen", in: MAYER, Theodor (Hg.). *Der österreichisch-ungarische Ausgleich von 1867. Seine Grundlagen und Auswirkungen.* Buchreihe der Südostdeutschen Historischen Kommission, Bd. 20. München 1968, 15–24, hier 22.

449 URBANITSCH, „Die Deutschen", in: WANDRUSZKA/URBANITSCH, III/1,194.

6.1. Marburg nationalisiert sich

Im März 1861 fanden steirische Landtagswahlen statt, bei denen aber kein explizit slowenischer Kandidat antrat und kein slowenischer Kandidat gewählt wurde und „die slowenischen Wähler unorganisiert und mehr oder weniger zufällig wählten", sprich nicht national wählten, was erst 1867 der Fall war, „als die Slowenen erstmals als politischer Akteur bei den Landtagswahlen antraten" und auch sogleich alle acht Mandate in der ländlichen Kurie Marburgs, hingegen keines in der Stadtkurie errangen.[450] Vošnjak meint ähnlich zu 1861: „[...] als nach der Schmerling'schen Verfassung Wahlen richtiggehend über Nacht ausgeschrieben wurden, hatte das gemeine Volk keine richtige Anleitung und wählte jene Männer, die es verstanden, sich mit irgendwelchen Versprechungen einzukaufen."[451]

Ab Anfang der 1860er-Jahre ändert sich auch in Marburg merklich etwas. 1862 wird die erste Zeitung in Marburg, die spätere *Marburger Zeitung*, der damalige *Correspondent für Untersteiermark* gegründet, was einen Wandel in der öffentlichen Sphäre mit sich bringt.[452] Der *Correspondent* will zunächst noch unpolitisch sein, schwenkt aber schnell um, und so vertritt die spätere *Marburger Zeitung* bald einen explizit deutschen und später aggressiv deutschnationalen Standpunkt.[453] Es kommt zu einigen weiteren – slowenischen – Zeitungsgründungen, *Slovenski narod* (1868 bis 1871, als die Zeitung nach Ljubljana verlegt wurde, wo sie bis 1943 erschien) und *Slovenski gospodar* (1867–1941). Damit ist zum einen die Quellenlage für lokale Ereignisse in Marburg/Maribor eine grundlegend andere als vor 1861, und zum anderen können nun publizistische ‚Nationalitätenkämpfe' in den Zeitungen ausgetragen werden.

Ein kurzer Ausblick auf das kommende Jahrzehnt der 1860er-Jahre zeigt, dass die nationalen Aktivitäten nun schlagartig zunahmen: 1861 wurde die

450 ŠEDIVÝ. „Profesoriji klasične gimnazije", 103; GRIESSER-PEČAR, *Maribor*, 164 und ausführlich dazu: CVIRN, Janez. „Deželnozborske volitve 1861 na Štajerskem", in: *Zgodovinski časopis*, Jg. 48/3. Ljubljana 1994, 329–333.

451 VOŠNJAK, *Spomini*, 71.

452 Stavbar, in: FERLEŽ (Hg.), *Deutsche und Maribor*, 112ff.

453 Vgl. KRAMBERGER, Petra. „Nemško časopisje v Mariboru", 37–44.

Probe-Nummer.

Correspondent für Untersteiermark.

Preis für Marburg.

Ein Monat . 40 kr.
Vierteljährig 1 fl. 20 „
Halbjährig 2 „ 40 „
Ganzjährig 4 „ 80 „

Mit Postversendung.

Ein Monat . 50 kr.
Vierteljährig 1 „ 50 „
Halbjährig . 3 „ — „
Ganzjährig . 6 „ — „

Insertionsgebühr: Die viermal gespaltene Druckzeile wird bei einmaliger Einschaltung mit 5, bei zweimaliger mit 8, bei dreimaliger mit 10 Kreuzern berechnet.

Erscheint jeden Sonntag und Donnerstag in je Einem halben Bogen (die Beilagen ungerechnet).

Sonntag den 30. März 1862.

Man pränumerirt auf den Corresp. f. Unt.

in Marburg:

für Einen Monat mit . . . . 40 kr.
Vierteljährig mit . . . 1 fl. 20 „
Halbjährig mit . . . . 2 „ 40 „
Ganzjährig „ . . . . . 4 „ 80 „

Mit Postversendung:

für Einen Monat mit . . . . 50 kr.
Vierteljährig mit . . . . . 1 fl. 50 „
Halbjährig mit . . . . . 3 „ —
Ganzjährig „ . . . . . 6 „ —

Zur Bequemlichkeit unserer Abonnenten nehmen folgende Expeditionen unseres Blattes die Pränumeration mit der Verpflichtung entgegen, die Zustellung des Corr. f. Unt. in's Haus zu besorgen:

In **Arnfels** Hr. **F. Repl**, Postmeister.
„ **Cilli** Hr. **G. Tarmon**, Buchhändler.
„ **Eibiswald** Hr. **J. Kieslinger**, Handelsm.
„ **Friedau** Hr. **U. Martinz.** „
„ **Gleichenberg** Hr. **G. Holzer** „
„ **Graz A. Koppitsch** sel. **Witwe**, Buch- und Kunsthandlung.
„ **Hartberg** Hr. **F. Lagler**, Handelsm.
„ **Kirchberg** a. Raab Hr. **F. Streihofer**, Handelsmann.
„ **Klagenfurt** Hr. **E. Liegel**, Buchhändl.
„ **Leoben** Hr. **Fr. Stock**, Buchhändler.
„ **Mureck** Hr. **F. Klatla**, Buchbinder.
„ **Pettau** Hr. **H. Wolffhardt**, Buchbind.
„ **Radkersburg** Hr. **J. A. Weitzinger**, Buchhändler.
„ **Sauerbrunn** Hr. **F. Rosbacher.**
„ **Villach** Hr. **F. Hoffmann**, Buchhändl.

Unsere Expeditionen sind ermächtigt, Inserate für den Corr. für Unterst. unter sehr billigen Bedingungen aufzunehmen.

Marburg, 29. März.

Der „Correspondent für Untersteiermark" ist als ein Blatt, welches Politik aus dem Kreise seiner Mittheilungen ausgeschlossen hält, der Pflicht überhoben, Bekenntnisse über eine politische Tendenz abzulegen. Er will vor Allem ein publizistisches Organ für die Gemeinde-Repräsentanzen der Steiermark sein, und Berichte über deren wichtigere Beschlüße und gemeinnützige Einrichtungen veröffentlichen.

In jener bereits überstandenen, für Oesterreich so unheilvollen Zeit, in welcher die Gemeinden der Selbstverwaltung entweder für unwürdig oder für unfähig gehalten wurden, — in welcher nach allen Seiten hin unter Mißtrauen bevormundet und mit Argwohn controllirt wurde, — faßte die leidige Scheu vor der Oeffentlichkeit, die Furcht vor dem begründeten Tadel und Gleichgiltigkeit gegen das verdiente Lob der Journale in vielen Gemüthern tiefe Wurzel.

Dieses Ueberkommniß des beseitigten Regierungssystems macht sich noch gegenwärtig in vielfacher Richtung unangenehm bemerkbar. Daß auch manche Communalvertretungen unseres Kronlandes der Losung: „Oeffentlichkeit" nicht im verdienten Maße huldigen, beweist der Umstand, daß bisher — mit wenigen rühmlichen Ausnahmen — nur Geringes für das Veröffentlichen ihrer Beschlußfassungen geschehen ist.

In einigen Fällen wird die Ursache hievon übertriebene Bescheidenheit sein, die im Verborgenen Gutes zu thun liebt und es vermeidet, auf die eigenen Verdienste selbstgefällig hinzuweisen. In anderen Fällen mag allerdings Mangel an Selbstvertrauen und die Scheu vor dem rückhaltlosen Urtheil der Mitbürger das Publiziren von Communalsachen widerrathen.

Der freie, redlich bethätigte Bürgersinn wahrhaft constitutioneller Gemeindevertreter hat es in der That nicht nöthig, der öffentlichen Meinung verzagt aus dem Wege zu gehen; er wird eine unparteiische Prüfung seines Strebens und Handelns gewiß vertragen und für die unbefangene Beurtheilung seiner Maßnahmen durch wahrheitsgemäße Journal-Mittheilungen zu sorgen nicht unterlassen.

Das Bekanntgeben praktischer Communal-Einrichtungen muß auch deshalb als ersprießlich bezeichnet werden, weil es strebsame Gemeinden aufmuntert, denselben bei sich Eingang und Geltung zu verschaffen.

Eine solche den Wetteifer und Gemeinsinn der Communen bezweckende Wechselseitigkeit will nun der „Correspondent für Untersteiermark" vermitteln und zugleich reformfreundliche Besprechungen communaler Uebelstände, sowie berechtigte Beschwerden jeder Art in der Rubrik: „Freimüthige Anregungen" mittheilen. Die Verantwortung für die Letzteren muß jedoch der Einsender selbst übernehmen. Persönliche Angriffe bleiben von der Aufnahme mit strenger Consequenz ausgeschlossen.

Um die Theilnahme der Gemeindeinsassen für die Berathungen ihrer Vertrauensmänner zu einer regeren zu gestalten, ist unser Blatt erbötig, das Datum und die Tagesordnung der Sitzungen jener Communalvertretungen von Steiermark, die uns darum angehen, regelmäßig bekannt zu machen. —

In seinen Leitartikeln wird der „Correspondent für Untersteiermark" nicht allein Communalsachen behandeln, sondern auch von sachkundiger Hand gewählte, das Interesse von Steiermark, Kärnten und Krain berührende Stoffe über Industrie, Bodencultur und Handelsverkehr besprechen.

Neben Tagesereignissen nichtpolitischen Inhalts will unser Blatt im Feuilleton Humoresken, Reiseschilderungen, Referate über gerichtliche Verhandlungen, Bilder aus dem Volksleben, special- und culturgeschichtliche, ans handschriftlichen Quellen geschöpfte Skizzen, welche auf Steiermark, Kärnten und Krain Bezug haben, Berichte über archäologische Denkwürdigkeiten und Funde, kritische Aufsätze über Werke und Leistungen der bildenden und darstellenden Kunst, — sowie über neuerschienene, in deutscher und slovenischer Sprache verfaßte literarische Werke bringen. Schließlich wird eine eigene Rubrik geschäftlichen meist den Productenverkauf betreffenden Nachrichten gewidmet sein.

Die Redaction wird sich eifrig bemühen, den eben angedeuteten Absichten getreu nachzukommen. Möge sie in diesem Vorhaben von den ehrenwerthen publizistischen Kräften, welche sie gewonnen, ebenso wie von der Theilnahme des Publikums in ausreichendem Maße unterstützt werden.

Abbildung 16: Erste Ausgabe des Correspondenten vom 30. 3. 1862

Slovanska čitalnica gegründet – mehr dazu noch später – ,1863 wurde in Marburg die 1000-Jahr-Feier zu Ehren der Slawenapostel Kyrill und Method zelebriert, bei der erstmals von der slawischen Gemeinschaft und vom Panslawismus gesprochen wurde; im Mai 1865 wurde die *Slovenska matica* gegründet, wofür gerade die Marburger Slowenen im Kreise der *čitalnica* bereits zwei Jahre intensive Vorarbeit geleistet hatten. Ebenfalls 1865 wurde anlässlich des dritten Todestages von Bischof Slomšek im sogenannten *Marburger Programm* erneut die Zusammenfassung aller slowenischer Gebiete in einer besonderen innerösterreichischen Verwaltungseinheit, in einem geeinten Slowenien gefordert; zwischen 1867 und 1870 kam es zu mehreren nationalen Massenveranstaltungen, den so genannten *tabori*. Diese Tabor-Bewegung proklamierte ebenso die Idee eines Vereinigten Sloweniens. Die Marburger Verfassungstreuen opponierten dagegen, bezogen sich auf den steirischen Landespatriotismus und warnten vor einer Vereinigung mit dem ,verarmten' Krain (In diesem Kontext ist auch die slowenischsprachige, steirisch-patriotische Beilage zum *Tagesboten*, der *Slobodni Slovenec* zu verstehen.). 1870 gründete sich in Marburg der *Verein der Deutschnationalen* (nur bis 1872 aktiv), der in seinem sogenannten *Marburger Programm* die engere Anknüpfung an Deutschland forderte. Der Börsenkrach von 1873 aber drängte mittelfristig wirtschaftliche und soziale Fragen in den Vordergrund und ließ nationale – kurzfristig – verblassen.[454]

Das Verhältnis zwischen ,Deutschen' und ,Slowenen' war auch zu Beginn des Verfassungslebens geprägt von „gelegentlichen Streitigkeiten, die jedoch schnell beigelegt wurden", einmal abgesehen „noch relativ friedlich". „Gegen die nationale Spaltung waren sowohl die offizielle Politik wie auch politisch engagierte und ,kleine' Leute gerichtet."[455] Demnach kann kein aktiver Deutschnationalismus für die 1850er- und 1860er-Jahre konstatiert werden. Während der liberalen Ära und früher hatte niemand daran gedacht,

454 Vgl. Čuček/Cvirn, in: FERLEŽ (Hg.), *Deutsche und Maribor*, 37–40 und MELIK, Vasilij. „Ideja Zedinjene Slovenije 1848–1991", in: GRANDA/ŠATEJ, 15–20, hier:15–17.

455 Čuček/Cvirn, in: FERLEŽ (Hg.), *Deutsche und Maribor*, 37.

das Nationalbewusstsein der deutschen Bürger Marburgs oder anderswo besonders zu stärken bzw. irgendeine Notwendigkeit dazu gesehen. Friedrich Wahrmund sieht 1928 nach der Lektüre der *spomini* diese Ansicht beim slowenischen Vorkämpfer Vošnjak selbst bestätigt:

> Allein die Lebenserinnerungen Vošnjaks erbringen gleichzeitig [neben dem Ziel, den „Weg eines nationalen Vorkämpfers" nachzuzeichnen und „zur Nachahmung anzueifern"] ganz ohne Absicht des Verfassers auch den Beweis, daß die Deutschen der slowenischen Bewegung, die durch ihren Schwung nach 1848 rasch an Boden gewann, zunächst keinen besonderen Widerstand entgegensetzten und daß mitunter auch Deutsche in hochstehenden Stellungen die slowenischen Bestrebungen wohlwollend betrachteten und sogar selbst tätkräftig förderten. Vor allem geht aus der Darstellung Vošnjaks deutlich hervor, daß die angeblich stets deutschfreundliche und nach deutschnationalen Gesichtspunkten handelnde Wiener Regierung wiederholt den slawischen Wünschen entgegengekommen ist.[456]

Erst als 1876 das deutsche Landtagsmandat der Umlandgemeinden und 1879 das Parlamentsmandat verloren gingen, entstand ein „deutscher Widerstandswille", doch „blieb die Einstellung der in der ‚nationalen Abwehrfront' eingetretenen Vereine rein bürgerlich, so daß ihnen eine Wirkung auf das bäuerliche Umland und die Arbeiterschaft versagt blieb". Urbanitsch stellt weiterhin fest, dass die Führungsrolle des untersteirischen Deutschtums gegen Ende der Achtzigerjahre von Marburg an Ptuj überging, „wo das Deutschtum völkisch, wirtschaftlich und kulturpolitisch agiler war".[457]

456 WAHRMUND, *Dr. Vošnjaks Lebenserinnerungen*, 1. Ein Beispiel dafür ist, dass Vošnjak, um dessen radikale Gesinnung jeder wusste, 1861dennoch ohne Probleme die Stelle des Bezirksarztes in Slovenska Bistrica bekam. 7f.

457 URBANITSCH, „Die Deutschen", in: WANDRUSZKA/URBANITSCH, III/1, 250.

6.2. Die Slovanska čitalnica

Abschließen möchte ich die Betrachtungen über das Jahr 1861 mit einem bedeutenden Ereignis der Nationalisierung Marburgs, der Gründung der *Slovanska čitalnica* nämlich. Nach kroatischem Vorbild wurden ab 1861 auch slowenische Lesegesellschaften gegründet; beginnend mit Triest und Marburg gab es 1867 bereits 57 solche politischen Lesevereine, vor allem in den Städten und Märkten. „Sie trugen wesentlich zur Stärkung des politischen slowenisch-nationalen Bewußtseins unter dem mit politischen Rechten ausgestatteten Teil der Bevölkerung bei, obwohl sie nur sporadisch auch in Landgemeinden wirkten."[458] Deutsche Lesevereine hatte es bereits in vorrevolutionärer Zeit gegeben (am Grazer Joanneum ab 1819, in Marburg seit 1823 unter dem Direktor Puff mit angeblich zwölf Mitgliedern); sie sollten politische Diskussion und Information verbreiten, prägten damit die bürgerliche Gesellschaft und waren ein Gegensatz zu den adeligen „Casino"-Gesellschaften.[459] Unter der Ägide der damaligen Anwaltskonzipienten Janko Sernec und Jakob Ploj (beide sind uns bereits bekannt: Ersterer als Bruder von Josip Sernec und Zweiterer aus dem Semmeringvorfall des Jahres 1848) wurde Ende Juli 1861 die *Slovanska čitalnica* in Marburg eröffnet. Sie war damit der zweite slowenische Leseverein nach Triest und eröffnete ein halbes Jahr bevor jenem in Ljubljana und hatte das erklärte Ziel, „für die Muttersprache mehr Freude und Liebe zu erwecken". Die Zahl der Mitglieder war nicht besonders hoch; 1861 betrug sie 30, 1913 soll sie 124 Mitglieder gezählt haben. Die Anfänge waren, auch was die materiellen Mittel betraf, äußerst bescheiden; so hatte der Verein die ersten drei Jahrzehnte seines Bestehens keine fixen Räumlichkeiten, musste oft umziehen und bekam erst 1899 im *Narodni dom* eine feste Heimstätte. Der Verein deklarierte sich zwar als unpolitisch – gemeinsame Tätigkeiten umfassten geselliges Zusammensein, Lesen, Rezitieren, Diskutieren, Theaterspielen Singen etc. –, doch durch seine Gründung kratzten seine aktiven Mitglieder an der absoluten Position des Deutschen im öffentlichen Raum, was eine Stärkung des Slowenischen zur

458 PLETERSKI, „Slowenen", in: WANDRUSZKA/URBANITSCH III/2, 807.

459 Vgl. CERWINKA, „Steiermark im Revolutionsjahr", 12 und HLUBEK, *Ein treues Bild*, 408.

Folge hatte. Die *čitalnica* war damit zweifelsohne ein wichtiger ‚Brandbeschleuniger' der nationalen Differenzierung in ‚Slowenen' und ‚Deutsche' in Marburg. Viel gerühmt sind in diesem Zusammenhang ihre jährlichen Feierlichkeiten (*velike in male besede*), die laut vieler Aussagen die Slowenen in Marburg aus ihrem anationalen Schlaf ‚erweckten'.[460] Zum Anlass der Eröffnungsfeier dichtete der Jurist, Dichter und Abgeordnete Lovro Toman wie bereits erwähnt eine politisch-nationale Positionierung mit dem Titel *Mar i bor*. Es scheint passend, mit diesem Gedicht die Ausführungen über den Betrachtungszeitraum zu schließen, um zu zeigen, dass damit eine neue Phase (nach Hroch die *Phase B*) – voller patriotischer Worte und nationaler Ausdifferenzierung – eingeläutet wird und sich auch der slowenische Stadtname *Maribor* ab 1861 allmählich etabliert:

Pravice naroda nam ščit in var,
Pravice naroda nam skrb in mar,
Pravice naroda vseh sreč izvor,
Pravice naroda naš sveti bor.

Če se spoštuje naša sveta stvar,
Za mir in spravo s tujci nam je mar,
Če stavi pa nasprot se jih upor,
Naj vname se za dom junaški bor.

Zato priseže vsak, al' mlad al' star,
Da mu za srečo roda zmir je mar,
Zato si voli rodoljubov zbor
Za mesto geslo svoje Mar i bor![461]

---

460 Vgl. HARTMAN, Bruno. „Slovanska čitalnica v Mariboru in njeni knjižnici", in: *Časopis za zgodovino in narodopisje*, 50/15/1–2. Maribor 1979, 295–340, hier: 295f und ders. „Razmerje med nemško in slovensko kulturo v Mariboru do prve svetovne vojne", in: FRIŠ/ROZMAN (Hg.), 195. Darüber, wie die *čitalnica* das Nationalbewusstsein der steirischen Slowenen ‚erweckt' hat, berichtet auch Josip SERNEC, *Spomini*, 8f.

461 Vgl. HARTMAN, Bruno. „Slovanska čitalnica v Mariboru in njeni knjižnici", in: *Časopis za zgodovino in narodopisje*, 50/15/1–2. Maribor 1979, 295–340, hier: 295f und ders. „Razmerje med nemško in slovensko kulturo v Mariboru do prve svetovne vojne", in: FRIŠ/ROZMAN (Hg.), 195. Darüber, wie die *čitalnica* das Nationalbewusstsein der steirischen Slowenen ‚erweckt' hat, berichtet auch Josip SERNEC, *Spomini*, 8f.

6.3. Ausblick auf die weitere Entwicklung bis 1945

Um das Fehlen dominanter nationaler Kategorien bis 1861 erst so richtig illustrieren zu können, braucht es den Vergleich zu späteren Jahrzehnten in der Untersteiermark, in denen ein kontinuierliches Anwachsen des nationalen Gegensatzes zu bemerken ist. Auf der Ebene des alltäglichen Zusammenlebens gab es in den 1870er-Jahren immer noch viel friedliches Miteinander. Der uns bereits wohlbekannte Josip Sernec kehrte 1873 Brežice den Rücken, wo ihm, wie er schreibt, „[...] die slowenischen und deutschen Bewohner einen herzlichen Abschied bescherten", um nach Marburg zu gehen. Seine Zeit in Marburg bis Neujahr 1875 beschreibt er folgendermaßen:

> Auch in dieser Zeit habe ich mich noch nicht viel politisch betätigt; ich war Mitglied der Čitalnica und Sänger in ihrem Chor. Ich verkehrte in den besten slowenischen und deutschen Kreisen. Wir Slowenen gingen auch ins Casino.[462]

Zwar gibt es mittlerweile mehr nationales Bewusstsein, allerdings noch wenig politische Agitation, also Anfeindungen gegen Anhänger der anderen nationalen Gruppe. Nachdem durch den Börsenkrach 1873 nationale zugunsten wirtschaftlicher Themen in den Hintergrund gerückt waren, kam es Ende der 1870er-Jahre mit dem Antritt der Regierung Taaffe (1879), die als slawenfreundlich galt, zu einer erneuten Eskalation. Zwar forderten die (untersteirischen) Slowenen nicht die Verwirklichung des *Zedinjena Slovenija*-Programmes, sondern die Bildung einer besonderen Abteilung der steirischen Statthalterei für die Untersteiermark (mit Sitz in Celje oder Maribor) und die Verwirklichung ihrer sprachlichen und nationalen Rechte. Die untersteirischen Deutschen begannen allmählich, jegliche slowenische Forderung nach Gleichberechtigung als Angriff auf den ‚deutschen Besitzstand' zu sehen. Es kam zu einer zunehmenden Radikalisierung und Aufsplittung

---

462 Abdruck des Gedichtes in CVIRN (Hg.) *Kronika XIX. stoletja*, 1. Bd, 375. [Übersetzung K. A.] Die Rechte des Volkes sind uns Schild und Schutz / die Rechte des Volkes sind unsere Sorge und Sache / die Rechte des Volkes sind allen Glückes Quell / die Rechte des Volkes sind unser heiliger Kampf. // Ehrt man unsere heilige Sache/ist uns Ordnung und Versöhnung mit den Fremden Recht / formiert sich aber ihr Widerstand / entflammt für die Heimat der Heldenkampf. // Deshalb schwöre jeder ob jung ob alt, / dass er sich stets um das Glück des Stammes kümmern wird / deshalb erwählt die Patriotenversammlung/ für ihre Stadt die Losung Mar i bor [sinngemäß Lieb und Kampf; Lieb ist sie uns und kämpfen werden wir für sie].

im deutschen Lager und einer Abrückung von „den liberalen Postulaten der ‚anationalen' verfassungstreuen Partei", die sich 1881 als Partei der Vereinigten Linken neu organisierte und auch in der Untersteiermark sehr aktiv war. Die Forderung „Los von Wien", also für eine selbstständige Politik der untersteirischen Deutschen, weil man von Wien nichts zu erwarten habe, wurde immer lauter. Zu diesem Zwecke und in diesem Kontext ist die nun (von der Zeitung *Kmetski prijatelj*) stark propagierte Ideologie des *Štajercijanstvo* zu sehen. Indem auf die immer noch starke gemeinsame steirische regionale Identität gesetzt wurde, versuchte die deutsche Seite, die slowenische Nationalbewegung gewissermaßen subversiv zu bekämpfen, indem sie die Slowenen mit einem Appell an das gemeinsame, historisch gewachsene und wirtschaftlich notwendige Steirertum zu erreichen versuchte. (Zu Beginn des 20. Jahrhunderts wurde dieselbe Taktik wieder von dem 1900 gegründeten Blatt *Štajerc* und der *Štajerc*-Partei in Ptuj verfolgt.)[463]

In den 1880er-Jahren verschärfte sich die Lage nach den Reichsratswahlen 1885 erneut, als sich unter den untersteirischen Deutschen vermehrt die Verfechter einer radikalen nationalen Politik durchsetzten. Nicht zufällig fällt die Gründung des Deutschen Schulvereins (1880) und des Vereins Südmark (1889) in diesen Zeitraum. Insbesondere in der Schulpolitik, im Bau von Schulen, in den Lehrplänen und Schulbüchern entflammt ein erbitterter Kampf gegen – je nach Blickpunkt – Germanisierung bzw. Slowenisierung des Landes. Berüchtigter Höhepunkt dieser Entwicklung ist der sogenannte Cillier Schulstreit 1895, als die Frage nach slowenischen Parallelklassen zum Rücktritt der Regierung von Fürst Windischgrätz führte.[464] Allein dieser Umstand belegte, wie viel Sprengkraft mittlerweile im Nationalen lag. Insbesondere Celje, weniger Maribor, war zu dieser Zeit der Schauplatz der angespanntesten Nationalitätenkämpfe.

463 SERNEC, *Spomini*, 19.

464 Vgl. CVIRN, „Zwischen Kooperation und Konfrontation", in HEPPNER (Hg.), 118–124.

„Vollends Amok", wie Cvirn schreibt, liefen die nationalen Leidenschaften dann während des Kampfes gegen die Badenische Sprachverordnung, die vorgesehen hätte, dass alle Beamten in Zukunft beide Landessprachen beherrschen müssen. Die deutschen Böhmen und Untersteirer erhoben sich in einem wütenden Proteststurm, und es kam zu Krawallen und Massendemonstrationen in mehreren Städten. Die Badeni-Krise endete schließlich mit dem Rücktritt von Ministerpräsidenten Kasimir Badeni 1897.[465] Dass die Situation in Celje angespannter war als in Marburg, kann damit erklärt werden, dass das Größenverhältnis zwischen Deutschen und Slowenen in Celje sehr ausgeglichen war und beide Seiten das Prinzip „totaler nationaler Abgrenzung" propagierten. Insbesondere rund um die Volkszählungen entbrannte ein regelrechter ‚Wahlkampf' um die deklarierte nationale Zugehörigkeit. Die Größen- und Machtverhältnisse in der Stadt Marburg hingegen standen so unbestritten zugunsten des deutschen Elements, dass es wohl aus diesem Grund nicht zu so intensiven Auseinandersetzungen kam. Stattdessen fokussierten sich der nationale Kampf und die politische Agitation mehr aufs Marburger Umland, das Drautal und insbesondere auf den Teil nördlich von Marburg, der die Stadt von der deklarierten Sprachgrenze (und späteren Staatsgrenze trennte). Der Deutsche Schulverein konzentrierte seine Tätigkeit in der Untersteiermark insbesondere auf die Errichtung von deutschen Schulen am Marburger Stadtrand, um die deutsche Sprachinsel zu festigen. Der Verein Südmark spielt eine nicht minder wichtige Rolle, konzentrierte sich aber nicht auf den Bau von Schulen, sondern auf seine deutsche ‚Kolonisationstätigkeit' in den Windischen Büheln und zum Teil im Drautal, um Marburg mit dem restlichen geschlossenen deutschen Gebiet durch einen Siedlungskorridor zu verbinden und wo noch möglich, eine deutsche Mehrheit zu schaffen.[466] Die Marburger Zeitung erklärte 1910, dass dies:

465 Vgl. BURGER, *Sprachenrecht und Sprachengerechtigkeit*, 159–161 und CVIRN, *Trdnjavksi trikotnik*, 170–192.

466 CVIRN, „Zwischen Kooperation und Konfrontation", in HEPPNER (Hg.), 121.

Abbildung 17: Der 1898 errichtete Narodni dom

> [...] in dem Gebiet zwischen der Mur (der Sprachgrenze) und Drau (Marburg) noch möglich [ist], da hier die slavische Bevölkerung nicht in dem Maße verhetzt ist, wie im südlichsten Teil von Untersteier, und viele Slovenen bei dem Verkehre mit den Grenzdeutschen und der Stadt Marburg deutschfreundlich sind.[467]

Der nationale Kampf in der Untersteiermark verschob sich zu Beginn des zwanzigsten Jahrhunderts demnach schwerpunktmäßig von Celje auf das Drautal und die Umgebung von Marburg. Noch bis in die 1880er-Jahre war das Vereins- und Zeitungsleben in Marburg noch weitestgehend nicht national motiviert gewesen, was sich nun allmählich aufzulösen begann. So radikalisierten sich die *Marburger Zeitung* und der *Marburger Männergesangsverein*, die zu Beginn noch recht unpolitisch gewesen waren, immer mehr. Es entstanden auch weitere national konnotierte Vereine wie die *Slovensko delovno bralno in pevsko društvo Maribor* (1894) die Turnvereine *Sokol* (1907) und *Orel* (1908). Trotz der Widerstände gelang es der slowenischen Seite, sich kontinuierlich mehr Geltung zu verschaffen: 1882 wurde zu diesem Zwecke die *Slovensko politično društvo* und gleichzeitg die Volkssparkasse *Ljudska posojilnica* (mit zahlreichen Filialen auf dem Land; 1912 bereits 254) gegründet, die die politische und wirtschaftliche Lage der Slowenen stärken sollten. 1898 baute die Volkssparkasse den Narodni dom, in dessen Räumlichkeiten auch einige andere slowenische Vereine ihren Platz (der Turnverein *Sokol*, der Kulturverein *Bralno in pevško društvo* und der Geschichtsverein für die Untersteiermark) fanden.[468] Einen weiteren Höhepunkt erreichten die nationalen Spannungen 1908, als deutsche Demonstranten den Narodni dom, das Priesterseminar und das Pfarramt angriffen und slowenische Tafeln zerstörten. Mit Kriegsausbruch wurde den nationalen Konflikten ein Riegel vorgeschoben, weil Kritik am Regime generell verboten, verdächtige Vereine aufgelöst und die Zensur verstärkt wurden. Zum einen schienen durch die Kriegserklärung an Serbien nationale Spannungen in den Hintergrund zu

467 CVIRN, *Trdnjavski trikotnik*, 295–314; *Aufbiks!*, 44–48; „Zwischen Kooperation und Konfrontation", in HEPPNER (Hg.), 123, STAUDINGER, „Südmark", in: RUMPLER/SUPPAN (Hg.), 130–154 und HARTMAN, „Südmarkini knjižnici v Mariboru, 145–153; DROBESCH, der Deutsche Schulverein, in: BISTER/VODOPIVEC (Hg.), 129–154.

468 Vgl. GRIESSER-PEČAR, *Maribor*, 168–171.

treten, und man solidarisierte sich auf großer Front für die gemeinsame Sache. Zum anderen aber erreichte gerade zu Beginn des Krieges die slawen- und slowenenfeindliche Stimmung ihren Höhepunkt, als vielfach nationalslowenische Persönlichkeiten, und darunter viele Pfarrer, der „Serbophilie" und unpatriotischer Handlungen bezichtigt wurden. Obwohl eigentlich die Slowenen noch bis 1918 als extrem ‚kaisertreu' und habsburgloyal galten, standen sie auch unter Verdacht, aus südslawischem Zusammengehörigkeitsgefühl gemeinsame Sache mit dem Feind Serbien zu machen.[469]

Spätestens mit 1918 kann nicht mehr von einer deutschen „Insel inmitten der Slavenwelt" oder der deutschen Stadt Marburg, sondern nur noch von der slowenischen Stadt Maribor gesprochen werden. 1918 war zweifelslos ein Zäsurjahr für diese Stadt: Nach einer fast tausendjährigen historischen Entwicklung als Teil der historischen Steiermark und starker wirtschaftlicher, kultureller und personeller Anbindung an diese – insbesondere an Graz – findet sie sich nun von dieser bisherigen Ausrichtung abgeschnitten im neu gegründeten südslawischen Staat SHS (Staat der Slowenen, Kroaten und Serben, der die südslawischen Gebiete der ehemaligen Habsburgermonarchie umfasste) wieder. Bereits einen Monat später fusionierte der SHS-Staat mit dem Königreich Serbien zum Königreich SHS (dem Königreich der Serben, Kroaten und Slowenen; *Kraljevstvo*, ab 1921 *Kraljevina Srba, Hrvata i Slovenaca,* ab 1919 *Kraljevina Jugoslavija*). Wohlgemerkt fallen die Slowenen von der ersten Nennung im Namen des Staates SHS auf die dritte im Königreich SHS zurück und die Serben Rücken an die erste Stelle, was auch bezeichnend für die serbische Dominanz in diesem ersten jugoslawischen Staat ist. In der slowenischen Geschichtsschreibung kommt dem nur einen Monat lang bestehenden und international nicht anerkannten Staat SHS

469 Vgl. GRIESSER-PEČAR, *Maribor*, 168–171 und zu den Gerichtsverfahren gegen Slowenen 1914 ausführlich: MOLL, Martin. Kein Burgfrieden. Der deutsch-slowenische Nationalitätenkonflikt in der Steiermark 1900–1918. Innsbruck/Wien/Bozen 2007 und zur Kaisertreue der Slowenen: BISTER, *Majestät es ist zu spät*.

(vom 29. Oktober bis 1. Dezember 1918) große Aufmerksamkeit zu.[470] Die Südslawen der ehemaligen Habsburgermonarchie, damit auch die Slowenen, hatten im zu Ende gegangenen großen Krieg gegen die Serben gekämpft, mit denen sie sich nun in einem gemeinsamen Staatsverband befanden – die vielfach strapazierte Bezeichnung „Zäsurjahr" hat in diesem Kontext absolut ihre Berechtigung.[471] Auch war nicht von Vornherein klar, welchem neuen Staat die Untersteiermark zufallen würde – gerade die deutschen Untersteirer hatten sich für einen Verbleib der Untersteiermark (oder zumindest des Drautals) bei Deutschösterreich ausgesprochen: Der Marburger Gemeinderat erklärte noch am 29. 10. 1918 per Beschluss, Deutschösterreich angehören zu wollen. Doch durch das rasche Eingreifen von General Rudolf Maister, der Maribor in einer Blitzaktion besetzte, kam die Untersteiermark ohne Volksabstimmung zum neuen südslawischen Staat. In der slowenischen Historiografie firmieren diese bewegten Ereignisse als „Sicherung der Nordgrenze", und in einer großen bis heute anhaltenden Publikationstätigkeit wird General Maister als *der* große Sohn und Held Maribors hochgehalten und verehrt.[472]

Nach dem Zusammenbruch der Monarchie änderte sich die Bevölkerungszusammensetzung Maribors frappant: Öffentliche Angestellte, Soldaten, Lehrer und Beamte verließen Maribor in Richtung Österreich bzw. mussten die Stadt unter Zwang verlassen; ihre Anzahl schätzt Hartman auf 5.000 bis 6.000. Stattdessen siedelten slowenische Beamte und Slowenen aus jenen Gebieten des Küstenlandes nach Maribor, welche nach dem Grenzvertrag von Rapallo Italien zugeschlagen worden waren (Hartman schätzt diese

470 Vgl. Cvirn, Janez, Die Slovenen und ihr Verhältnis zum neuen Staat (Königreich SHS) 1918/19 und Perovšek, Jurij, Die Slovenen in der Umbruchszeit und im neuen jugoslavischen Staat (1918–1929), und SUPPAN, Arnold. „‚Und jetzt werden die Ketten gesprengt!' Umsturz und Neuordnung im südöstlichen Europa", alle in: HEPPNER, Harald, (Hg.): Region und Umbruch 1918: Zur Geschichte alternativer Ordnungsversuche, Frankfurt/Wien 2001, 35–54, 87–95, und 69–85.

471 Zur Zäsur 1918 für die untersteirischen Slowenen und der Suche nach neuen ‚nationalen Helden', siehe: ALMASY, Karin. „‚V spomin žrtvam svetovne vojne'. Erinnerungskultur, Gefallenendenkmäler in der Untersteiermark und die Zäsur 1918 für die Slowenen", in: SUPPANZ, Werner/GOLL, Nicole (Hg.). *Graz und das Kronland Steiermark im Ersten Weltkrieg.* Essen 2014 (in Druck).

472 Siehe dazu ein älteres und aktuelleres Beispiel: UDE, Lojze. *Boj za severno slovensko mejo 1918/19*, Maribor 1977 und die Sonderausgabe zu Maister der *Časopis za zgodovino in narodopisje*, Jh. 82, 2–3, Maribor 2011.

Abbildung 18: Postkarte des Marburger Hauptplatzes aus der NS-Zeit, des damaligen Adolf-Hitler-Platzes

auf etwa 2.000).[473] Die Zahlen der ersten Bevölkerungsstatistik 1921 (bei der nun nicht mehr nach Umgangs- sondern nach Muttersprache gefragt wurde) im neuen Staat der Serben, Kroaten und Slowenen zeigt nun ein völlig anderes Bild von Maribor: 67 % erklärten sich als Slowenen und nur noch 21 % als Deutsche. Bis 1931 schrumpfte der Anteil der Deutschen auf nur noch 8 %. Dieser starke Rückgang ist allerdings nicht nur mit dem realen Abzug bzw. Zuzug neuer Bevölkerungsteile zu erklären, sondern wiederum mit einem erheblichen Anteil an (zahlenmäßiger und realer) Assimilation, nur dieses Mal in die andere Richtung: Gab es in den letzten Jahrzehnten der Habsburgermonarchie einen starken Druck Richtung Deutschtum, drehte sich dieser Druck nun völlig um, indem eine gezielte Slowenisierung betrieben wurde: Deutsche Vereine wurden aufgelöst, Beamte, die des Slowenischen nicht mächtig waren, entlassen, das Kulturleben wurde slowenisch, und in

473 Vgl. HARTMAN, „Nekaj številk o Mariboru", 102f.

den Schulen wurde Slowenisch ab 1919/20 Unterrichtssprache (obwohl es noch deutsche Parallelklassen gab, weil per Gesetz Minderheiten das Recht auf muttersprachlichen Unterricht hatten). Die gesetzlich garantierten Minderheitenrechte blieben aber mehrheitlich nur auf dem Papier bestehen, und mit gezielten politischen Repressionsmaßnahmen wurde versucht, die starke wirtschaftliche Position der Deutschen zu verringern.[474]

Diese Entwicklungen nahmen mit dem Blitzkrieg Hitlers und der Zerschlagung Jugoslawiens 1941 eine abrupte Kehrtwende: Krain und die Untersteiermark wurden vom Deutschen Reich selbst annektiert, während das Übermurgebiet an Ungarn und die westlichen Teile der slowenischen Gebiete inklusve Ljubljana dem Bündnispartner Italien überlassen wurden. Krain und die Untersteiermark in unmittelbarer Nähe des Dritten Reiches waren ohnehin schon länger als ‚deutscher Kulturboden' deklariert worden und sollten von allen Annexionen am schnellsten – laut Generalsiedlungsplan von 1942 binnen fünf Jahren durch Vertreibung, Aussiedlung oder Liquidierung Unliebsamer, Ansiedlung von ‚Volksdeutschen' und Eindeutschung von etwa 50 % der einheimischen Bevölkerung – angegliedert und damit ‚wieder deutsch gemacht werden'. Die nationalsozialistischen Rassepläne für die Untersteiermark konnten kriegsbedingt durch den Zusammenbruch des Dritten Reiches aber nicht mehr verwirklicht werden.[475]

Wie bei anderen ‚volksdeutschen' Gruppen im Südosten (den ‚Donauschwaben' und den Gottscheer Deutschen) war es auch schon lange vor der deutschen Besetzung zur Nazifizierung eines gewissen Teils der Mariborer Deutschen gekommen und hatte die NS-Ideologie insbesondere nach dem Anschluss Österreichs 1938 Aufschwung bekommen. So hatte bereits eine Ortsgruppe

474 Vgl. Kosi/Cvirn, in: FERLEŽ (Hg.), *Deutsche und Maribor,* 68 und Griesser-Pečar, *Maribor,* 229–233.

475 Vgl. HEINEMANN Isabel, „Die Rasseexperten der SS und die bevölkerungspolitische Neuordnung Südosteuropas" und PROMITZER Christian, „Täterwissenschaft: das Südostdeutsche Institut in Graz", in: BEER, Mathias/SEEWANN, Gerhard (Hg.), *Südostforschung im Schatten des Dritten Reiches. Institutionen – Inhalte – Personen.* (= Südosteuropäische Arbeiten; 19). München 2004, 135–157 und 93–113.

des *Kulturbundes* in Maribor agiert und war nach Vorbild der NS-Sturmabteilungen eine paramilitärische Formation, die *Deutsche Mannschaft* gegründet worden. So konnte NS-Herrschaft und -Propaganda sehr rasch implementiert werden. Unrühmlicher Höhepunkt der NS-Zeit in Maribor war ein Besuch von Adolf Hitler am 26. April 1941. Jernej Kosi und Janez Cvirn fassen die Geschehnisse zwischen 1941 und 1945 folgendermaßen zusammen:

> Betrachtet man das damalige Geschehen aus der zeitlichen Distanz, so kann man durchaus behaupten, dass die Zusammenarbeit der Mariborer Deutschen mit der Besatzungsmacht eher pragmatischer Natur war – im Vergleich zu gut zwei Jahrzehnten jugoslawischer Realität sah man im NS-Programm und in den NS-Ideen die Möglichkeit für ein besseres zukünftiges Leben im Dritten Reich. Insbesondere nach dem Beginn des Terrors gegen die slowenische Bevölkerung, dessen die Mariborer Deutschen täglich Zeuge waren (systematische Germanisierung und Assimilierung, Genozid), machten sich jedoch unter den heimischen Deutschen erste Bedenken und sogar Widerstand bemerkbar. [...] Aus Maribor wurden schon im Jahr 1941 4.434 Mariborer nach Serbien, Bosnien und Kroatien vertrieben, auf dem Hof des Gerichtsgefängnisses wurden 689 Geiseln erschossen [für jeden getöteten Deutschen wurden zehn Slowenen erschossen; Anm. K.A.]. Damit war ein Zeichen gesetzt, dass das Endziel der Besatzung mehr als nur ein Anschluss an das Dritte Reich ist.[476]

Nach dem nationalsozialistischen Intermezzo 1941–45 wurde mit den verbliebenen Deutschen und ‚Deutschtümlern' abgerechnet, sie wurden vertrieben, den verbliebenen Deutschen wurden die Staatsbürger- und Wahlrechte aberkannt und der Besitz von Deutschen und *Nemškutarji*, deutschfreundlichen Slowenen, wurde verstaatlicht. Es kam zu Vergeltungsakten, Vertreibungen und – in Absprache mit den britischen und russischen Besatzungsmächten – Deportationen über die Grenze. Mitglieder des Kulturbundes, des Steirischen Heimatbundes, der Wehrmannschaften und der Okkupationsverwaltung wurden interniert, wenige vor Gericht gestellt; viele ohne Gerichtsurteil exekutiert. Bei der ersten Volkszählung nach dem Zweiten Weltkrieg zählten Marburg und sein Umland nur noch 532 ‚Deutsche'.[477] So fand die ‚deutsche' Prägung der Stadt Marburg – nunmehr eindeutig Mari-

476 Kosi/Cvirn, in: FERLEŽ (Hg.), *Deutsche und Maribor*, 80.

477 Vgl. Kosi/Cvirn, in: FERLEŽ (Hg.), *Deutsche und Maribor*, 83.

bor – ihr Ende. Seitdem fokussiert sich das kollektive Erinnern natürlich auf den slowenischen Charakter der Stadt. Allgemeine Überblickswerke über die Stadtgeschichte, die nach 1945 über Maribor geschrieben wurden, lassen gerne die ‚deutsche' Vergangenheit der Stadt so gut sie können beiseite und fokussieren auf die der heutigen slowenischen Meistererzählung besser entsprechenden Momente der Stadtgeschichte.[478]

478 Beispielhaft dafür RADOVANOVIČ, *Maribor* und offizielle und populärwissenschaftlich-touristische Texte wie http://www.maribor2012.eu/partnerska-mesta/maribor/skozi-cas/

7. Gab es 1848–1861 in Marburg bereits ‚Deutsche' und ‚Slowenen'?

Wie stand es damals um das Nationalbewußtsein?
Im heutigen Sinn war es weder bei den Deutschen
noch bei den Slowenen vorhanden. Die Verhältnisse,
wie sie eben waren, mit Deutsch als einziger Sprache
der Gebildeten in den Ämtern und in der Schule
schienen natürlich, sozusagen gottgegeben zu sein. [...]

Obwohl es also keine nationalen Spannungen gab,
weder Streitigkeiten noch Beschuldigungen, war es doch klar,
daß es sofort dazu gekommen wäre, wenn es von slowenischer Seite
auch nur den kleinsten Versuch gegeben hätte, diese
für die Slowenen erniedrigenden Verhältnisse zu ändern.[479]

Aus Šantels Schilderung kann man gut erahnen, wie sich die Verhältnisse in den 1850er-Jahren in nationaler Hinsicht wohl gestaltet haben – nämlich national indifferent bzw. ‚flexibel'. *Nicht*-nationale Handlungen und Einstellungen sind oftmals schwieriger durch Quellen zu rekonstruieren und zu belegen als nationale oder nationalistische, für welche sich vor allem für die späteren Jahrzehnte der Habsburgermonarchie unzählige Quellen finden lassen. Der Versuch, die Nicht-Existenz bzw. die noch geringfügige Bedeutung des Nationalen, bzw. die „nationale Flexibilität" zu belegen, ist wesentlich schwieriger.[480] Die vorliegende Arbeit hat genau dies versucht, den komplexen Fragen von der Entstehung kollektiver Nationalitäten anhand eines kleinen lokalen Beispiels für eine Zeit nachzugehen, in der uns heute selbstverständliche nationale Denkkategorien erst langsam im Entstehen begriffen waren. Wie wir gesehen haben, bekamen Sachfragen – wie Schulunterricht oder Flaggen – eine symbolträchtige Aufladung, um die herum die ersten ‚nationalen' Deutungsmuster der eigenen Verortung entstanden.

---

479 ŠANTEL, *Erinnerungen*, 105 und 106.
480 Vgl. JUDSON, *Guardians of the Nation*, 5.

Diese ,Kämpfe' fanden zwischen einigen politisch interessierten Intellektuellen und aktiven Vorkämpfern statt; sie waren bei Weitem noch kein flächendeckendes Phänomen, sondern „in nationaler Hinsicht ohne irgendeinen Einfluss auf die Masse des Volkes, nämlich die Bauern".[481] Selbiges bestätigt ein Blick in die Printmedien der Zeit, insbesondere des Revolutionsjahres: Es scheint erklärungsbedürftig zu sein, wie man nun denken und sich verhalten und welchem nationalen Lager man sich zugehörig fühlen soll, welche Bedeutung gewissen Farben (Schwarz-Rot-Gelb; Weiß-Blau-Rot) und Benennungen (Deutscher, Slowene, Slawe etc.) zukommt. Das alles ist 1848 etwas *Neues*. Und auch hierbei ,erwacht' nur ein relativ kleines (bürgerliches) Segment der Bevölkerung, das regelmäßig Zeitungen liest. Gerade die Frage der Flaggenfarben im Revolutionsjahr war eine der symbolischen Repräsentation. Anhand dieser Fragen formierten sich erstmals national-politische Gegensätze, allerdings auch noch in keiner Weise mit späteren Verhältnissen vergleichbar, da die regionale steirische Identität offensichtlich noch genügend Kohäsionskraft bot und sich die verschiedenen ,nationalen' Identifikationskategorien noch nicht gegenseitig kategorisch ausschlossen. Man konnte ,Deutscher' oder ,Slowene' sein, gleichzeitig und primär war man aber Steirer und Marburger. Immer und immer wieder werden im Revolutionsjahr die ,Einheit' und die „Verbrüderung aller Stämme" betont, die vereint wie „zwei Herzen und ein Schlag" für die Steiermark und den Kaiser pochten.

Was die Frage der Gleichberechtigung in sprachlicher und kultureller Hinsicht betrifft, muss klar gesagt werden: Nein – gleichwertig, was Rechte, Prestige, Repräsentation im öffentlichen Leben, in Schule, Kirche oder was den Entwicklungsstand der Sprachnormierung und -einsatzfähigkeit angeht, waren das deutsche und das slowenische Element bzw. die Sprachen sicher nicht. Die synoptische Tradition – ein Vielvölkerstaat Österreich, der all seine Völker und Sprachen schätzt und nicht versucht, einzelne Landessprachen zu verhindern, sondern sie ganz im Gegenteil fördert, dennoch aber

481 Das sieht nicht nur die heutige Geschichtswissenschaft so, das bedauerten schon die Agitatoren der damaligen Zeit. Siehe: VOŠNJAK, *Spomini*, 71.

zweifelsohne der deutschen Sprache und Kultur eine Leitposition zugesteht – kann bestätigt werden. Aus der Quellenlage ist ebenso ersichtlich, dass die wirtschaftlich und politisch mächtige Schicht der Entscheidungsträger in Marburg in großer Mehrheit Deutsch sprach und sich wohl ebenso selbstverständlich der deutschen Kultur und dem österreichischen Kaiserhaus verbunden fühlte. Explizit deutschnationale Agitation – vergleichbar mit jener um die Jahrhundertwende – konnte keine festgestellt werden. Was für einen Grund hätte es dafür auch gegeben?

Die Zeit des Neoabsolutismus wird oft in dunkleren Farben gezeichnet, als es diese Zeit verdient, zumindest bezüglich der Rechte und der Repräsentation des Slowenischen in Kirche und Schulwesen kann dies behauptet werden. Es scheint vielmehr, dass es sich um eine entscheidende erste Entwicklungsphase für das Slowenische gehandelt hat. Die Revolution wirkte nach und hatte einige günstige Veränderungen bewirkt. In der Kirche wurde ab 1859 wieder mehr auf Slowenisch gepredigt. In den Konkordatsschulen war – unter Einfluss der slowenischen Geistlichkeit – Slowenisch als Unterrichtssprache in der Untersteiermark viel weiter verbreitet und in einer besseren Position als etwa nach dem liberalen Reichsschulgesetz von 1869. Entscheidend ist vor allem die Ausbildung einer eigenen Intelligenz unter den Slowenen und damit auf der lokalen Ebene meines Beispiels das Marburger Gymnasium. Dort stellte Slowenisch einen Unterrichtsgegenstand dar (für die Slowenen einen obligatorischen, für die Deutschen einen Freigegenstand, der zahlreich besucht wurde). Dieser Entwicklungsschritt scheint mir sehr bedeutend. Denn zu einem großen Teil hatte dies Anteil daran, dass sich – erstmals jenseits von Priesterseminaren – eine Intelligenz herausbilden konnte, die Slowenisch auf hohem Niveau beherrschte und einsetzten konnte und sich selbst als Slowenen verstand. Viele wichtige Namen unter den (steirischen) Slowenen sind mit dem Marburger Gymnasium verbunden; sie waren entweder Schüler, Lehrer oder im Laufe ihres Lebens beides; sie waren nationalbewusste Geistliche, spätere politisch tätige Agitatoren der slowenischen Nationalbewegung und slowenische ‚Erfolgsbiografien', die sich aus ärmlichsten Verhältnissen zu hoher Bildung hochkämpften und z. B. als Lehrer, Vereinsgründer, Zeitungsmänner oder Politiker künftige Generationen bildeten und prägten und die vielfach wichtige Beiträge zur slowenischen Sprachwissenschaft oder Kulturlandschaft leisteten. Auch finden wir in den Kreisen des Gymnasiums gebildete und dem Slowenischen aufgeschlossen gegenüberstehende ‚Deutsche'.

Damit sieht sich die Aussage bestätigt, dass nicht allein die Frage der Unterrichtssprache entscheidend für das Schicksal einer Nationalbewegung ist, sondern auch a.) ein flächendeckendes Netz von Schulen und einer allgemeinen Schulpflicht, b.) die Formierung einer standarisierten Druck- und Schriftsprache mit einem größeren Radius[482] und c.) der Umstand, „dass Angehörige der nicht herrschenden ethnischen Gruppe ab einem gewissen Zeitpunkt höhere Schulbildung erlangen konnten, ohne sich dabei sprachlich völlig zu assimilieren und die Identität der Staatsnation anzunehmen."[483] Die Sprachenpolitik des neoabsolutistischen Regimes hat somit zweifelsohne zur Entwicklung des Schriftslowenischen – eine Grundbedingung für die Formierung einer Nationalbewegung – beigetragen.[484]

Eine weitere zu Beginn aufgestellte These sah sich bestätigt: Beginnende Nationalisierungsprozesse waren, durch mehrere Umstände bedingt, Männersache. Zum einen schlicht und ergreifend durch den Umstand, dass eine höhere Bildung Frauen gar nicht zugänglich war: Die Frage der slowenischen Unterrichtssprache und des Unterrichtsgegenstandes im Gymnasium etwa konnte die Frauen nicht berühren, weil sie dort gar nicht zum Studium zugelassen waren. Zum anderen stellte sich die Frage der nationalen Repräsentation im öffentlichen sowie im kirchlichen Raum und nicht im privaten Kämmerchen und auch diese Sphären – in Vereinen, im Gottesdienst, in Chören, in der Nationalgarde, in der politischen Diskussion und Agitation – waren Männersache. Frauen waren maximal Zaungäste, die bei Feierlichkeiten mit-

482 Vgl. HOBSBAWM, *Nationen und Nationalismus,* 66.

483 HROCH, *Europa der Nationen,*103.

484 Vgl. Cvirn, in: CVIRN (Hg.). *Kronika XIX. stoletja*, 1. Bd., 412.

helfen und mitfeiern durften. Dies bestätigt sich in der Gesamtheit der untersuchten Quellen anhand der ausschließlich männlichen Akteure und Adressaten von Aufrufen und Handlungsaufforderungen – ein einziges Mal ging auch ein Aufruf an die Marburgerinnen – als es galt, ein teure Fahne durch Spenden zu ermöglichen –, und einmal, waren sie – bei der Fahnenweihe im September 1848 – dekoratives ‚Zierwerk' in einer großen ‚national-steirischen' Feier. Es fehlt (noch) die nationale Rhetorik von der Frau als Hüterin des Volkes, die durch Geburten und die Erziehung der Kinder im nationalen Sinne Entscheidendes beizutragen hat, wie sie für jedweden Nationalismus typisch sind.[485] Auch das Fehlen dieser genderspezifischen Rhetorik über die ‚Mütter der Nation' kann als weiterer Beweis für die These herangezogen werden, dass es zwischen 1848 und 1861 noch keine ausgeprägte nationale Differenzierung oder gar Nationalitätenkämpfe gegeben hat.

Wenn wir uns an dieser Stelle an die Hroch'schen Phasen einer nationalen Bewegung zurückerinnern, so kann mit Sicherheit eine *Phase C* – die Massenphase – für Marburg bis 1861 sowohl für Slowenen als auch für Deutsche ausgeschlossen werden, ebenso wie ‚Nationalismus' im engeren Wortsinne, der erst in dieser *Phase C*, „in der voll ausgebildeten Nation mit eigenen herrschenden, am Machtkampf beteiligten Klassen" mit „gefährlichen und ‚typischen' Äußerungen der Intoleranz, Aggressivität und Überheblichkeit" auftritt. In *Phase A* und *B* hingegen gibt es „nur ganz vereinzelt Äußerungen der Missachtung anderer Nationen oder Versuche [...], diese zu beherrschen oder deren Interessen den eigenen unterzuordnen".[486] Das trifft auf Marburg im untersuchten Zeitraum unbestritten zu. Dies liegt zum Teil sicherlich daran, dass das System des Neoabsolutismus nicht viel an politischer Meinungsäußerung zuließ und demnach die nationale Differenzierung wohl zeitverzögert hat. Daher komme ich zum Schluss, dass man in Marburg zwischen 1848 und 1861 von *Phase A*, sehr fraglich ob überhaupt von *Phase B* sprechen kann. Der einzigen wirklichen Hinweise auf eine politische Agitation, für an die

485 Vgl. JURIĆ PAHOR, *Narod, identiteta, spol*, 49.
486 HROCH, *Europa der Nationen*, 236.

Öffentlichkeit getragene kultur- oder sprachpolitische Forderungen, ergo eine *Phase B* sind die Petitionssammlung für ein Vereintes Slowenien 1848, die in Marburg von nur 55 Personen, mehrheitlich Gymnasiasten, unterschrieben wurde, und die Forderungen der slowenischen Professoren nach mehr Slowenischunterricht am Gymnasium, wie sie es etwa auf der Lehrerkonferenz 1860 artikuliert hatten. Ob man dies wirklich als vollwertige *Phase B* deuten will, ziehe ich in Zweifel und sehe vielmehr eine *Phase B* erst mit der Gründung der *Slovanska čitalnica* gegeben. Die Quellen belegen, dass man noch selbstverständlich miteinander lebte und verkehrte: Man sang gemeinsam im Männergesangsverein, ärmere Gymnasiasten wurden unabhängig von ihrer Nationalität verköstigt, man verkehrte an den gleichen öffentlichen Orten, drückte miteinander die Schulbank, weihte die steirische Fahne, feierte die Verlegung des Bischofsitzes, stellte Geld für eine Fahne der Nationalgarde und für die neu zu bauende bischöfliche Residenz auf, manch ein einflussreicher und bekannter ‚Deutscher' und viele ‚deutsche' Gymnasiasten lernten Slowenisch, man huldigte dem Kaiser und feierte die Errungenschaften der Eisenbahn.

Die kollektive Identität ‚der Slowenen' und auch im engeren nationalen Sinn ‚der Deutschen' scheint es in Marburg bis 1861 noch nicht gegeben zu haben bzw. scheinen diese erst äußerst rudimentär entwickelt gewesen zu sein, da eine solche ja stets nur in dem Maße besteht, wie sich bestimmte Individuen zu ihr bekennen und nur „so stark oder so schwach [ist], wie sie im Denken und Handeln der Gruppenmitglieder lebendig ist und deren Denken und Handeln zu motivieren vermag."[487] An dieser Stelle möchte ich nicht grundsätzlich ausschließen, dass es diese kollektiven Identitäten bereits im kleinen Maß gegeben hat; die ausgewerteten Quellen aber geben wenig bis keine Hinweise darauf, dass die Kategorien ‚slowenisch' und ‚deutsch' schon entscheidend die Eigen- und Fremdwahrnehmung und das Handeln und Denken breiter Kreise in Marburg zwischen 1848 und 1861 beeinflusst hätten.

487 Vgl. ASSMANN, *Das kulturelle Gedächtnis*, 132.

8. Anhang: Forschungsstand und Quellenbestände

Zur Sekundärliteratur

In der Quellen- und Literaturauswahl habe ich mich um Ausgewogenheit bemüht, ebenso slowenisch- als auch deutschsprachige Stimmen zu Wort kommen zu lassen, weil die erhöhte Gefahr besteht, eingleisig zu argumentieren, wenn man sich einer so zweisprachigen Region und einem zweisprachigen Thema nur durch Quellen und Literatur einer Sprache annähert.[488] Sofern nicht anders angegeben, stammen alle Übersetzungen slowenischer Literatur und Quellen von mir selbst; bei markanten Formulierungen und Schlüsselbegriffen wird zusätzlich der slowenische Ausdruck in eckiger Klammer mitgeliefert. Wie bereits erwähnt gibt es zu sensiblen ethnisch-nationalen Themen immer noch zahlreiche tendenziöse Literatur, was allerdings vor allem auf populärwissenschaftliche, politische und ältere geschichtswissenschaftliche Literatur sowie Arbeiten aus anderen geisteswissenschaftlichen, nichthistorischen Disziplinen sowie von Hobby-Historikern zutrifft. Aus der großen Menge an Literatur zu dem Thema seien an dieser Stelle nur jene AutorInnen und Werke vermerkt, die auch diesen synthetischen und kritischen Anspruch haben, etwas über „Slowenen und Deutsche im gemeinsamen Raum" zu erzählen; vielfach sind dies Sammelbände, die durch intensive Zusammenarbeit slowenischer und deutschsprachiger Historiker entstanden

488 Dieser Vorwurf wurde etwa Pierre Judson gemacht, der die Sprachgrenzdiskussion in der Untersteiermark wegen fehlender slowenischer Sprachkenntnisse nur durch deutschsprachige Literatur aufarbeitete und „trotz kritischer Lesart in seine Formulierungen einige Wertungen des damaligen Deutschnationalismus übernahm". Siehe dazu JUDSON, *Guardians of the Nation* und die erwähnte Kritik: CVIRN, Janez. „Med nacionalizom in nacionalno koeksistenco", in: *Zgodovinski časopis*, Jg. 63, Nr. 1–2. Ljubljana 2009, 228–238, Fußnote 21. In einer weiteren Rezension lobt Haslinger zwar „das virtuose „Gegenlesen" nationaler Konzepte", gibt aber dennoch seiner Verwunderung Ausdruck, „dass die Ergebnisse und Thesen ohne die Konsultation lokaler Quellen oder einer maßgebenden Zahl von Publikationen der konkurrierenden slowenischen, tschechischen oder italienischen Vereine entwickelt wurden", in: HASLINGER, Peter. Rezension zu: *Judson, Pieter M.: Guardians of the Nation. Activists on the language frontiers of imperial Austria. Cambridge 2006*, in: *H-Soz-u-Kult*, 21. 1. 2009, http://hsozkult.geschichte.hu-berlin.de/rezensionen/2009-1-051

sind.[489] Schlüsseltexte für Marburg zwischen 1848 und 1861 stammen von Franjo Baš[490] und Janez Cvirn.[491] Außerdem sei auf den sehr gelungenen Ausstellungskatalog „Deutsche und Maribor"[492] und die ganz aktuelle und sachlich-kompakte Stadtgeschichte von Tamara Griesser-Pečar[493] verwiesen. Der erste slowenische Historiker, der sich mit den Slowenen im 1848er-Jahr beschäftigte, war Josip Apih.[494] Dem einschlägig interessierten Lesepublikum sei an dieser Stelle ein Stöbern im umfangreichen Literaturverzeichnis nahegelegt.

Erinnerungsliteratur

Eine wichtige Quelle für vorliegende Arbeit bildeten Memoiren und ähnliche autobiografische oder subjektive Erinnerungsschriften, wie etwa Reiseschilderungen oder Landschaftsbeschreibungen. Die Autoren kommen aus unterschiedlichen nationalen und politischen Lagern und haben unterschied-

---

489 RUMPLER, Helmut/SUPPAN, Arnold (Hg.). *Die Geschichte der Deutschen im Bereich des heutigen Slowenien 1848–1941.* Wien 1988; BISTER, Felix/VODOPIVEC, Peter (Hg.). *Kulturelle Wechselseitigkeiten in Mitteleuropa. Deutsche und slowenische Kultur im slowenischen Raum von Anfang des 19. Jahrhunderts bis zum Zweiten Weltkrieg.* Ljubljana 1995; ROZMAN, Franc (Hg.). *Sosed v ogledalu soseda : od 1848 do danes = Der Nachbar im Spiegelbild des Nachbarn: von 1848 bis heute*/Prvo zasedanje slovensko-avstrijske zgodovinske komisije. Ljubljana 1995; HEPPNER, Harald (Hg.). *Slowenen und Deutsche im gemeinsamen Raum. Neue Forschungen zu einem komplexen Thema.* Tagung der Südostdeutschen Historischen Kommission in Maribor. München 2002; HEPPNER, Harald/REISINGER, Nikolaus (Hg.). *Steiermark. Wandel einer Landschaft im langen 18. Jahrhundert.* Wien/Köln/Weimar 2006; FRIŠ, Darko/ROZMAN, Franc (Hg.). *Od Maribora do Trsta. 1850–1914.* (Mednarodni simpozij „Slovenska mesta od srede 19. stoletja do prve svetovne vojne", Maribor 8.–10. maja 1997). Maribor 1998; GRANDA, Stane / ŠATEJ, Barbara (Hg.). *Slovenija 1848–1998: Iskanje lastne poti.* Zbornik mednarodnega znanstvenega simpozija v Mariboru. Maribor 1998.

490 „Leto 1848 in Maribor" und „Maribor v avstrijski ustavni dobi", in: BAŠ, Franjo. *Prispevki k zgodovini severovzhodne Slovenije: izbrani zgodovinski spisi.* Maribor 1989, 145–150 und 151–211.

491 CVIRN, Janez. „Narodnopolitične razmere v Mariboru v času marčne revolucije in neoabsolutizma", in: *Studia Historica Slovenica. Časopis za humanistične in družboslovne študije.* Jg. 3/2–3. Maribor 2003, 265–281.

492 FERLEŽ, Jerneja. (Hg.) *Deutsche und Maribor. Ein Jahrhundert der Wenden. 1846–1946.* Ausstellungskatalog. (Dt. Übersetzung von B. Zajšek) Maribor 2012.

493 GRIESSER-PEČAR, Tamara. *Maribor/Marburg an der Drau. Eine kleine Stadtgeschichte.* Wien/Köln/Weimar 2011.

494 APIH, Josip. *Slovenci in 1848. leto.* Ljubljana 1888. [Zur Zitierweise in den Fußnoten: Die Zugabe f bei der Seitenangabe verweist in allen Fußnoten nur auf die folgende, ff auf die zwei folgenden Seiten.]

liche Muttersprachen etc. Es sind sowohl Außenansichten von Durchreisenden oder Nicht-Marburgern wie auch die Innenperspektive gebürtiger Marburger vertreten. Es sind Arbeiten, die sich auf den Betrachtungszeitraum 1848–1861 beziehen oder direkt in dieser Zeit bzw. in zeitlicher Nähe verfasst worden sind. Zur Quellengattung Erinnerungsliteratur sei erwähnt, dass sie per se zwei problematische Punkte aufweisen kann: Das erste Problem stellt der zeitliche Abstand zum Geschehenen dar – sehr oft sind diese Werke mit jahrzehntelangem zeitlichen Abstand zu den relevanten Jahren 1848–1861 in Marburg entstanden, und die Sichtweise auf diese Dinge ist nicht mehr zwingend jene von damals, sondern die des Menschen um die Jahrhundertwende, der zurückblickt und die damaligen Geschehnisse im Mantel seiner Jetztzeit reflektiert. Zum zweiten sind es subjektive Quellen, die auch meist nicht den Anspruch erheben, objektive Faktenberichte zu sein, und insbesondere Selbstbeschreibung und -einschätzungen können zwangsläufig nur aus der Innenperspektive kommen und daher subjektiv sein.

Eine sehr wertvolle und erstaunlich präzise Erinnerungsschrift an seine Kindheit und Jugend hat Anton Šantel[495] (*1845 in der Pfarre Glanz/Klanjci – †1920 Gurkfeld/Krško) vorgelegt. – Šantel schrieb seine Erinnerungen an Kindheit und Jugend in der zweiten Hälfte des 19. Jh. und zu Beginn des 20. Jh. nieder und beschreibt damit seinen außergewöhnlichen Werdegang vom Keuschlersohn zum Professor an den Gymnasien in Marburg und Gorizia/Gorica/Görz. Die Schilderungen seiner Kindheit im zum heutigen Österreich gehörigen Leutschach zeugen von einer weitverbreiteten und noch nicht politisierten Zweisprachigkeit, von einem noch sehr schwach entwickelten nationalen Bewusstsein; in der Schilderung seiner Gymnasialzeit beschreibt er hingegen eindringlich das gesellschaftliche Leben und die städtische Kultur in der Untersteiermark Mitte des 19. Jh.

495 ŠANTEL, Anton. *Grenzenlos zweisprachig. Die Erinnerungen des Keuschlersohnes Anton Šantel (1845–1920) an seine Kindheit in Leutschach und Jugend in Maribor.* (Herausgegeben und mit Anmerkungen versehen von Klaus-Jürgen Hermanik und Christian Promitzer; dt. Übersetzung von Andrea Haberl-Zemljič), Graz 2002.

Sein Gymnasialkollege, der Müllersohn Josip Sernec[496] (*1844 in Slovenska Bistrica/Windisch Feistritz – †1925 in Ljubljana) ergänzt Šantels Schilderungen des Schülerlebens, da auch Sernec 1855–57 die Realschule und 1857–65 das klassische Gymnasium in Marburg besuchte. Der später als aufrechter Slowene geltende Sernec erinnert sich daran, dass er als Sohn eines ‚Slowenen' und einer ‚Deutschen' die slowenische Schriftsprache erst mühevoll hatte erlernen müssen. Wie viele seiner Mitschüler – unter anderem Anton Šantel – engagierte er sich in seinem späteren Leben für die slowenische Sache und kämpfte nach dem Studium der Rechtswissenschaften in Wien vor allem für nationale Angelegenheiten in Celje, wo er sein restliches Leben verbrachte. Sein älterer Bruder Janko Sernec, der Josip Sernec wohl stark beeinflusst hatte, war 1861 einer der Gründer der *čitalnica* in Maribor.

Im Gegensatz dazu beziehen sich die Spomini des Rodoljub Josip Vošnjak[497] (*1834 Šostanj/Schönstein – †1911 nahe Slovenska Bistrica) auch nicht direkt auf Marburg, weil er in Celje, Graz und Wien die Schule besuchte, wo er auch später – entgegen seines Kinderwunsches, Geistlicher zu werden – Medizin studierte und 1858 promovierte. Ab 1867 bekleidete er vielfach politische Ämter, so war er Abgeordneter zum Reichsrat, zum Steirischen und später zum Krainer Landtag. Seine Erinnerungsschrift ist viel stärker und vehementer von seiner nationalen Überzeugung geprägt, doch auch das Nationalbewusstsein des großen Patrioten und nationalbewussten Slowenen [*rodoljub*] Vošnjak wurde erst in den 1860er-Jahren erweckt; deshalb sind seine Schilderungen der noch nicht national definierten Verhältnisse während seiner Kindheit und Jugend besonders aufschlussreich. Eine auf Deutsch verfasste Zusammenfassung und Rezension von Vošnjaks Erinnerungen hat Friedrich Wahrmund als Sonderdruck zur Cillier Zeitung 1928 vorgelegt.[498]

496 SERNEC, Josip. *Spomini*. Ljubljana 1927/ Neuauflage mit einem Nachwort von Janez CVIRN (Hg.) Celje 2003.

497 VOŠNJAK, Josip. *Spomini*. Ljubljana 1905.

498 WAHRMUND, Friedrich. *Dr. Vošnjaks Lebenserinnerungen*. Celje 1928.

Im Eigenverlag gab auch Gustav Kokoschinegg[499] (*1837 in Vitanje/ Weitenstein als Sohn des Schlossverwalters) 1914 seine Erinnerungen an sein Leben, im Umfang von nur 14 Exemplaren gedruckt, in Graz heraus. Kokoschinegg besuchte die Volksschule und ab 1846 bis zur Matura das k. k. Gymnasium in Marburg; auch zwischen 1860 und 1862 lebte er erneut in Marburg. Sein restliches Leben verbrachte er in Graz, wobei seine Karriere ihn als Anwalt später in die Politik verschlug. Im Selbstverständnis und der politischen Arbeit Kokoschineggs als Mitglied der *Deutschnationalen Vereinigung* gibt es keinen Zweifel an seiner deutschen Gesinnung, dennoch findet sich in seiner Autobiografie wenig bis nichts explizit Slowenenfeindliches.

Reiseberichte und Stadtbeschreibungen

Der national aufgeladenste Text aus dem Untersuchungszeitraum ist ein 1860 in den *Novice* neuteiliger Reisebericht eines (hemischen) *Spaziergängers durch Marburg*[500], der im August 1860 gemeinsam mit einem nicht namentlich genannten Freund in Maribor beginnend und an der ‚Sprachgrenze' endend entlangwanderte und dabei bis nach Dravograd und Lavamünd kam. Dabei liegt sein Fokus insbesondere auf den sprachlichen und nationalen Verhältnissen in den Schulen und den Pfarren der gestreiften Orte – mit dem Resultat, dass er an der Sprachgrenze einen Verdrängungskampf auf Kosten des Slowenischen konstatiert. Durch diesen Fokus beinhaltet die Artikelreihe wertvolle Beschreibungen der Marburger Verhältnisse für unseren Zeitraum, und der Autor benutzt bereits die Bezeichnung *Maribor*. Der Autor Božidar Raič bzw. in den Archivquellen Matthias Reich (* 1827 in Žvab in der Gemeinde Ormož/Friedau – † 1886 in Ljubljana) war Geistlicher, Sprachwissenschaftler und außerordentlich wichtiger nationaler Vorkämpfer für die slowenische Nationalbewegung in der Untersteiermark und dem Übermurgebiet und zwischen 1853 und 1860 Slowenischlehrer am Marburger Gymnasium.

---

499 KOKOSCHINEGG, Gustav. *Erinnerungen aus meinem Leben*. Graz 1914.

500 R[aič] B[ožidar]. „Potnikove misli in opazke hodé iz Maribora po ovinkih v Maribor", in: *Kmetijske in rokodelske novice*. Ljubljana, neunteilig, ab: Jg. 18, Nr. 35. 1. 9.1860

Eine Außenperspektive nimmt hingegen Franz Maurer,[501] Journalist und Redakteur der Berliner *Vossischen Zeitung* (1831–1872), in seinen Reisebeschreibungen ein. Er reiste per Eisenbahn und streifte dabei auch die Steiermark. Eine „vollblutdeutsche" Einstellung ist aus seinem Buch erkennbar, weshalb vor allem die Beschreibungen der Landesbewohner (aus deutschnationaler Außenperspektive) interessant sind.

Einen weiteren Bericht aus der Innenperspektive liefert der Geistliche und Religions- und Slowenischlehrer Davorin Trstenjak (*1817 in der Prlekija – †1890 in Slovenj Gradec) in seinen *Beiträgen zur nationalen Wiedergeburt der Slowenen in der Steiermark.*[502] In dieser Artikelreihe über bedeutende slowenisch-steirische Vorkämpfer beschreibt Davorin Trstenjak nachträglich und ausführlich die nationale Lage in Marburg zur Zeit des Neoabsolutismus. Über den Geistlichen Davorin Trstenjak ist in vorliegender Arbeit oft die Rede, war er doch selbst Schüler des slowenischen Gelehrten und Sprachwissenschaftlers Peter Dajnko und später im Gymnasium zu Marburg Schüler von Gustav Puff, und er prägte entscheidend das nationale ‚Erwachen' der Slowenen in Marburg mit und war in diesem Sinne auch stark publizistisch tätig.

Zeitgenössische Historiografie über Marburg und die Untersteiermark

Die historischen, wirtschaftlichen und kulturellen Überblickswerke über die Steiermark beinhalten allerlei interessante Auflistungen und Beschreibungen der damaligen Verhältnisse, das nationale Thema wird allerdings wenig thematisiert. Sie sind vor allem deshalb von besonderer Bedeutung, weil sich spätere Überblicks- und Geschichtswerke immer wieder auf sie beziehen und sie zitieren, so beruft sich z. B. jede bis heute erscheinende Stadtgeschichte Maribors auf die Stadtgeschichte von Rudolf Puff[503] (*1808, Holzbaueregg – †1865 in Marburg), in der er neben einem sehr ausführlichen Überblick über

501 MAURER, Franz. Reise durch Bosnien, die Saveländer und Ungarn, Berlin 1870.

502 TRSTENJAK, Davorin. „Prineski k zgodovini dušnega prerojenja Slovencev na Štajerskem, IV. Matija Prelog" in: *Zora*, Nr. 4 und 5, 1872.

503 PUFF, Rudolf Gustav. *Marburg in Steiermark, seine Umgebung, Bewohner und Geschichte.* Graz 1847.

die steirische und Marburger Geschichte auch detailliert auf Geografie und Wirtschaft eingeht. Obwohl ‚Deutscher' förderte Puff stark die slowenische Kultur und Sprache; lernte selbst Slowenisch bei Davorin Trstenjak und stand mit vielen nationalbewussten Slowenen (wie Dajnko, Trstenjak und Matjašič) in einem freundschaftlichen Verhältnis. Am Marburger Gymnasium unterrichtete er Deutsch und Italienisch und soll bei seinen Schülern – sowohl den deutschen als auch den slowenischen – außerordentlich beliebt gewesen sein.[504] Im Revolutionsjahr war Dr. Puff Hauptmann des Studentencorps der Marburger Nationalgarde, außerdem wirkliches Mitglied des *Historischen Vereines* von Steiermark, Kärnten und Krain, ab 1846 Ehrenbürger der Stadt Marburg. Als er 1865 zu Grabe getragen wurde, würdigte ihn ein Nekrolog als „verdienstvoller Sohne der Steiermark", der „eine lange Zeit hindurch zu den populärsten Männern der Stadt gehörte". Wegen seiner umfangreichen Reise- und in Folge Publikationstätigkeit hatte er sich außerdem „den Ruf eines der ersten und verständnissreichsten Touristen" erworben.[505]

Ein weiteres wichtiges, wenn auch allgemeineres Geschichtswerk ist das von Franz Xaver Hlubek (*1802 in Mähren – †1880 in Graz) verfasste *treues Bild des Herzogthumes Steiermark*.[506] Das erste Geschichtswerk in slowenischer Sprache ist *Slovenski Štajer* von Gymnasialprofessor und ehemaligen Gymnasiasten zu Marburg Josip Šuman[507] (*1836, in den Slovenske gorice/Windische Büheln – †1908, Kroatien). Er engagierte sich sehr im Zirkel der *Slovanska čitalnica*, war Mitbegründer der *Slovenska matica* und auch im Schulwesen agitatorisch für die slowenische Sache aktiv. Das in vier Publikationen geplante Geschichtswerk, das mehrere *rodoljubi* unter der Ägide Šumans über die slowenische Steiermark

504 Das berichten Kokoschinegg, 21 und der Zeitungsartikel „Von den austretenden Mitgliedern", in *Gratzer Zeitung*, Nr. 103 vom 30. Juni 1848. Biografische Angaben zu Puff, in: ŠEDIVÝ, „Profesoriji klasične gimnazije", 70–111, hier 73–76 und Vlasta Stavbar, „Rudolf Gustav Puff" in: FERLEŽ (Hg.), *Deutsche und Maribor*, 126f.

505 J. Seeliger. „† Dr. Rudolph Gustav Puff", in: *Programm des kais. kön. Gymnasiums in Marburg. Veröffentlicht von der Direction am Schlusse des Studeinjahres 1865*, 79–82.

506 HLUBEK, Franz Xaver Wilhelm. *Ein treues Bild des Hertogthumes Steiermark als Denkmal dankbarer Erinnerung an Erzherzog Johann*. Graz 1860.

507 ŠUMAN, Josip/ŽUŽA, Ivan/MAJCIGER, Janez/GERŠSAK, Ivan. *Slovenski Štajer. Dežela in ljudstvo. Ljubljana 1868.*

begannen, blieb unvollständig, nur zwei von vier Heften wurden je realisiert.

Zeitungen und Periodika

Auch Printmedien – und dabei sind für die vorliegende Arbeit vor allem politische von primärem Interesse – sind für das 19. Jh. eine wertvolle Quelle – allerdings liegen sie aufgrund der Zensur in der Habsburgermonarchie unterschiedlich umfangreich oder spärlich vor. Herrschte im Vormärz eine sehr rigide Zensur, die der Polizei überantwortet war und sich vor allem auf (ausländische) politische Zeitungen und Zeitschriften konzentrierte, brachte die Märzrevolte 1848 ein Zugeständnis des Kaisers, die Zensur abzuschaffen. Die provisorische Pillersdorf'sche Verfassung vom April beinhaltete die Presse- und Druckfreiheit, und im Mai wurden zwei diesbezügliche Verordnungen erlassen. Diese Entwicklungen gingen mit einer Explosion an neu gegründeten Zeitungen einher. Die österreichische Staatsbürgerschaft war für eine Zeitungsgründung keine Bedingung mehr, auch gab es keine Präventivzensur und keine zu hinterlegende Kaution bei Zeitungsgründungen mehr. Die Erlaubnis, eine Zeitung herauszugeben, wurde erst nach drei Delikten entzogen, und die im Strafgesetz vorgesehenen Strafen für Pressedelikte wurden drastisch reduziert. Die Zuständigkeit wanderte von der Polizei zur Staatsanwaltschaft, und gewählte Schöffengerichte sollten über Pressedelikte befinden. Ab Mai 1848 gab der Staat also die Oberaufsicht über die Presse beinahe auf. Einzelne Exemplare einer Zeitung konnten dennoch bei Missfallen über den Gerichtsweg immer noch eingezogen werden (was unvollständige Reihen in den Zeitungsbeständen erklärt).[508]

Dieser Zeitungsboom machte sich auch in der Provinz bemerkbar – „die Märzsonne des Jahres 1848 [hatte] so manches politisches Eintagsblättchen gezeitigt oder schon bestehenden vormärzlichen Blättern ein politisches Mäntelchen umgeworfen".[509] In Graz, Ljubljana, Klagenfurt, Celje und Novo

508 CVIRN, Janez. „‚Naj se vrne cenzura, ljubša bi nam bila'. Avstrijsko tiskovno pravo in slovensko časopisje (1848-1914)", in: REŽEK, Mateja (Hg.) *Cenzurirano. Zgodovina cenzure na Slovenskem od 19. stoletja do danes.* Ljubljana 2010, 13–44, hier: 19ff.

509 AHN, Friedrich. *Die periodische Presse der Steiermark in den Jahren 1848–1898.* Graz 1900, 9.

Mesto wurden neue Zeitungen gegründet – in Marburg hingegen keine. Deshalb muss man für eine Rekonstruktion der Ereignisse des Jahres 1848 in Marburg auf politische Tages- und Wochenzeitungen aus anderen Städten Innerösterreichs, vor allem aus Graz zurückgreifen.

Zwischen März/Mai und Dezember 1848 erschienen unübersichtlich viele, meist kurzlebige politische Zeitungen und Zeitschriften. Darunter sind zu nennen: *Die Blätter der Freiheit und des Fortschrittes* (19. 4. bis 30. 9. 1848) und ihr Nachfolger, die *Volkszeitung* (Januar 1848 bis März 1849); der konservative *Herold*, (1. 6. 1848 bis 29. 9. 1849), der sich ebenso mit politischen Themen befasste, und *Der Freisinnige. Zeitschrift für Politik, Kunst, Literatur, Satire und Humor* (27. 6. bis 30. 9. 1848), die allesamt in Graz erschienen sind. Auch in Celje gab es zwei kurzlebige Periodika, die *Cillier Zeitung* (4. 7. bis 15. 12. 1848, mit dem Untertitel „mit besonderer Rücksicht auf deutsche und slavische Interessen"), die ab 1877 wieder neu aufgelegt wurde, und die auf Slowenisch erscheinende Wochenzeitung *Celske slovenske novine* (1. 7. bis 31. 12. 1849). In Novo mesto erschienen *Sloveniens Blatt* (4. 7. bis 29. 12. 1848) und in Ljubljana *Slovenija* (4. 7. 1848 bis 29. 3. 1850) und *Vedež* (6. 7. bis 28. 12. 1848).

Ab Dezember 1848 wurden die Errungenschaften der Revolution in punkto Pressefreiheit durch die Regierung Schwarzenberg wieder schrittweise zurückgenommen, was im repressiven „Gesetz gegen den Missbrauch der Presse" vom 13. 3. 1849 mündete und sich 1852 im Pressegesetz zementierte, womit die vormärzliche Pressezensur und die Konzessions-, Kautions- und Zeitungsstempelzahlungen wieder eingeführt und die Strafen wieder hoch geschraubt wurden. Mit diesen Repressionen gelang es, die oppositionellen Blätter zu zerstören; „[E]ine große Anzahl jener Eintagsblätter, kaum ein Jahr alt, ‚senkten eines nach dem anderen vor der Cautionsforderung des neues Pressegesetzes ihr zartes Haupt, wie vor einem rauhen Nordwind'".[510] Es existierten nur noch offizielle und ‚offiziöse' d. h. pro forma unabhängig aber

510 AHN, *Die periodische Presse*, 10.

de facto unter Einfluss der Regierung stehende Zeitungen und Zeitschriften und solche, die sich ins Unpolitische zurückzogen und Selbstzensur übten.[511]

Offiziöse Zeitungen waren *Die Gratzer Zeitung* (1787–1866), die noch im Revolutionsjahr durchaus bürgerlich-liberale Forderungen vertreten hatte, und die *Ljubljanaer Zeitung* (1784–1918 mit ihren kurzfristigen Beilagen *Illyrisches Blatt* (1819–1849) und dem slowenischen Pendant *Ljubljanski časnik* (2. 4. 1850–30. 12. 1851)). Solche offiziöse Blätter übernahmen politische Nachrichten im Wesentlichen nur von der *Wiener Zeitung* und durften offizielle Verlautbarungen und Kurrenden abdrucken. Die vom Herausgeber Janez Bleiweis in Ljubljana herausgegebene *Kmetijske in rokodelske Novice* (1843–1902), die zum Ausbruch der Revolution recht politisch gewesen war, beschritt den Weg der Selbstzensur, beschränkte sich auf Nachrichten über Wetter, Ernte, Unwetter oder administrative Dinge und konnte dadurch weiterbestehen.

> Kein Wunder also, wenn bei solchen Verhältnissen die Jahre 1852–61 „die Lehr- und Leidensjahre" der Journalistik" genannt werden und ein entschiedener Rückschritt auf dem Gebiete der Tagespresse, zumal der politischen, zu verzeichnen ist. Fast nur die amtlichen, halbamtlichen und die tendenzlosen Localblätter erfreuten sich eines ungestörten Daseins.[512]

Die Situation besserte sich erst wieder ab 1859, als schrittweise die Pressepolitik liberalisiert wurde und 1861/1862 neue Pressegesetze erlassen wurden. Merklich verbesserte sich die Lage aber erst unter der Regierung des Staatsministers Richard Grafen von Belcredi (1865–1867), welche dazu überging, ihr freundlich gesinnte Presse (finanziell) zu unterstützen und damit die öffentliche Meinung zu beeinflussen, anstatt einfach nur die oppositionelle Presse mundtot zu machen.[513] Diese politischen Änderungen spiegeln sich darin wider, dass in den Jahren 1861 bzw. 1865 einige neue Zeitungen das Licht der Welt erblickten: so etwa die *Stimmen aus Innerösterreich* (1861-

---

511 Vgl. CVIRN, „Naj se vrne cenzura", 23–26.

512 AHN, *Die periodische Presse*, 11.

513 Vgl. CVIRN, *Naj se vrne cenzura*, 31–35.

1863), *Slovenec* (1865–1867), *Triglav. Zeitschrift für väterländische Interessen* (1865–70) und *Čitalnica, Podučilni list za slovenski narod*, (1865–1866).

Auch in Marburg beginnt in den 1860er-Jahren die Zeitungsproduktion: Der zunächst unpolitische *Correspondent für Untersteiermark* (1862–1865) bzw. der *Marburger Korrespondent* (1865–1866) wird später zur *Marburger Zeitung* (1866–1945) und in seiner Ausrichtung zunehmend zum Vertreter des Deutschtums in Marburg.[514] Zeitweilige Beilagen waren der *Tagesbote für Untersteiermark* (1870), *Slobodni Slovenc* (1870), *Štajerski kmet* (1894–1895), wobei sich die zwei Letzteren auf Slowenisch für die Interessen des Deutschtums einsetzten. Die *Südsteirische Post* (1881–1900) vertrat hingegen auf Deutsch die Ansichten der konservativen Slowenen. Nationalslowenische Zeitungen in Marburg waren das *Slovenski narod* (1868–1871) und der *Slovenski gospodar* (1867–1871).[515] Aufgrund der soeben skizzierten Quellenlage der Printmedien wird deutlich, dass das Fehlen eines eigenen Pressemediums in Marburg bis 1861 im Vergleich zur Fülle an verschiedenen politsch und ideologisch ausgerichteten Printmedien in den späteren Jahrzehnten ein entscheidendes Merkmal des vorliegenden Untersuchungszeitraumes 1848–1861 ist.

Archivquellen

Die Recherche in den Archivbeständen nach Hinweisen auf eine – sich erstmals formierende – nationale Frage bzw. dem Fehlen jeglicher Spuren einer solchen, glich einem detektivischen Unterfangen. Für das Revolutionsjahr gibt es zum einen die thematische *Sammlung 1848*, in der man durch Kundgebungen, Kurrenden, Zeitungen und andere Mitteilungen einen guten Einblick in die politischen Geschehnisse des Jahres 1848 bekommen kann.[516] Aus Kurrenden, Kundgebungen und politischen Plakaten des steiermärkischen

514 Vgl. ŽIGON, *Nemško časopisje*, 69–75. Die Zeitung änderte in der Anfangszeit dreimal den Namen.

515 Vgl. BERČIČ, Branko. *Tiskarstvo na slovenskem. Zgodovinski oris*. Ljubljana 1968, 162–167 und KRAMBERGER, Petra. „Nemško časopisje v Mariboru v 19. stoletju", in: *Kronika. Časopis za slovensko krajevno zgodovino* 53. Maribor 2004, 37–52, hier: 39–44.

516 Steiermärkisches Landesarchiv (StLA), *Sammlung 1848*, K. 7, 9, 10, 12, 13, 16.

Guberniums und der Kreisämter von März 1848 bis zum Jänner 1850 lässt sich inhaltlich auf Ebene der Politik und der Verwaltung keine Spur einer Thematisierung der ethnischen Gruppen, der Slowenen, deren Forderungen oder gar eines Nationalitätenstreites finden. Allein die wenigen slowenischen Übersetzungen sind überhaupt ein Hinweis auf die slowenischsprachige Bevölkerung in der Steiermark; die allerwichtigsten Patente des Kaisers wurden dem Volk auch in slowenischer Sprache kundgetan, so etwa die Einführung der „Constitution" und die „Aufhebung des Unterthänigkeits-Bandes". Auch der innerbehördliche Schriftverkehr des Marburger Kreisamtes ist nur auf Deutsch.[517] Zum anderen barg das Steiermärkische Landesarchiv (StLA), das (teilweise) auch einzelne Gemeindearchive verwahrt, noch einen interessanten Karton für das vorliegende Thema, in dem Materialien zur Nationalgarde in Marburg enthalten sind. Darin befinden sich Tagesbefehlsprotokolle (meist gezeichnet vom Kommandanten Ferdinand von Rast), Flugschriften und Berichte über die Marburger Nationalgarde sowie Zeitungsberichte und Flugschriften von auswärts. Die Rekonstruktion des Farbenstreits in der Marburger Nationalgarde stützt sich zu einem großen Teil auf diesen Fund.[518]

Die Archivrecherche für die Zeit des Neoabsolutismus war von der Überlegung geleitet, dass sich der beginnende Nationalitätenkonflikt hinter sprachpolitischen Forderungen (etwa in der Frage der Unterrichtssprache in Schulen) verstecken könnte, weshalb ich zeitgenössische Schularchivbestände gesichtet habe. Der Archivbestand der Marburger Schulen selbst lagert im *Pokrajinski Arhiv Maribor* (PAM), und zwar im *Fond für Erziehung, Ausbildung, Kultur und Wissenschaft.* Dieses hatte aber wenig Interessantes für das zu untersuchende Thema zu bieten: Zum einen, weil im Wesentlichen nur administrative, bauliche Angelegenheiten sowie Schülerlisten, Schulordnungen und Prüfungslisten (etwa für das Gymnasium) aufbewahrt wurden, zum anderen auch deshalb, weil für den Untersuchungszeitraum kein Mate-

517 StLA, *Sammlung 1848*, K. 7, H. 504–593. Von insgesamt 89 Dokumenten in besagter Sammlung waren nur 5 slowenisch, die mehrheitlich erst ab Juli 1849 entstanden.

518 Vgl. StLA, *Marburg, Stadt*, K. 9, H. 132–140, zwar gibt es noch einiges mehr zu Marburg Stadt, allerdings nichts, was für Thema und Zeitrahmen von Bedeutung scheint.

rial vorliegt (so fehlt für die Magdalener Vorstadtschule gerade der Zeitraum 1848 bis 1867, außerdem fangen viele Aktenbestände erst nach dem Untersuchungszeitraum an). Allerdings sind Angaben aus den jährlichen Jahresberichten des Gymnasiums und der Hauptschule, die das *PAM* aufbewahrt, in die Arbeit eingeflossen.[519]

Für den vorliegenden Untersuchungszeitraum wurde die Oberaufsicht über das Schulwesen in Marburg von drei unterschiedlichen Behörden wahrgenommen: Für die Zeit 1850–54 war die k. k. steiermärkische Landesschulbehörde in Graz zuständig, ab dem Konkordat 1855 hatte die Kirche und damit die jeweilige Diözese (für Marburg bis 1859 die Seckauer, ab 1859 die Lavanter Diözese) die Aufsicht über das öffentliche Schulwesen.

In den umfangreichen Beständen der vier Jahre 1850 bis 1854, in denen die Landesschulbehörde die Aufsicht über die Schulen hatte, lässt sich die etwas umständliche, aber gut organisierte bürokratische Hierarchie des k. k. Beamtentums ersehen. Über den Aktenverlauf und die Beschlussfindung in einzelnen Angelegenheiten ist auch schon für die Zeit vor dem Konkordat der große kirchliche Einfluss auf das Schulwesen ersichtlich, weil zu bedeutenden Fragen stets „die Wohlmeinung des Ordinariats" eingeholt wurde. Alle vorgeschlagenen Entscheidungen mussten allerdings letztendlich vom „Ministerium für Cultus und Unterricht" in Wien genehmigt werden.[520] Bereits 1854 wurden die Landesschulbehörden aufgelöst und die Schulaufsicht der Kirche übertragen. In der Landesbehörde gab es lediglich noch einen administrativen Beamten, und nur noch „die Sorge für die äußere Ordnung und die materiellen Bedürfnisse" oblagen der politischen Behörde. Obwohl diese Veränderung in der Schulwirklichkeit keinen Bruch mit sich brachte, sondern die Kontinuität im Wesentlichen gewahrt blieb, wurde der Schule „von den

---

519 Pokrajinski arhiv Maribor (PAM), *Fond gradiva vzgoje, izobraževanja, kulture in znanosti* PAM/0791, PAM/0739 und PAM/0795 und aus dem Bibliotheksbestand des PAM: sämtliche zitierten *Jahresberichte* und *Programme des k. k. Gymnasiums zu Marburg* der Jahre zwischen den Jahren 1852 bis 1866 und Schulnachricht *der Haupt- und Unterrealschule zu Marburg*, 1860.

520 Vgl. StLA, *k.k. Landesschulbehörde 1850–1854*, Faszikel 1–3 (ungefähr 20 Schuber; welche stichprobenartig nach vielversprechenden Stichwörtern im Indexbuch durchsucht wurden).

Liberalen die Etikette ‚Konkordatsschule' übergestreift und sie polemisch in den dunkelsten Farben geschildert".[521]

In den Jahren 1855 bis 1859 war die Diözese Seckau für die Aufsicht über die Marburger Schulen zuständig. Das Diözesanarchiv Graz-Seckau hat allerdings keine Bestände mehr zur Untersteiermark, da diese im Zuge der Diözesangrenzverschiebung 1859 alle nach Marburg abgegeben wurden.[522] Marburg betreffende Lavanttaler Schulakten beginnen erst 1859. Im Diözesanarchiv Maribor (*Nadškofijski arhiv Maribor, NŠAM*) gibt es zwar tatsächlich Material älteren Ursprungs, vor allem Schulschematismen der Steiermark und Eingangs- und Ausgangsbücher, d. h. „Verrichtungsprotokolle" aus den 1850er-Jahren vom *Kreisdecanat* und dem *Schuldistrict* Marburg. Der Bestand ist aber sehr bruchstückhaft und unergiebig und beinhaltet nur zum Teil Schulangelegenheiten, zum Großteil Briefverkehr der Diözese (über die Bestellung, Nachbesetzung von Pfarrern, Konkursausschreibungen, Pfründeinventarien, Listen von Dotationsmessen u. ä.).[523] Ich vermute, dass ein Großteil der Akten sich nicht erhalten hat bzw. vielleicht bereits 1859 nur das wichtig Erscheinende aufbewahrt und alles andere skartiert worden ist.

Die Schulakten der Lavanter Diözese[524] ab 1859 enthalten primär den Schriftverkehr über finanzielle und organisatorische Angelegenheiten der Schulen: Lehrer bitten das fürstbischöfliche Ordinariat um Gehaltserhöhungen, Remunerationen, Kur- und Krankengelder etc. Es geht um die Verwendung bestimmter Schulbücher, den Zustand der Klassenzimmer, Lehrerbestellungen etc. Das Konkordat hatte den bereits vor 1855 bestehenden

---

521 Vgl. ENGELBRECHT, Helmut. *Geschichte des österreichischen Bildungswesens. Erziehung und Unterricht auf dem Boden Österreichs. 4. Von 1848 bis zum Ende der Monarchie.* Wien 1986, 89 und 109.

522 Auskunft per E-Mail von Dr. Ruhri des Diözesanarchiv Graz-Seckau vom 21. 2. 2013.

523 Nadškofijski arhiv Maribor (NŠAM). *Dekanije. Fond škofijska pisarna* D15/28 und D15/14 und eine Schachtel *Fond škofijska pisarna. Šolske zadeve* F3 und eine Schachtel *šolski šematizmi.*

524 StLA, *Lavanttaler Schulakten.* K.7, 8, 9. Chronologisch geordnet ziehen sich die drei Kartons der Lavanttaler Schulakten im StLA von 1859 bis 1865; für vorliegende Arbeit waren aber nur die Bestände bis 1861 relevant. Der Fond *„Zbirka spisov cerkveno-šolskih nadzorstev Mariborske škofije, 1804–1869"*(AS 1157) im *Arhiv Republike Slovenije* (ARS) mit 8 Faszikeln beinhaltet dasselbe Material im Original, was das StLA in Kopien verwahrt. Beide Bestände beginnen erst mit dem Jahr 1859.

Einfluss der Kirche auf das Schulwesen lediglich noch verstärkt. Es war ab 1855 zwar inhaltlich die Kirche, damit das jeweilige „hochlöbliche fürstbischöfliche Ordinariat“ zuständig, damit auch die Ansprechstelle der Lehrer (z. B. wie die Akten zeigen, wenn sie um finanzielle Unterstützung z. B. um Remunerationen, „Geldaushilfen“, Kurkostenbeihilfe u. ä. ansuchten), die finanzielle Last trug dennoch immer noch der Staat, d. h. die Statthalterei in Graz, was in der erhaltenen Korrespondenz in den Lavanttaler Schulakten ersichtlich wird: Die Kirche hatte zwar die Oberaufsicht, wandte sich aber mit der Bitte in finanziellen Angelegenheiten an die Statthalterei zu Graz.

9. Quellen-, Literatur- und Bilderverzeichnis

Verwendete Primärquellen

HLUBEK, Franz Xaver Wilhelm. *Ein treues Bild des Herzogthumes Steiermark als Denkmal dankbarer Erinnerung an Erzherzog Johann*. Graz 1860.

KOKOSCHINEGG, Gustav. *Erinnerungen aus meinem Leben*. Graz 1914.

MAURER, Franz. *Reise durch Bosnien, die Saveländer und Ungarn*. Berlin 1870.

MIKLOŠIČ, Franc (Hg.), *Slovensko berilo za peti gimnazijalni razred*. Wien 1853

PUFF, Rudolf Gustav. *Marburg in Steiermark, seine Umgebung, Bewohner und Geschichte*. Graz 1847.

R[AIČ] . B[ožidar]. „Potnikove misli in opazke hodé iz Maribora po ovinkih v Maribor", in: *Kmetijske in rokodelske novice*. Ljubljana, neunteilig ab: Jg. 18, Nr. 35, 01. 09. 1860.

SERNEC, Josip. *Spomini*. Ljubljana 1927. Neuauflage mit einem Nachwort von Janez CVIRN (Hg.). Celje 2003.

ŠANTEL, Anton. *Grenzenlos zweisprachig. Die Erinnerungen des Keuschlersohnes Anton Šantel (1845–1920) an seine Kindheit in Leutschach und Jugend in Maribor.* (Herausgegeben und mit Anmerkungen versehen von Klaus-Jürgen Hermanik und Christian Promitzer; dt. Übersetzung von Andrea Haberl-Zemljič), Graz 2002.

ŠUMAN, Josip/ŽUŽA, Ivan/MAJCIGER, Janez/GERŠSAK, Ivan. *Slovenski Štajer. Dežela in ljudstvo. Ljubljana 1868.*

TRSTENJAK, Davorin. „Prineski k zgodovini dušnega prerojenja Slovencev na Štajerskem, IV. Matija Prelog" in: *Zora*, Nr. 4 und 5, 1872.

VOŠNJAK, Josip. *Spomini*. Ljubljana 1905.

Archivquellen

Arhiv Republike Slovenije (ARS), *zbirka spisov cerkveno-šolskih nadzorstev Mariborske škofije, 1804–1869,* AS 1157.

Nadškofijski arhiv Maribor (NŠAM). *Dekanije. Fond škofijska pisarna* D15/28 und D15/14; *šolske zadeve* F3 und *šolski šematizmi*.

Pokrajinski arhiv Maribor (PAM), aus dem *Fond gradiva vzgoje, izobraževanja, kulture in znanosti:* PAM/0791, PAM/0739 und PAM/0795 und aus dem Bibliotheksbestand des PAM: sämtliche zitierten *Jahresberichte* und *Programme des k. k. Gymnasiums zu Marburg* der Jahre zwischen den Jahren 1852 bis 1866 und Schulnachricht *der Haupt- und Unterrealschule zu Marburg*, 1860.

Steiermärkisches Landesarchiv (StLA), *k.k. Landesschulbehörde 1850-1854*, Faszikel 1–3.

Steiermärkisches Landesarchiv (StLA), *Lavanttaler Schulakten*, K. 7, 8 und 9.

Steiermärkisches Landesarchiv (StLA), *Marburg, Stadt*, K. 9, H. 132–140.

Steiermärkisches Landesarchiv (StLA), *Sammlung 1848*, K. 7, 9, 10, 12, 13, 16.

Verwendete Printmedien

Blätter der Freiheit und des Fortschrittes, Graz 1848.

Celske Novine, Celje 1848.

Correspondent für Untersteiermark, Marburg 1862.

Drobtinice. Učiteljem in učencom, starišam in oktrokam v poduk in kratek čas, Graz/Marburg 1859/60.

Der Herold, Graz 1849.

Der Freisinnige. Zeitschrift für Politik, Kunst, Literatur, Satire und Humor, Graz 1848.

Gratzer Zeitung, Graz 1848.

Kmetijske in rokodelske Novice, Ljubljana 1848, 1859, 1860.

Slovan, Ljubljana 1886.

Zgodnja Danica. Katolišk cerkven list, Ljubljana 1859.

Zora. Časopis za zabavo, znanost in umetnost, Maribor 1872.

Sekundärliteratur

AHN, Friedrich. *Die periodische Presse der Steiermark in den Jahren 1848–1898. Graz 1900.*

ALMASY, Karin. „‚V spomin žrtvam svetovne vojne'. Erinnerungskultur, Gefallenendenkmäler in der Untersteiermark und die Zäsur 1918 für die Slowenen", in: SUPPANZ, Werner/GOLL, Nicole (Hg.) *Graz und das Kronland Steiermark im Ersten Weltkrieg*. Essen 2014 (in Druck).

ALTER, Peter (Hg.). *Nationalismus. Dokumente zur Geschichte und Gegenwart eines Phänomens*. München 1994.

ALTER, Peter. „Kulturnation und Staatsnation. Das Ende einer langen Debatte?", in: LANGGUTH, Gert (Hg.). *Die Intellektuellen und die nationale Frage*. Frankfurt 1997, 33–44.

ANDERSON, Benedict. *Imagined Communities: Reflections on the origin and spread of nationalism*. Revised edition. London 2006.

APIH, Josip. *Slovenci in 1848. leto*. Ljubljana 1888.

ASSMANN, Jan. „Kollektives Gedächtnis und kulturelle Identität", in: ASSMANN, Jan/HÖLSCHER, Tonio (Hg.). *Kultur und Gedächtnis*. Frankfurt 1988, 9–19.

ASSMANN, Jan. *Das kulturelle Gedächtnis: Schrift, Erinnerung und politische Identität in frühen Hochkulturen*. München 1992.

BARTSCH, Rudolf Hans. *Das deutsche Leid: Ein Landschafts-Roman*. Leipzig 1912.

BARTSCH, Rudolf Hans. „Deutsches Leid in Steiermark", in: KESSELER, Kurt/MATZ, Elsa/SCHLEMMER, Hans (Hg.). *Wägen und Wirken. Ein deutsches Lese- und Lebensbuch. Neue allgemeine Ausgabe für höhere Mädchenbildungsanstalten*. Teil IV. Leipzig/Berlin 1925, 123–125.

BAŠ, Franjo. *Prispevki k zgodovini severovzhodne Slovenije: izbrani zgodovinski spisi*. Maribor 1989.

BECKER, Siegfried. „Deutscher Nationalismus, Staatsgedanke und Landesbewusstsein im zeitlichen Kontext des ‚Kronprinzenwerks'", in: FIKFAK, (Hg.), 326–352.

BERČIČ, Branko. *Tiskarstvo na slovenskem. Zgodovinski oris.* Ljubljana 1968.

BISTER, Feliks/VODOPIVEC, Peter (Hg.). *Kulturelle Wechselseitigkeiten in Mitteleuropa. Deutsche und slowenische Kultur im slowenischen Raum von Anfang des 19. Jahrhunderts bis zum Zweiten Weltkrieg.* Ljubljana 1995.

BISTER, Feliks (Hg.) *‚Majestät, es ist zu spät'. Anton Korošec und die slovenische Politik im Reichsrat bis 1918.* Wien 1995.

BRAČIČ, Vladimir. „Razvoj šolstva in drugih izobraževalnih dejavnosti v Mariboru", in: CURK/ HARTMAN/ KOROPEC (Hg.), 585612.

BRAUNEDER, Wilhelm. „Die Verfassungsentwicklung in Österreich 1848 bis 1918", in: WANDRUSZKA/URBANITSCH (Hg.), VII/1, 69190.

BRIX, Emil. *Die Umgangssprachen in Altösterreich zwischen Agitation und Assimilation: Die Sprachenstatistik in den zisleithanischen Volkszählungen 1880 bis 1910.* Wien 1982.

BRIX, Emil. „Die zahlenmäßige Präsenz des Deutschtums in den südslawischen Kronländern Cisleithaniens 1848-1918. Probleme der Nationalitätenstatistik", in: RUMPLER/SUPPAN (Hg.), 4362.

BRIX, Emil/BRUCKMÜLLER, Ernst/STEKL, Hannes (Hg.) *Memoria Austriae I. Menschen, Mythen, Zeiten.* Wien 2004.

BRUBAKER, Rogers. „Ethnicity without groups", in: *European Journal of Sociology*, Vol. 43, Nr. 2. Cambridge 2002, 163–189.

BRUBAKER, Rogers. *Ethnicity without groups.* Cambridge 2006.

BRUNNER, OTTO. „Der österreichisch-ungarische Ausgleich von 1867 und seine geschichtlichen Grundlagen", in: MAYER, Theodor (Hg.) *Der österreichisch-ungarische Ausgleich von 1867. Seine Grundlagen und Auswirkungen.* Buchreihe der Südostdeutschen Historischen Kommission, Bd 20. München 1968, 15–24.

BURGER, Hannelore. *Sprachenrecht und Sprachengerechtigkeit im österreichischen Unterrichtswesen 1867–1918.* Wien 1995.

BURGER, Hanna. „Die Vertreibung der Mehrsprachigkeit am Beispiel Österreichs 1867–1918", in: HENTSCHEL, Gerd (Hg.) *Über Muttersprachen und Vaterländer.* Frankfurt/Wien 1997, 35–50.

CARSTANJEN Helmut. *Die Untersteiermark. Eine politische Aufgabe an der Südostgrenze des Großdeutschen Reiches.* Maribor 1943.

CERWINKA, Günter. „Die Steiermark im Revolutionsjahr 1848", in: DESPUT, Joseph F. (Hg.). *Die Steiermark im Jahre 1848/49. Quellen und Literatur.* (Veröffentlichungen der Steiermärkischen Landesbibliothek 30). Graz 2003, 9–78.

CIPERLE, Jože/VOVKO, Andrej. *Šolstvo na Slovenskem skozi stoletja.* Ljubljana 1987.

COLE, Laurence. „Der Habsburger-Mythos", in: BRIX/BRUCKMÜLLER/STEKL (Hg.), 475–504.

CURK, Jože/HARTMAN, Bruno/ KOROPEC, Jože (Hg.). *Maribor skozi stoletja. Razprave I.* Maribor 1991.

CVETNAROWICZ, Antoni. „Slovenci in vprašanje gališke avtonomije v letih 1868-1873", in: *Zgodovinski časopis.* Jg. 48./4. Ljubljana 1994, 519–535.

CVIRN, Janez. „Deželnozborske volitve 1861 na Štajerskem", in: *Zgodovinski časopis*, Jg. 48/3. Ljubljana 1994, 329–333.

CVIRN, Janez. „Slovenci in nemški državnopravni programi (1848-1918)", in: GRAFENAUER, Bogo et. al. (Hg.), *Slovenci in država: zbornik prispevkov z znanstvenega posveta SAZU (od 9. do 11. novembra 1994)*. Ljubljana 1995, 73–82.

CVIRN, Janez. „Spodnještajerski ustavoverci v šestdesetih in sedemdesetih letih 19. stoletja", in: *Zgodovinski časopis*, Jg. 49/2. Ljubljana 1995, 193–230.

CVIRN, Janez. *Trdnjavski trikotnik. Politična orientacija Nemcev na Spodnjem Štajerskem (1861–1914)*. Maribor 1997.

CVIRN, Janez. „Nemško (avstrijsko) in slovensko zgodovinopisje o Nemcih na Slovenskem (1848–1941)", in: Nećak, (Hg.), 69–98.

CVIRN, Janez. „Deutsche und Slowenen in der Untersteiermark: zwischen Kooperation und Konfrontation", in: HEPPNER (Hg.), 11–125.

CVIRN, Janez (Hg.). *Slovenska kronika XIX. stoletja*. 3 Bände. Ljubljana 2001/2003.

CVIRN, Janez. „Narodnopolitične razmere v Mariboru v času marčne revolucije in neoabsolutizma", in: *Studia Historica Slovenica. Časopis za humanistične in družboslovne študije*. Jg. 3/2–3. Maribor 2003, 265–281.

CVIRN, Janez. *AUFBIKS! Nacionalne razmere v Celju na prelomu 19. v 20. stoletje*. Celje 2006.

CVIRN, Janez. „Kdor te sreča, naj te sune, če le more, ti v zobe plune. Dragotin Dežman in slovenstvo", in: *Zgodovina za vse*, Jg. 2007, Nr. 2. Celje 2007.

CVIRN, Janez. „Med nacionalizom in nacionalno koeksistenco"[Rezension von Pierre Judsons Guardians of the Nation], in: *Zgodovinski časopis*, Jg. 63, Nr. 1-2. Ljubljana 2009, 228–238.

CVIRN, Janez. „Joachim Hösler. Von Krain zu Slowenien, ocena knjige", in: *Zgodovinski časopis*, Jg. 64, Nr. 3–4. Ljubljana 2010.

CVIRN, Janez. „‚Naj se vrne cenzura, ljubša bi nam bila'. Avstrijsko tiskovno pravo in slovensko časopisje (1848–1914)", in: REŽEK, Mateja (Hg.) *Cenzurirano. Zgodovina cenzure na Slovenskem od 19. stoletja do danes*. Ljubljana 2010.

Cvirn, Janez. „Die Slovenen und ihr Verhältnis zum neuen Staat (Königreich SHS) 1918/19", in: HEPPNER (Hg.), 2001, 87–95.

CZOERNIG, Karl Freiherr von. *Ethnographie der oesterreichischen Monarchie mit einer ethnographischen Karte in vier Blaettern*, 1. Band, Wien 1857.

ČUČEK, Filip. *Uspehi spodnještajerskih Slovencev v Taaffejevi dobi: gospodarske, socialne, kulturne in politične razmere v Spodnji Štajerski v času Taaffejeve vlade (1879–93)*. Celje 2008.

DIPPEL, Horst (Hg.). *Constitutions of the World from the late 18th Century to the Middle of the 19th century/Verfassungen der Welt vom späten 18. Jahrhundert bis Mitte des 19. Jahrhunderts*. Quellenedition. München 2005.

DOLINAR, France M. „Cerkvena organzicaija ob današnji slovensko-avstrijski meji od jožefinskih reform do danes", in: *Zgodovinski časopis*, Jg. 46/4. Ljubljana 1992, 429–435.

DROBESCH, Werner. „Der Deutsche Schulverein 1880–1914. Ideologie, Binnenstruktur und Tätigkeit einer (deutsch)nationalen Kulturorganisation unter besonderer Berücksichtigung Sloweniens, in: BISTER/VODOPIVEC (Hg.), 129–154.

EISMANN, Wolfgang/DEUTSCHMANN, Peter. „Nationalbewegungen im 19. Jahrhundert", in: http://www.uni-graz.at/slaw4www_wepd_nationalbewegungen_19jh.pdf 1–16.

ENGELBRECHT, Helmut. *Geschichte des österreichischen Bildungswesens. Erziehung und Unterricht auf dem Boden Österreichs. 4. Von 1848 bis zum Ende der Monarchie.* Wien 1986.

FERLEŽ, Jerneja. (Hg.) *Deutsche und Maribor. Ein Jahrhundert der Wenden. 1846–1946.* Ausstellungskatalog. (Dt. Übersetzung von B. Zajšek) Maribor 2012.

FIKFAK, Jurij (Hg.). *Ethnographie in Serie: Zur Produktion und Rezeption der „österreichisch-ungarischen Monarchie in Wort und Bild".* Wien 2008.

FRIŠ, Darko/ROZMAN, Franc (Hg.). *Od Maribora do Trsta. 1850-1914.* (Mednarodni simpozij „Slovenska mesta od srede 19. stoletja do prve svetovne vojne", Maribor 8.–10. maja 1997). Maribor 1998.

FROMMELT, Klaus. *Die Sprachenfrage im österreichischen Unterrichtswesen 1848–1859.* Graz/Köln 1963.

GELLNER, Ernest. *Thought and Change.* London 1964.

GELLNER, Ernest. *Nationalismus und Moderne.* (dt. Übersetzung M. Büning) Berlin 1983/1991.

GELLNER, Ernest. *Nationalismus. Kultur und Macht.* (dt. Übersetzung von M. Schupfner). Berlin 1999.

GEARY, Patrick. *The myth of nations. The medieval origins of Europe.* Princeton 2002.

GERAMB, Viktor. *Steiermark. Raum und Leben. Graz 1943.*

GOLEC, Boris. „Was bedeutet ‚slowenisch' und ‚deutsch' in den krainischen und untersteirischen Städten der Frühen Neuzeit?", in: HEPPNER (Hg.), 37–64.

GOLEC, Boris. „Der Wandel im ethnischen Gefüge der Steiermark", in: HEPPNER/REISINGER (Hg.). *Steiermark,* 69–90.

GOROPEVŠEK, Branko. *Štajerski Slovenci, kaj hočemo! Slovenska politika na Štajerskem v letih 1906–1914.* Celje 2005.

GÖDERLE, Wolfgang. *... für Adminstration und Wissenschaft. Zensus und Ethnizität: zur Herstellung von Wissen über soziale Wirklichkeiten im Habsburgerreich zwischen 1848 und 1910.* Dissertation. Graz 2014.

GRAFENAUER, Bogo. „Slovenski kmet v letz 1848", in: *Zgodovinski časopis.* Ljubljana 1948/49, II–III, 7–62.

GRAFENAUER, Bogo. „Etnična vprašanja ob preureditvi lavantinske škofije na Štajerskem", in: *Acta Ecclesiastica Sloveniae* I, Ljubljana 1979, 107–133.

GRAFENAUER, Bogo. „Oblikovanje severne slovenske narodnostne meje", in: *Zgodovinski časopis,* Jg.47 Ljubljana 1993, 349–383.

GRANDA, Stane/ŠATEJ, Barbara (Hg.). *Slovenija 1848-1998: Iskanje lastne poti.* Zbornik mednarodnega znanstvenega simpozija v Mariboru. Maribor 1998.

GRANDA, Stane. *Prva odločitev Slovencev za Slovenijo. Dokumenti z uvodno študijo in osnovnimi pojasnili.* Ljubljana 1999.

GRDINA, Igor. „Die Rezeption der Deutschen und der deutschen Kultur bei slowenischen Intellektuellen von der Aufklärung bis zur Moderne", in: BISTER/VODOPIVEC (Hg.), 236–286.

GRIESSER-PEČAR, Tamara. *Maribor/Marburg an der Drau. Eine kleine Stadtgeschichte.* Wien/Köln/Weimar 2011.

HARTMAN, Bruno. „Razmerje med nemško in slovensko kulturo v Mariboru do prve svetovne vojne", in: FRIŠ/ROZMAN (Hg.), 193–202.

HARTMAN, Bruno. „Slovanska čitalnica v Mariboru in njeni knjižnici", in: *Časopis za zgodovino in narodopisje*, 50/15/1–2. Maribor 1979, 295–340.

HARTMAN, Bruno. „‚Südmarkini' knjižnici v Mariboru", in: *Časopis za zgodovino in narodopisje* 54 = 19/1. Maribor 1983, 145–153.

HARTMAN, Bruno. „Socialni in politični faktoriji nacionalne diferenciacije v Mariboru na prelomu 19. in 20. stoletja", in: *Jugoslavenski seminar za strane slaviste*, 33–34. Ljubljana 1984.

HASLINGER, Peter. Rezension zu: *Judson, Pieter M.: Guardians of the Nation. Activists on the language frontiers of imperial Austria. Cambridge 2006*, in: H-Soz-u-Kult, 21. 01. 2009, http://hsozkult.geschichte.hu-berlin.de/rezensionen/2009-1-051

HEINEMANN Isabel. „Die Rasseexperten der SS und die bevölkerungspolitische Neuordnung Südosteuropas", in: Mathias BEER/Gerhard SEEWANN (Hg.), *Südostforschung im Schatten des Dritten Reiches. Institutionen – Inhalte – Personen.* (= Südosteuropäische Arbeiten; 19). München 2004.

HELLBLING, Ernst C. „Die Landesverfassung in Cisleithanien", in: WANDRUSZKA/URBANITSCH (Hg.) II, 190-269.

HEPPNER, Harald (Hg.). *Region und Umbruch 1918: Zur Geschichte alternativer Ordnungsversuche*, Frankfurt/Wien 2001.

HEPPNER, Harald (Hg.). *Slowenen und Deutsche im gemeinsamen Raum. Neue Forschungen zu einem komplexen Thema.* Tagung der Südostdeutschen Historischen Kommission in Maribor. München 2002.

HEPPNER, Harald/REISINGER, Nikolaus (Hg.). *Steiermark. Wandel einer Landschaft im langen 18. Jahrhundert.* Wien/Köln/Weimar 2006.

HOBSBAWM, Erich John Ernest. *Nationen und Nationalismus. Mythos und Realität seit 1780.* (Übers. von Udo Rennert). Frankfurt 1991.

HOBSBAWM, Erich John Ernest/RANGER, Terence (Hg.). *The Invention of Tradition.* Cambridge 1995.

HOBSBAWM, Erich John Ernest. *Gefährliche Zeiten. Ein Leben im 20. Jahrhundert.* (Dt. Übersetzung U. Rennert). München 2006.

HÖSCH, Edgar/NEHRING, Karl (Hg.). *Lexikon zur Geschichte Südosteuropas.* Wien/Köln/Weimar 2004.

HÖSLER, Joachim. *Von Krain zu Slowenien. Die Anfänge der nationalen Differenzierungsprozesse in Krain und der Untersteiermark von der Aufklärung bis zur Revolution. 1768 bis 1848.* München 2006.

HROCH, Miroslav. *Die Vorkämpfer der nationalen Bewegung bei den kleinen Völkern Europas. Eine vergleichende Analyse zur gesellschaftlichen Schichtung der patriotischen Gruppen.* Prag 1968.

HROCH, Miroslav. *Social Preconditions of national Revival in Europe. A comparative Analysis of the social Composition of Patriotic Groups among the Smaller European Nations.* (Übersetzt von Ben Fowkes). New York 2000.

HROCH, Miroslav. *Das Europa der Nationen: die moderne Nationsbildung im Vergleich.* (= Synthesen. Probleme europäischer Geschichte. Hg. Von Ther, Philipp und Sundhaussen, Holm Bd. 2, übersetz. aus Tschechischem v. Elizka und Ralph Melville). Göttingen 2005.

JARAUSCH, Konrad H./SABROW, Martin (Hg.). *Die historische Meistererzählung. Deutungslinien der deutschen Nationalgeschichte nach 1945.* Göttingen 2002.

JEZERNIK, Božidar. *Nacionalizacija preteklosti.* Ljubljana 2013.

JOHLER, Reinhard. „Vom Leben, Nachleben und Weiterleben des ‚Kronprinzenwerkes' in Österreich", in: FIKFAK (Hg.), 291-325.

JUDSON, Pieter M. „Versuche um 1900 die Sprachgrenze sichtbar zu machen", in: CSÁKY, Moritz/STACHEL, Peter (Hg.), *Die Verortung von Gedächtnis.* Wien 2001, 163-174.

JUDSON, Pierre. *Guardians of the Nation. Activists on the Language Frontiers of Imperial Austria.* Cambridge 2004.

JURIĆ PAHOR, Marija. *Narod, identiteta, spol.* Trieste 2000.

KARNIČAR, Ludwig/RAJŠP, Vincenc (Hg.), *Graz und Slowenen.* (Sammelband zum gleichnamigen Symposium vom 20.-21. V. 2010). Wien 2011.

KASER, Kurt. *Steiermark im Jahre 1848.* Graz 1913.

KLEMM, Gustav. *Die Frauen. Culturgeschichtliche Schilderungen des Zustandes und Einflusses der Frauen in den verschiedenen Zonen und Zeitaltern.* Dresden 1854.

KRAFT, Doris. *Das untersteirische Drauland: Deutsches Grenzland zwischen Unterdrauburg und Marburg.* (= Veröffentlichung des deutschen Instituts zur Erforschung des deutschen Volkstums im Süden und Südosten 10). München 1935.

KRAMBERGER, Franjo. „Nekaj številk o Mariboru", in: *Mariborski koledar.* Maribor 1933.

KRAMBERGER, Petra. „Nemško časopisje v Mariboru v 19. stoletju", in: *Kronika. Časopis za slovensko krajevno zgodovino* 53. Maribor 2004, 37–52.

KOŘALKA, Jiři. „Deutschtum und Deutschnationalismus in Österreich vor 1918", in: RUMPLER, Helmut (Hg.) *Kärntner Volksabstimmung 1920. Wissenschaftliche Kontroversen und historisch-politische Diskussionen anläßlich des internationalen Symposions Klagenfurt 1980.* Klagenfurt 1981, 77-89.

KOSI, Jernej. „Je bil proces formiranja slovenskega naroda v 19. stoletju res zgolj končni nasledek tisočletne slovenske kontinuitete?", in: *Zgodovinski časopis*: 64/2010, 154-175

KOVAČIČ, FRAN. *Slovenska Štajerska in Prekmurje. Zgodovinski opis.* Ljubljana 1926.

KOVAČIČ, Fran. *Zgodovina Lavantinske škofije: 1228–1928. Ob 700letnici njene ustanovitve.* Maribor 1928.

LANDWEHR, Achim. *Historische Diskursanalyse.* Frankfurt 2009.

LANGEWIESCHE, Dieter. „Nachwort zur Neuauflage Eric J. Hobsbawms Blick auf Nationen, Nationalismus und Nationalstaaten", in: HOBSBAWM, *Nationen und Nationalismus.* 225–241.

LUSCHIN-EBENGREUTH, Arnold. *Die Zerreißung der Steiermark. Zwei Denkschriften.* Graz 1921.

MAJCEN, Gabriel. *Kratka zgodovina Maribora.* Maribor: 1926.

MAKAROVIČ, Gorazd. *Ko še nismo bili Slovenci in Slovenke. Novoveške etnične identitete pred slovensko narodno zavestjo.* Ljubljana 2008.

MELIK, Vasilij. „Frankfurtske volitve 1848 na Slovenskem", in *Zgodovinski časopis,* Ljubljana 1948/49, II-III, 69–128.

MELIK, Vasilij. „Slovenska politika v drugi polovici sedemdesestih let 19. stoletja", in: *Zgodovinski časopis.* Ljubljana 1974, 269–277.

MELIK, Vasilij. „Slovenska politika v Taaffejevi dobi: referat na zborovanju slovenskih zgodovinarjev v Piranu okt. 1974", in: *Zgodovinski časopis.* Ljubljana 1974, 109–118

MELIK, Vasilij. „Ideja Zedinjene Slovenije 1848–1991", in: GRANDA/ŠATEJ (Hg.), 15–20.

MELIK, Vasilij. „Deutsche und Slowenen (1815–1941)", in: BISTER/VODOPIVEC (Hg.), 15–20.

MOLL, Martin. *Kein Burgfrieden. Der deutsch-slowenische Nationalitätenkonflikt in der Steiermark 1900-1918.* Innsbruck/Wien/Bozen 2007.

MORITSCH, Andreas. (Hg.). *Vom Ethnos zur Nationalität. Der nationale Differenzierungsprozess am Beispiel ausgewählter Orte in Kärnten und dem Burgenland.* Wien 1991.

MORITSCH, Andreas (Hg.). *Der Austroslavismus: ein verfrühtes Konzept zur politischen Neugestaltung Mitteleuropas.* Wien: 1996.

MÜLLER, Reinhard. „Franz Xaver von Miklosisch", in: *Die Arbeitslosen von Marienthal. Archiv für Geschichte der Soziologie in Österreich,* 2008. http://agso.uni-graz.at/marienthal/biografien/miklosich_franz_von.htm

NIEDERMAYR, Otto. *Die Leobener Nationalgarde 1848/52.* Dissertation. Wien 1977.

NEĆAK, Dušan (Hg.) *Nemci na Slovenskem.* Ljubljana 2002.

N. N. *Andreas Tappeiner in seinem Leben und Wirken.* Marburg 1868.

OKOLIŠ, Stane. *Zgodovina šolstva na Slovenskem.* Ljubljana 2009.

OROŽEN, Ignaz. *Das Bisthum und die Diözese Lavant. Theil 1. Das Bisthum, das Domkapitel und die Dekanate. Beigabe zum Lavanter Schematismus 1868–1875.* Marburg 1875.

OSTERHAMMEL, Jürgen. *Die Verwandlung der Welt. Eine Geschichte des 19. Jahrhunderts.* München 2009.

PEROVŠEK, Jurij. „Die Slovenen in der Umbruchszeit und im neuen jugoslavischen Staat (1918–1929)", in: HEPPNER (Hg.), 2001, 69–85.

PFAUNDLER, Richard von. *Die Staatsgrenze Deutschösterreichs in Steiermark.* Wien 1919.

PFEISINGER, Gerhard. *Die Revolution von 1848 in Graz.* Wien 1986.

PFEISINGER, Gerhard. „Meje revolucije. Revolucija leta 1848 na Štajerskem, Slovenci in Dunajska oktobrska revolucija", in: *Zgodovinski časopis.* Jg. 50, 4. Ljubljana 1996, 545–556.

PFEISINGER, Gerhard. „Die ‚Slowenische Frage' in der Revolution von 1848 in Graz", in: TISCHLER-HOFER, Ulrike/ZEDINGER, Renate (Hg.). Kuppeln – Korn – Kanonen. Unerkannte und unbekannte Spuren in Südosteuropa von der Aufklärung bis in die Gegenwart. Innsbruck/Wien 2010, 293–310.

PIRCHEGGER, Hans. *Die geschichtlichen Leistungen der Deutschen in der Untersteiermark. In: Grenzland. Zeitschrift für Schutz- und Kulturarbeit.* Sonderdruck. Graz 1938.

PLETERSKI, Janko. „Die Slowenen", in WANDRUSZKA/URBANITSCH (Hg.) III/2, 801-838.

PROMITZER, Christian. *Verlorene Brüder. Geschichte der zweisprachigen Region Leutschach in der südlichen Steiermark (19. und 20. Jahrhundert).* Dissertation. Graz 1996.

PROMITZER, Christian. „The South Slavs in the Austrian Imagination. Serbs and Slovenes in the Changing View from German Nationalism to National Socialism", in: WINGFIELD, Nancy (Hg.). *Creating the Other. Ethnic Conflict and Nationalism in Habsburg Central Europe.* New York 2004, 183–215.

PROMITZER Christian, „Täterwissenschaft: das Südostdeutsche Institut in Graz", in: Mathias BEER/ Gerhard SEEWANN (Hg.), *Südostforschung im Schatten des Dritten Reiches. Institutionen – Inhalte – Personen.* (= Südosteuropäische Arbeiten; 19). München 2004, 93–113.

PROMITZER, Christian. „Bučečovci – Wudischofzen. Ein Beitrag zur Geschichte eines slowenischen Dorfes im untersteirischen Murfeld von den Anfängen bis zum Ende des Zweiten Weltkrieges", in: BEER, Mathias/HEPPNER, Harald/SEEWANN, Gerhard/SIENERTH, Stefan (Hgs.). *Danubiana Carpathica. Jahrbuch für Geschichte und Kultur in den deutschen Siedlungsgebieten Südosteuropas.* München 2011, 73–118.

RADOVANOVIČ, Sašo. *Maribor. Štajerski Meran.* Maribor 2010.

RAJŠP, Vinko. „Die slowenische Geschichtsschreibung nach dem Jahr 1918 über die Deutschen in Slowenien im Zeitraum von 1848-1941", in: RUMPLER/SUPPAN (Hg.), 299–310.

REITZ, Arno (Hg.). *Deutschland und Südosteuropa – Die natürlichen, völkischen, kulturellen und wirtschaftlichen Beziehungen des Deutschtums mit den Völkern im Südosten* (Eine Gemeinschaftsarbeit der Gaudozentenführung im Gau Steiermark und des südostdeutschen Institutes Graz). Graz 1942.

ROZMAN, Franc (Hg.). *Sosed v ogledalu soseda : od 1848 do danes = Der Nachbar im Spiegelbild des Nachbarn : von 1848 bis heute/Prvo zasedanje slovensko-avstrijske zgodovinske komisije.* Ljubljana 1995.

RUMPLER, Helmut/SUPPAN, Arnold (Hg.). *Die Geschichte der Deutschen im Bereich des heutigen Slowenien 1848-1941.* Wien 1988.

RUMPLER, Helmut. „Zentralistische Reichspolitik oder Germanisierung? Zum nationalpolitischen Gehalt der Politik der Wiener Regierung gegenüber Illyrien-Krain von der Revolution 1848 zum Neoabsolutismus", in: RUMPLER/SUPPAN (Hg.), 63–84.

RUMPLER, Helmut/URBANITSCH, Peter (Hg.). *Die Habsburgermonarchie 1848–1918. Politische Öffentlichkeit und Zivilgesellschaft VIII/1.* Wien 2006.

SCHMIDT, Vlado. *Zgodovina šolstva in pedagogike na Slovenskem.* (3. Band) Ljubljana 1988.

SEN, Amartya. *Die Identitätsfälle. Warum es keinen Krieg der Kulturen gibt.* (Dt. Übersetzung von F. Griese). München 2010.

SLUGA, Meta/JERAŠA, Cveto/RAPOŠA, Kazimir (Hg.). *Zgodovina Slovencev.* Ljubljana 1979.

SMITH, Anthony. *The Ethnic Origins of Nations.* Oxford 1986/1993.

SMITH, Anthony. *National identity.* Reno/Las Vegas/London 1991.

SMITH, Anthony. *Myths and memories of the Nation.* Oxford 1999.

STAUDINGER, Eduard G. „Die Südmark. Aspekte der Programmatik und Struktur eines deutschen Schutzvereins in der Steiermark bis 1914", in: RUMPLER/SUPPAN (Hg.), 130–154.

STEIERMÄRKISCHES LANDESARCHIV, „Kreis- und Bezirksbehörden (bis 1925)", in: http://www.landesarchiv.steiermark.at/cms/beitrag/11679983/77968684/

STOURZH, Gerald. „Die Gleichberechtigung der Volksstämme als Verfassungsprinzip 1848–1918", in: WANDRUSZKA/URBANITSCH, III/2, 975–1206.

STUDEN, Andrej. „Liberalcem so kmetje španska vas: Težave podeželskih občin in problem javne varnosti na Spodnjem Štajerskem v sedemdesetih letih 19. stoletja", in: *Časopis za zgodovino in narodopisje*, Jg. 42, Nr. 1. Maribor 2006, 36–64.

STRAKA, Manfred. *Untersteiermark. Unvergessene Heimat.* Graz 1965.

STRAKA, Manfred. *Grenzland-Schutzarbeit. Eine Lebensnotwendigkeit Österreichs.* Wien 1966.

STRAKA, Manfred. *Verwaltungsgrenzen und Bevölkerungsentwicklung in der Steiermark 1770–1850. Erläuterungen zur ersten Lieferung des Historischen Atlases der Steiermark.* Graz 1978.

SUETTE, Hugo. *Der nationale Kampf in der Südsteiermark.* München 1936.

SUNDHAUSSEN, Holm. *Der Einfluß der Herder'schen Ideen auf die Nationsbildung bei den Völkern der Habsburgermonarchie.* Dissertation. München 1973.

SUNDHAUSSEN, Holm. „Nationsbildung und Nationalismus im Donau-Balkan-Raum", in: *Forschungen zur Osteuropäischen Geschichte*, Bd. 48. Berlin 1993, 233–257.

SUNDHAUSSEN, Holm. „Das Ustaša-Syndrom. Ideologie – historische Tatsachen – Folgen", in: LAUER, Reinhard/LEHFELDT, Werner (Hg.). *Das jugoslawische Desaster.* Wiesbaden 1995, 149–188.

SUPPAN, Arnold. „‚Und jetzt werden die Ketten gesprengt!' Umsturz und Neuordnung im südöstlichen Europa", in: HEPPNER, (Hg.), 2001, 35–54.

ŠEDIVÝ, Jan. „Profesoriji klasične gimnazije v Mariboru", in: *Časopis za zgodovino in narodopisje.* Maribor: 1970, Nr. 1., 70–111.

ŠTIH, Peter. „Ej ko goltneš do tu-le, udari po konjih! O avtohtonističnih in podobnih teorijah pri Slovencih in na Slovenskem", in: *Zgodovina za vse* 3/2. Celje 1996, 66–80.

ŠTIH, Peter. „Slovenske predstave o slovensko-nemških odnosih v srednjem veku", in: *Časopis za humanistične in družboslovne študije.* Jg. 1, Nr. 2. Maribor 2001, 313–326.

ŠTIH, Peter. „Miti in Stereotipi v podobi starejše slovenske nacionalne zgodovine“, in: *Zbornik 33. zborovanje Zveze zgodovinskih društev Slovenije.* Kranj 2006, 25–47.

ŠTIH, Peter. „K predzgodovini mesta Maribor“, in: *Časopis za humanistične in družboslovne študije.* Jg. 6, Nr. 2-3. Maribor 2006, 243–260.

URBANITSCH, Peter. „Die Wahlen in die Bezirksvertretungen der Untersteiermark. Rechtliche und nationalitätenpolitische Aspekte im späten 19. Jahrhundert“, in: BUDNA KODRIČ, Nataša et al. (Hg.). *Arhivistika – zgodovina – pravo. Vilfanov spominski zbornik.* Ljubljana 2007, 307–320.

URBANITSCH, Peter. „Die Deutschen in Österreich. Statistisch-deskriptiver Überblick“, in: WANDRUSZKA/URBANITSCH (Hg.) III/1, 33–410.

VAN LAAK, Dirk. „Der Platz des Holocaust im deutschen Geschichtsbild“, in: JARAUSCH/SABROW (Hg.), 163–193.

VILFAN, Sergej. „Sprachgrenzen und Kreisgrenzen nach 1848, besonders in der Steiermark“, in: VALENTINITSCH, Helfried (Hg.). *Recht und Geschichte. Festschrift Hermann Baltl zum 70. Geburtstag.* Graz 1988, 593–609.

VILFAN, Sergej. „Slovenci – kmečki narod?“, in: *29. Seminar slovenskega jezika, literature in kulture.* Ljubljana 1993, 229–243.

VOCELKA, Karl. *Geschichte Österreichs. Kultur – Gesellschaft – Politik.* Graz/Wien/Köln 2000.

VODOPIVEC, Peter. „Južna železnica in industrializacija“, in: Lazarević, Žarko/Lorenčič, Aleksander (Hg.). *Podobe modernizacije: poglavja iz gospodarske in socialne modernizacije Slovenije v 19. in 20. stoletju.* Ljubljana 2009, 57–78.

VODOPIVEC, Peter. „O industrializaciji Maribora in Spodnje Štajerske v 19. stoletju“, in: *Prispevki za novejši zgodovino*, Jg. LI, Nr. 2. Ljubljana 2011, 7–26.

WAHRMUND, Friedrich. *Dr. Vošnjaks Lebenserinnerungen.* Celje 1928.

WANDRUSZKA, Adam/URBANITSCH, Peter (Hg.). *die Habsburgermonarchie 1848–1918. Verwaltung und Rechtswesen, II.* Wien 1975.

WANDRUSZKA, Adam/URBANITSCH, Peter (Hg.). D*ie Habsburgermonarchie 1848–1918. Die Völker des Reiches. III/1 und 2.* Wien 1980.

WANDRUSZKA, Adam/URBANITSCH, Peter (Hg.). *Die Habsburgermonarchie 1848–1918. Die Habsburgermonarchie im System der internationaler Beziehungen VI/1.* Wien 1989.

WEINZIERL-FISCHER, Erika. *Die österreichischen Konkordate von 1855 und 1933.* Wien 1960.

WEISS, Norbert. *Die Bürger von Marburg an der Drau bis 1600. Prosopographische Untersuchung.* Graz 1998.

WEISS, Norbert. „Die untersteirischen Städte und ihre Bewohner im Mittelalter“, in: HEPPNER (Hg.), 20–36.

WEBER, Max. *Wirtschaft und Gesellschaft. Grundriss der verstehenden Soziologie.* (5. revidierte Auflage). Tübingen: 1980.

WERNER, Gerhard [CARSTANJEN, Helmut]. *Sprache und Volkstum in der Untersteiermark.* Leipzig 1935.

WIWJORRA, Ingo. *Der Germanenmythos. Konstruktion einer Weltanschauung in der Altertumsforschung des 19. Jahrhunderts.* Darmstadt 2006.

ZAJC, Marko. „‚Panslavizem, panslavizem, bi se kričalo od vseh strani!' K zgodovini slovanstva, slovenstva in nemškega strahu pred panslavizmom 1788–1861", in: *Prispevki za novejšo zgodovino*, Jg. XLIX, Nr. 1. Ljubljana 2009, 31–44.

ZAJC, Marko/POLAJNAR, Janez. *Naši in vaši. Iz zgodovine slovenskega časopisnega diskurza v 19. in začetku 20. stoletja.* Ljubljana 2012.

ZÖLLNER, Erich. „Perioden der österreichischen Geschichte und Wandlungen des Österreich-Begriffes bis zum Ende der Habsburgermonarchie", in: WANDRUSZKA/URBANITSCH (Hg.). III/1, 1–32.

ŽIGON, Tanja, *Nemško časopisje na Slovenskem.* Ljubljana 2001.

Verwendete Nachschlagewerke, Wörterbücher, Lexika und Datenbanken

AKADEMIE DER WISSENSCHAFTEN, *Österreichisches Biographisches Lexikon.* 1815–1950. http://www.biographien.ac.at/oebl?frames=yes

AUSTRIA-FORUM. *AEIOU – Das Österreich-Lexikon.* http://austria-lexikon.at/af/AEIOU

AUSTRIAN LITERATURE ONLINE (ALO). *Biographisches Lexikon des Kaiserthume Österreichs. http://www.literature.at/mdsearch.alo?allfields=biographisches%20lexikon&creator_facet=Wurzbach%2C%20Constantin&date_facet=&dctype_facet=&fiction_facet=&language_facet=&metstype_facet=&elecpublisher_facet=&quicksearch=true*

BALTIC SEA LIBRARY. „Franz Maurer", in: http://www.balticsealibrary .info/index.php?option=-com_flexicontent&view=items&cid=82:german&id=414:maurer-franz&Itemid=110

BAYERISCHE AKADEMIE DER WISSENSCHAFTEN. *Neue Deutsche Biographie.* Online, http://bsbndb.bsb.lrz-muenchen.de/index.html

Bibliographisches Institut, *Der Brockhaus in Wort und Bild.* Mannheim 2004.

CIGALE, Matej. *Deutsch-slowenisches Wörterbuch.* Ljubljana 1860. http://www.dlib.si/ details/URN:NBN:SI:DOCPKL1Z02C/?query=%27keywords%3dcigale%27&pageSize=25&ftype=knjige

DEBENJAK, Doris/DEBENJAK, Božidar/Debenjak, Primož. *Debenjak. Veliki slovensko nemški slovar. Elektronska izdaja v 2.0.* Ljubljana 1995

DEBENJAK, Doris/DEBENJAK, Božidar/Debenjak, Primož. *Debenjak. Debenjak. Veliki nemško-slovenski slovar. Elektronska izdaja v. 2.0.* Ljubljana 1993/1998.

DIGITALNA KNJIŽNICA SLOVENIJE. http://www.dlib.si/

DUDENVERLAG. *Duden – Das große Wörterbuch der deutschen Sprache.* (CD-Rom-Version, basierend auf 3., völlig neu bearbeiteten und erweiterten Auflage der Buchausgabe in 10 Bänden 1999). Mannheim 2000.

JANEŽIČ, Anton. Vollständiges Taschen-Wörterbuch der slovenischen und deutschen Sprache. Klagenfurt: 1850. http://www.dlib.si/details/URN:NBN:SI:DOC-CHHXROCF/?-query=%27keywords%3d Slovar+jane%C5%BEi%C4%8D%27&pageSize=25

MURKO, Anton. *Slovensko-Nemshki in Nemshko-Slovenski Rozhni Besednik/ Deutsch-slowenisches und Slowenisch-deutsches Handwörterbuch.* Graz 1833. http://www.dlib.si/details/URN:NBN:SI:-DOCT28EEL0U/?query=%27keywords%3dMurko+slovar%27&pageSize=25

ÖSTERREICHISCHE NATIONALBIBLIOTHEK. *ALEX. Historische Rechts- und Gesetzestexte online*, in: http://alex.onb.ac.at/tab_rgb.htm

PLETERŠNIK, Maks. *Slovensko-nemški slovar.* 1894. Elektronska izdaja: Inštitut za slovenski jezik Frana Ramovša ZRC SAZU.

POHLIN, Marko. *Tu malu besedishe treh jesikov Das ist: das kleine Wörterbuch in dreyen Sprachen. Quod est: parvum dictionarium trilingue.* Ljubljana: 1792. http://www.dlib.si/details/URN:NBN:SI:-doc-FU7E7FMB

SLOVENSKA AKADEMIJA ZNANOSTI IN UMETNOSTI. *Slovenski biografski leksikon.* http://nl.ijs.si/fedora/get/sbl:sbl/VIEW/

SLOVENSKA AKADEMIJA ZNANOSTI IN UMETNOST/Inštitut za slovenski jezik Frana Ramovša. *Slovar slovenskega književnega jezika. Elektronska izdaja v1.1.* Ljubljana 1970–1991.

VODNIK, Valentin. *Slowenisches Wörterbuch/Slovensek besednjak.* Manuskript. 1806/1817. http://www.dlib.si/details/URN:NBN:SI:DOC-2A1G5ITD/?query=%27keywords%3ds-lovar%27&pageSize=25&sortDir=ASC&sort=date

Bilderverzeichnis

Der Betrachtungszeitraum ist eine Zeit, aus der kaum Bildquellen überliefert sind. Die ersten Fotografen in Marburg sind erst in den 1870er-Jahren dokumentiert (z. B. Ferdinand Weitzinger). Deshalb musste bei der Illustrierung dieses Buches manchmal auf topografische Ansichtskarten späteren Datums zurückgegriffen werden.

Abb. 1: Das Marburger Stadtwappen; Quelle: Slovenska Wikipedija

Abb. 2: Darstellung der *Statt Marchburg* aus Georg Matthäus Vischers *Topographia Ducatus Stiria*, 1681; Quelle: Wikimedia Commons

Abb. 3: Plan von Marburg um 1904 vom Kartographen Ernst Engelhart; Quelle: Dlib

Abb. 4: Ausschnitt aus der Czoernig'schen Ethnographischen Landkarte, 1855; Quelle: Wikimedia Commons

Abb. 5: Ausschnitt aus der Kozler'schen Landkarte *Zemljovid slovenske dežele*, 1853.
Quelle: Slovenska Wikipedija

Abb. 6: Rudolf Gustav Puff; Professor und Stadtschreiber in Marburg; Quelle: Wikimedia Commons

Abb. 7: Replik der Marburger Studenten an Rast, Ausschnitt aus der Gratzer Zeitung vom 30. Juni 1848; Quelle: Sammlung 1848/49, StLA

Zur Autorin

Christoph Almasy

Karin Almasy, (*1985, Klagenfurt) ist Historikerin und Übersetzerin. Studienabschlüsse Übersetzen (2009) und Geschichte des Südöstlichen Europa (2013). Sie übersetzt hauptsächlich aus dem Slowenischen ins Deutsche und hat sich dabei auf geistes- und geschichtswissenschaftliche Fachtexte sowie slowenische Literatur (Prosa und Lyrik) spezialisiert.

Derzeit arbeitet sie als Studienassistentin am Institut für Theoretische und Angewandte Translationswissenschaft der Karl-Franzens-Universität Graz an ihrer Dissertation zu einem weiteren Thema der slowenisch-deutschen Wechselbeziehungen im Zeitraum 1848-1918: Übersetzungen in slowenischen Schullesebüchern der Habsburger Monarchie und ihre ideologische Steuerungsfunktion bei der Erziehung der Jugend zu „guten Katholiken, kaisertreuen Patrioten und nationalbewussten Slowenen".

Kontakt: karin@almasy.at

Summary:
Marburgers into 'Slovenes' and 'Germans'

An example of the beginning of national differentiation in Central Europe between 1848 and 1861

This book aims to portray the early beginnings of the national differentiation and the emergence of national categories of identity in a cohabitating and cooperating population during the period between 1848 and 1861. The local example of Maribor / Marburg, which was considered a German island within a Slovene surrounding, will be discussed. Although the last decades of the Habsburg monarchy were characterized by questions of nationality it was only in 1848 that this issue first appeared. The citizens of Marburg established a National Guard and with this came the issue of which flag colors to use, thereby raising the question of nationality. However, the revolutionary year 1848 was mainly shaped by social issues and political demands.

In the era of Neoabsolutism, national questions seemed to play no role at all. Small national movements in particular, such as the Slovene one, tended to organize their political agendas around demands related to language policy. Therefore one main focus is on the school system in Marburg, and especially on the k. k. Gymnasium, because the issue of higher education is crucial to any national movement. One of the key players at this time was the Church, which had supervised the schools ever since the Concordat in 1855. Furthermore, with the transfer of the seat of the Lavant bishopric to Marburg in 1859, the spotlight shifted to Marburg.

Between 1848 and 1861 there were no irreconcilable national differences, nor nationality conflicts or struggles; the common regional Styrian identity was still a strong cohesive force. German national agitation or Besitzstandsicherung didn't exist yet, and the Slovene national movement was still in a very early stage of development. However, German language and culture was unquestionably primary in the public life of Marburg, while the Slovene element was in a weaker and inferior position. The findings are based on archival material, remembrance literature and print media.

Povzetek: Kako so iz Mariborčanov nastali „Slovenci“ in „Nemci“

Maribor kot primer začetka narodnostne diferenciacije v osrednji Evropi med letoma 1848 in 1861

Pričujoče delo nas bo popeljalo v čas med letoma 1848 in 1861 v dravsko mestece Maribor, ki se je takrat imenovalo še Marburg. V naslednjih desetletjih se bo govorilo o „nemškem trdnjavskem trikotniku“, ki so ga zgradila „nemška“ mesta Marburg/Maribor, Pettau/Ptuj in Cilli/Celje, da bi se s prevladujočim nemškim pogovornim jezikom razlikoval od pretežno „slovenske“ okolice. V zadnjih desetletjih Habsburške monarhije so se odvijali zloglasni narodnostni boji, ki so divjali predvsem na področjih z mešanim prebivalstvom in tudi v t. i. Spodnji Štajerski. Nemci in Slovenci so si nepopustljivo stali nasproti, individualen pritisk na ljudi, da se odločijo, ali bodo veljali za Nemca ali Slovenca, pa je nezadržno naraščal. Vse več je bilo nacionalistično-šovinističnih sovražnosti in sovražnih agitacij, ki so svoj neslaven vrh doživele v 20. stoletju.

A pravzaprav te narodne identifikacijske kategorije sploh ne obstajajo dolgo. 19. stoletje je obdobje, v katerem so narodne kategorije postopno pričele prekrivati in odpravljati vse ostale. Stanovske, verske in regionalne pripadnosti so postajale vse manj pomembne, medtem ko so narodno identiteto postopoma povzdignili v vodilno determinanto (gl. poglavje 2). Pričujoče delo poskuša za regionalni primer mesta Marburg/Maribor - „nemškega otoka sredi slovanskega sveta“ orisati komajda zaznavne začetke narodnostne diferenciacije in nastanek narodnih identifikacijskih kategorij.

Revolucionarnega leta 1848 pri Slovencih sploh prvič pride do govora o narodnostnem vprašanju. Preobrati, nemiri in zahteve po demokraciji najdejo pot tudi na podeželje: prebivalci Maribora se oblikujejo v narodno gardo in ob vprašanju, katero zastavo naj uporabijo, podobno kot v Gradcu, pride do spora (t. i. Farbenstreit). Skupina Mariborčanov se je odpravila na Dunaj, da bi se vmešala v revolucionarno dogajanje. V bistvu pa je v revolucionarnih zahtevah šlo za socialna in politična vprašanja, in ne v prvi vrsti za narodnostno vprašanje, in tako je Maribor tudi med revolucijo ostal zelo miren. (prim. poglavje 4).

Nadaljnje obdobje neoabsolutizma, v katerem so ponovno razveljavili večino dosežkov iz let revolucije (npr. svoboda tiska, demokratično-politične strukture, odprava cenzure), je pogosto predstavljeno kot temna desetletna medigra, ki so ji v zgodovinskih razpravah namenili le malo prostora. Videti je, kot da narodnostna vprašanja niso pomembna. Ravno v primeru slovenskega nacionalnega gibanja pa so se narodnopolitična prizadevanja osredinjala na jezikovnopolitične zahteve, zato je v tem delu poudarek na mariborskem šolstvu in še zlasti na cesarsko kraljevi gimnaziji, ker je vprašanje višje izobrazbe za nacionalna gibanja bilo bistveno (prim. poglavje 5.2). Pri tem je pomembno vlogo igrala Cerkev, ki je po konkordatu iz leta 1855 izvajala nadzor nad šolami. Tudi najpomembnejši dogodek za zgodovino mesta v obdobju neoabsolutizma je povezan s Cerkvijo: pod škofom Antonom Martinom Slomškom so sedež lavantinske škofije leta 1859 iz Šent Andraža v Labotski dolini prenesli v Maribor, kar je izjemno povečalo regionalni pomen mesta (prim. poglavje 5.1).

Stranski vidiki, ki so obravnavani v tem delu, so vloga žensk v zgodnjih nacionalizacijskih procesih, vloga duhovniške elite pri slovenski nacionalizaciji, družbeno življenje v mestu in neobremenjeno sožitje v zborih in pri družabnih prireditvah. Zadnje poglavje (6) ponuja vpogled v naslednjih 100 let mesta, kjer so ponazorjeni procesi in razvoj, ki so se pričeli med letoma 1848 in 1861. Kako malo je bila pomembna narodnost pred letom 1861, je jasno šele v primerjavi s poznejšim razvojem do leta 1945.

Karin Almasy sklene, da je doba neoabsolutizma delno po krivici negativno predstavljena. Na eni strani zato, ker je šlo za odločilno prvo razvojno fazo slovenskega narodnostnega in jezikovnega razvoja, v kateri se je oblikovala prva generacija nacionalno usmerjene izobražene – in ne več izključno duhovniške – elite. Na drugi strani pa zato, ker v opazovanem časovnem obdobju v Mariboru še ni bilo nepopustljivo trdnih narodnostnih blokov ali celo „narodnostnih bojev“, saj je regionalna štajerska identiteta ponujala dovolj povezovalne moči za mirno in prijateljsko sožitje. Nemškonacionalistične agitacije ali „varovanja lastnine“ (Besitzstandssicherung des Deutschtums) še ni bilo, slovensko narodnostno gibanje pa je bilo še v povojih. Vzdušje je sicer bilo mirno, a moč, kapital in javni ugled so bili zelo neenako razdeljeni: Nemški jezik in kultura sta v javnem življenju Marburga nesporno prevladovala, medtem ko je slovenski element nedvomno bil v šibkejšem in podrejenem položaju.